KB117046

고전의 대문 2

고전의 대문2

1판 1쇄 발행 2017. 8. 18.
1판 3쇄 발행 2018. 1. 27.

지은이 박재희

발행인 고세규
편집 김상영 | 디자인 이경희
발행처 김영사
등록 1979년 5월 17일(제406−2003−036호)
주소 경기도 파주시 문발로 197(문발동) 우편번호 10881
전화 마케팅부 031)955−3100, 편집부 031)955−3200, 팩시밀리 031)955−3111

값은 뒤표지에 있습니다.
ISBN 978−89−349−7869−5 04150
       978−89−349−7870−1(세트)

홈페이지 www.gimmyoung.com   블로그 blog.naver.com/gybook
페이스북 facebook.com/gybooks   이메일 bestbook@gimmyoung.com

좋은 독자가 좋은 책을 만듭니다.
김영사는 독자 여러분의 의견에 항상 귀 기울이고 있습니다.

이 도서의 국립중앙도서관 출판예정도서목록(CIP)은 서지정보유통지원시스템 홈페이지
(http://seoji.nl.go.kr)와 국가자료공동목록시스템(http://www.nl.go.kr/kolisnet)에서
이용하실 수 있습니다.(CIP제어번호: CIP2017017167)

고전의 대문2

● 노장과 병법 편 ●

박재희 지음

김영사

차례

첫 번째 대문

성공한 자의
'신의 한 수',
《도덕경》

두 번째 대문

《도덕경》과
역발상의 인생

세 번째 대문

경계를 넘어서 유행遊行하라!
《장자》

네 번째 대문

《손자병법》과 전략적 사유

바이칼 호수를 지나며

《고전의 대문2》를 탈고하자마자 러시아 연해주로 달려와 시베리아 횡단 열차Trans-Siberian Railway에 올랐습니다. 블라디보스토크에서 시작된 횡단 열차는 이제 하바롭스크를 지나 울란우데를 거쳐 바이칼 호수의 도시 이르쿠츠크로 달려가고 있습니다. 7월 한여름 더위에도 불구하고 이곳은 가을바람에 가까운 신선한 바람이 차창 틈 사이로 연신 들어옵니다. 이제 기차 창문에는 더 이상 자작나무 숲은 보이지 않고 침엽수들만 울창하게 무리지어 스쳐갑니다. 환경에 따라 나무들도 자신들이 살고 싶은 곳으로 이사하여 사는 것 같습니다.

지금 저는 시베리아 횡단 열차 식당 칸에서 《고전의 대문2》의 서문을 쓰고 있습니다. 식당 칸의 점원은 매일 노트북을 끼고 출근하는 저에게 당연하다는 듯이 'TASSAY' 생수 한 병을 테이블 위에 올려놓습니다. 그리고 점심시간이 되면 러시아식 감자와 치킨을 내올 것입니다. 《고전의 대문1》의 서문을 청나라 황제의 여름 별장이 있는 열하의 내몽고 초원에서 썼다면 이번 책의 서문은 시베리아 횡단 열차 안에서 쓰고 있습니다. 내몽고 초원에 피어 있는 수천만 송이의 꽃들이 서로 자기만의 향기와 빛깔로 다양하게 존재하고 있다는 화엄華嚴의 철학이 《고전의 대문1》을 썼을 때 생각이라면, 세상에는 참 다양한 인종과 문화와 생각이 공존하고 있으며 누구도 어떤 기준으로 세상을 마음대로 재단하거나 분류할 수 없다는 무하유無何有의 철학이 이번《고전의 대문2》의 생각입니다.

제 인생에서 지난 20여 년은 참 많은 사람과 기업과 조직을 만난 세월이었습니다. 동양철학이라는 비주류 공부를 선택하였고, 그 덕택에 보따리를 들고 바람처럼 떠도는 경험을 하게 되었습니다. 비록 한곳에 머물 공간은 없었지만 덕분에 바람처럼 세상을 다닐 수 있었구나 하는 생각이 듭니다. 돌이켜보면 그런 세월이 없었다면 저는 제 공간에서 벽을 쌓고 제 생각에 갇혀 이 다양하고 위대한 세상을 모르는 채 살아갈 수도 있었을 것이란 생각을 하게 됩니다. 소유한 성城이 없다는 것은 무엇을 지킬 의무도 이유도 없다는 것입니다. 울타리 칠 곳이 없다는 현실에 하늘을 원망하기도 했지만 지금 와서 생각하면 조상님과 하늘에게 그저 감사할 뿐입니다. 저에게 바람처럼 살 수 있는 위대한 선물을 주셨기 때문입니다.

이제 기차 오른쪽 창에 갑자기 바이칼 호수가 끝도 없이 펼쳐집니다. 바다처럼 끝도 없는 호수는 바닥이 보일 만큼 맑은 물입니다. 저 멀리 희미하게 육지의 모습만 안 보인다면 밀려오는 호숫가 파도와 함께 바다와 구별이 안 될 정도입니다. 빛바랜 목재를 덧대어 지은 집들이 즐비한 호숫가 마을 마당에는 겨울용 땔감들이 예쁘게 줄지어 쌓여 있고, 집집마다 텃밭에는 감자 꽃이 아름답게 피어 있습니다. 머리에 수건을 두른 아낙은 밭을 일구고 있고, 강아지는 그 옆을 꼬리를 치며 따라다닙니다. 아! 바로 이곳이 그 어떠한 무엇도 없는 장자가 말하는 무하유無何有의 세상이 아닐까 하는 생각을 하게 됩니다. 비교도, 경쟁도, 우열도, 차별도, 분별도 없는 세상, 인간들이 줄기차게 꿈꾸어왔던 그런 세상 말입니다.《장자》〈소요유逍遙遊〉에 나오는 붕鵬새가 가려고 했던 남명南冥이라는 바다가 바로 이곳 바이칼 호수가 아닐까요? 노자가《도덕경》에서 살고 싶어 하던 유토피아의 구절이 떠오릅니다. 그 구절을 한번 되는 대로 읊어 보겠습니다.

"저에게는 살고 싶은 곳이 있습니다. 땅은 작고 사람들은 적은 곳이었으면 좋겠습니다. 문명의 기계가 있어도 그 기계에 종속당하지 않고 살 수 있는 곳, 사람들의 목숨을 소중히 생각해주는 곳, 자주 이사 다닐 필요가 없는 곳 말입니다. 배와 수레가 있어도 그것을 탈 바쁜 일이 없고, 방어할 무기가 있더라도 그것을 쓸 필요가 없고, 간단한 문자로 의사소통하여 지식이 권력이 되지 않는 그런 곳이었으면 좋겠습니다. 지금 내가 먹고 있는 음식이 세상에서 가장 맛있고, 지금 내가 입고 있는 옷이 세상에서 가장 예쁘고, 지금 내가 살고 있는 곳이 세상에서 가장 편안하고, 지금 내가 즐기는 문화가 세상에서 가장 즐겁다고 생각되는 그런 곳 말입니다. 가까운 곳에 이웃 마을이 있어도 늙어 죽을 때까지 서로 왕래할 필요가 없는 그런 한가한 세상을 꿈꿉니다."

이 구절을 외워 쓰고 보니까 원문하고 조금 다른 것 같습니다. 그래도 그냥 입에서 나오는 대로《도덕경》80장에 나오는 구절을 읊어보았습니다. 이번 책에서 노자의《도덕경》과《장자》는 중요한 내용입니다. 제 원래 전공이 도가道家 철학이라 함부로 글을 쓸 수 없었습니다. 제가 잘 모르는 것이면 용감하게 마음대로 쓸 수 있는데, 제가 잘 알고 있는 것이라 함부로 글을 쓰기가 힘들었습니다. 귀신을 그리기는 쉽고 오히려 누구나 아는 개를 그리는 것이 가장 어렵다는 말처럼, 잘 알고 있는 것은 쉽게 써지지 않는 것 같습니다. 예전에 학문으로 공부했던 노장老莊의 모습과 이번 책에서 풀어낸 노장의 내용은 완전히 달라져 있습니다. 고전 원문 해석의 관점이 아니라 우리 삶의 방식으로 고전을 보는 안목이 조금은 생긴 것 같습니다. 이제야 비로소 노장을 제 전공이 아닌 제 삶으로 이전하여 볼 수 있는 기회를 얻은 것 같아 행복합니다.

《손자병법》은 제 인생을 크게 바꾸어놓은 책입니다. 도가 철학으로 밥 먹고 살기 힘들 때 우연히 EBS 교육 방송에서 《손자병법》 특강을 44회 한 이유로 많은 기업과 조직에 가서 강의할 기회를 얻었습니다. 기업들이 도가 철학보다는 《손자병법》이 더 절실하게 필요했나 봅니다. 하늘이 사람을 내릴 때는 반드시 먹고살 것은 주어서 내보내는 것 같습니다. 덕분에 제 앞가림을 넘어 옆가림도 할 수 있는 여유가 생겼고, 바람처럼 마음대로 떠돌 수 있는 배짱도 생겼습니다. 모두가 《손자병법》을 지은 손무孫武 선배 덕분입니다. 저는 《손자병법》에 관한 책을 쓰고 강의하면서 이 책을 왜 'The Art of The War'라는 영어 제목으로 번역했는지 명확하게 알게 되었습니다. 《손자병법》에서 바라본 전쟁은 기술Skill이 아니라 일종의 예술Art입니다. 남의 것을 빼앗으려고 싸우는 것이 아니라 내 것을 지키려고 싸우는 것입니다. 전쟁은 병력과 무기로 하는 것이 아니라 소명 의식, 사랑, 절실함으로 하는 것이란 새로운 관점이 《손자병법》에 담겨 있습니다. 싸우지 않고 이기는 온전한 승리, 전승全勝이 장군 손무의 꿈이었습니다. 내 부하를 죽이고, 상대방 가슴에 못을 박고, 내 주변을 아프게 하여 이긴 승리는 승리가 아니라는 손자의 생각이 그대로 반영되어 있는 책이 《손자병법》입니다. 싸움은 기술이 아니라 예술로 해야 한다는 생각이 우리 미래의 경쟁 철학이 될 것임을 확신해봅니다.

이제 바이칼 호수의 끝을 지나 이르쿠츠크로 기차는 돌아 올라갑니다. 제가 이 열차를 타서 이 호수를 보지 않고 서문을 썼다면 전혀 다른 느낌의 글이 나왔을 것입니다. 많이 보고 만나는 것이 참 중요한 공부임을 다시 한번 가슴에 새깁니다. 이 책의 제목을 '고전의 대문2'로 하자는 것은 참 어려운 결정이었습니다. 원래 소설을 제외하고 고전에서 2편은 잘 안 팔립니다. 그래도 김영사 출판사에서 잘 팔리는 책보다는 잘 만든 책을 지향한다고 양해해주어서 '고전의 대문2'를 제목으로 결정하였습니다. 1편이 사서四書를 중심으로 유교의 뜰로 들어가는 대문이라면, 2편은 《도덕경》과 《장자》, 《손자병법》을 통해 도가와 병가兵家의 뜰로 들어가는 대문입니다. 이참에 《고전의 대문3》도 꿈꾸어 봅니다. 문짝이 꼭 두 개일 이유는 없기 때문입니다. 저 넓게 펼쳐진 푸른 바이칼 호수를 보면서 바람처럼 사는 인생을 다시 한번 다짐해봅니다. 지금 내가 공부하고 있는 곳이 교실이며, 지금 내가 글을 쓰고 있는 곳이 서재이며, 지금 내 이야기를 듣고 있는 사람이 내 도반道伴이라는 바람의 철학 말입니다. 지금 제가 여기서 이 글을 쓸 수 있게 해준 모든 분들에게 감사를 표합니다. 낳아주신 부모님, 나를 지지해준 형님과 가족들, 제 소리를 알아주는 지음知音, 제 주변에서 제 삶을 적극적으로 응원해주시는 분들, 저와 함께 선뜻 시베리아 횡단 열차에 오르신 울산 도반들, 책을 만들어준 출판사와 편집자 등 모든 분들에게 감사의 말씀을 올립니다. 인생은 바람(望)을 갖고 바람(風)처럼 사는 것이 가장 바람직한 인생입니다. 젊은이들이 이 책을 많이 읽었으면 좋겠습니다.

2017년 7월 6일 정오 바이칼 호수를 지나며 석천石泉 쓰다.

고전의 대문 2

성공한 자의 '신의 한 수', 《도덕경》

첫 번째 대문

성공한 자의
'신의 한 수',
《도덕경》

공자와 노자, 라이벌의 만남

사람이든 사상이든 맞수가 있습니다. 팽팽하게 실력이 비슷해 누가 나
은지 쉽게 결정할 수 없는 상대를 맞수, 라이벌이라고 합니다. 초楚나
라 항우項羽와 한漢나라 유방劉邦, 《삼국지三國志》의 유비劉備와 조조曹操
는 전쟁의 맞수였고, YS와 DJ, 미국의 존 애덤스John Adams와 토머스 제
퍼슨Thomas Jefferson은 정치의 맞수였습니다. 트럼프Donald Trump와 힐러리
Hillary Rodham Clinton의 미국 45대 대선은 아슬아슬한 맞수의 대결이었습
니다. 라이벌은 이겨야 한다는 숙명을 가지고 있지만 상대방이 존재함
으로써 나의 가치가 더욱 높아지기도 합니다. 인생을 살다가 라이벌을
만나면 내가 극복해야 할 대상임과 동시에 나의 가치를 높여줄 사람이
라는 생각을 해야 합니다. 비록 내 앞에 버티고 서 있어 넘어야 할 산
이지만, 그 산을 넘는 과정 속에서 내공이 쌓이고 그 치열한 경쟁의 경

험은 나의 실력과 명성을 높여주기도 합니다. 중국 사상사에서 최고의 라이벌을 꼽으라면 공자孔子와 노자老子를 들 수 있습니다. 유교의 씨를 뿌린 인물이 공자라면 도교의 씨를 뿌린 인물은 노자입니다. 두 사람은 같은 시대를 살았으며 사마천司馬遷의 《사기史記》에서는 서로 만나 생각의 승부를 겨뤄본 적이 있다고 말하고 있습니다. 두 사람은 같은 시대를 살았지만 시대를 바라보는 시각이 달랐고, 목표와 방법 역시 전혀 달랐습니다. 공자가 빈천한 가정환경을 가진 흙수저 출신으로서 소외된 사람들을 규합해 세상을 바꾸려는 이상을 가지고 있었다면, 노자는 주周나라 천자가 있던 낙양洛陽의 황실 도서관을 책임지고 있었던 고급 관료였습니다. 산동성 곡부에서 태어나고 성장한 로컬 지식인 출신 공자와는 비교할 수 없는 중앙 무대에서 활동하던 글로벌한 지식인이었습니다. 노자를 이해하려면 그의 라이벌 공자를 이해해야 합니다. 노자와 공자의 숙명적인 만남, 사마천의 《사기열전史記列傳》 63권 〈노자한비열전老子韓非列傳〉의 내용을 중심으로 역사적인 두 라이벌의 운명적인 만남을 묘사해보겠습니다.

노자의 본명은 이이李耳였다. 태어날 때부터 귀가 커서 귀 큰 아이라는 뜻으로 붙여진 이름이었다. 공자의 이름을 공구孔丘라고 지은 것은 태어날 때 그의 이마가 언덕(丘)처럼 튀어나왔다고 해서 붙여진 이름이다. 옛날 사람들은 그의 신체적 특징을 이름에 반영하는 경우가 많았다. 귀 큰 아이, 이이는 주나라 천자가 살던 낙양에서 황실 도서관의 책임자로 근무하였다. 낙양은 오늘날 뉴욕처럼 중국에서 가장 번화한 도시였다. 가장 문명이 발달했으며 세상의 지식과 문화가 모여들던 도시였다. 공자가 태어나서 자란 산동성의 조그만 노魯나라 곡부하고는 비교가 되지 않는 세계적인 도시였다. 공자는 고향에서 어느 정도 이름을 얻고 제자들을 확보하자 세계적인 명성을 얻고 있는 노자를 꼭 만나보고 싶었다. 자신의 생각과 지식으로 노자와 사상 논쟁을 벌여 세상에 이름을 알려보고 싶었다. 노자와 논전을 벌인다는 사실만으로도 자신의 지위는 노자의 격으로 급상승할 수 있다는 계산도 깔려 있었다. 세상 사람들에게 내 명성을 알리고 내 몸값을 올리려면, 나보다 훨씬 강한 상대를 골라 싸움을 걸어야 한다는 것을 공자는 너무나 잘 알고 있었던 것이다. 공자의 제자들은 낙양까지의 긴 여정을 시작하였다. 그리하여 노자와 만날 기회를 얻었고, 제자들을 뒤로한 채 공자와 노자는 마주 앉아 일전을 벌였다. 공자는 자신의 전공인 예禮를 주제로 토론하고 싶었다. 관혼상제를 비롯해 고대 왕실의 예禮는 공자가 자신 있는 전공 분야였다. 또한 어려서부터 어머니의 제사 행위를 보고 자란 덕분에 예禮에 대한 실전 경험도 가지고 있었다. 공자는 당시 귀족들에게 예禮를 통해 통치 질서를 확보하고, 귀족의 권위를 높이며, 차별화된 귀족 질서를 확립할 수 있다고 유세하였다. 그래서 예禮에 대한 공자의 식견은 당시 어떤 사상가보다 높은 수준에 도달하였다. 공자는 노자를 만나러 방으로 들어갔고 노자와 마주 앉자 자신의 전공인 예禮를 질문하였다. "선생님! 예禮란 무엇이라고 생각하십니까?" 다짜고짜 묻는 예禮에 대한 공자의 질문에 노자는 여유롭게 대답하였다. "그대가 제자들과 함께 귀족들에게 고대의 예禮에 대해 유세하고 다닌다는 소문은 들었네. 그런데 말이야, 그대가 그토록 강조하는 예禮를 말했던 고대의 현인들은 이미 죽어 무덤에 묻혀 뼈만 남고 썩어 사라져버렸네. 그저 그들이 말했던 예禮의 내용만 남아 있을 뿐이지. 그런데 자네는 왜 이미 지난 시대의 가치를 이 시대에 다시 펼치려고 하나? 내가 생각하기에 지식인이란 말이야, 때를 알아야 해. 시대를 잘 만나서 누군가 나를 등용해 써준다면 벼슬길에 나아가 적극적으로 자신의 생각을 세상에 펼치는 데 힘을 써야 하지만, 시대가 어렵고 불확실한 난세에는 그저 자신의 똑똑함을 감추고 동네에서 뒷짐이나 지고 돌아다니면서 평범하게 사는 것도 지혜로운 삶의 방식이야! 똑똑한 상인은 자신이 가지고 있는 가장 귀한 물건은 함부로 밖에 내보이지 않고, 똑똑한 학자는 자신의 지식을 함부로 내보이지 않으면서 그저 남에게 바보처럼 보이며 살아가는 법이야. 내가 그대에게 바라건대, 부디 자네의 교만한 기운과 어떻게 해보겠다는 욕심, 그 잘난 얼굴빛과 음흉한 속셈을 좀 버리게! 이런 것들은 자네의 인생에 아무런 도움이 되지 않는 것들이야! 내가 자네에게 해줄 수 있는 이야기는 이것뿐일세!"

공자는 노자의 말이 끝나자 마치 망치로 한 방 맞은 기분으로 잠시 멍하게 있었다. 예禮에 대해 그토록 자신 있게 질문한 자신이 갑자기 부끄러워 얼굴이 벌겋게 상기되었다. '과연 이 사람은 어떤 사람이란 말인가? 어떻게 나의 의도를 정확히 짚어내고 예禮의 문제점을 저리 간단하게 핵심을 찔러 말할 수 있단 말인가?' 공자는 아무런 대꾸도 하지 못하고 노자의 방을 나왔다. 공자가 밖으로 나오자 제자들은 공자의 승전보를 들으려고 기대감에 부풀어 공자에게 모여들었다. 성급한 성격의 자로子路는 공자에게 노자와의 설전의 결과를 물었다. "선생님! 어떻게 되셨나요? 분명히 선생님이 이기신 거 맞죠? 예禮는 선생님의 전공이시니 아무리 노자 선생이라도 선생님만큼 예禮에 대해 알지는 못할 것입니다." 공자는 토론의 결과에 대해 궁금해하는 제자들에게 힘들게 입을 떼었다. "얘들아! 나는 말이다, 새는 하늘을 잘 날고, 물고기는 물속에서 헤엄을 잘 치고, 짐승은 들판을 잘 달리는 동물이라는 것을 잘 안다. 그래서 하늘을 나는 새는 화살을 쏘면 잡을 수 있고, 물속을 헤엄치는 물고기는 낚시로 잡을 수 있고, 들판을 달리는 짐승은 그물로 잡을 수 있다는 것도 알지. 그런데 용이라는 동물에 대해서는 내가 어떤 동물인지 알 수가 없단다. 왜냐하면 용은 바람과 구름을 타고 다니는 동물이기 때문이지. 오늘 나는 노자 선생을 만났는데 아마도 그분은 용이신 것 같다.”

　지금부터 약 2,500여 년 전 지금의 하남성 낙양에서 있었던 노자와 공자의 역사적인 만남에 대한 사마천의 기록을 토대로 구성한 내용입니다. 이 기록만으로 본다면 노자의 KO승입니다. 공자는 노자에게 한마디도 못 한 채 노자의 말만 듣고 물러 나왔습니다. 적어도 예禮에 대해 토론을 시작했더라면 공자는 압도적인 예禮에 대한 지식으로 노자를 눌렀을 것입니다. 그러나 노자는 논점을 다른 곳으로 돌렸습니다. 첫째, 예禮는 시대에 따라 변하는 가치라는 것입니다. 지난 시대의 예禮를 상황이 변한 지금 시대에 말하는 것은 논할 가치조차 없다는 것이 노자의 생각입니다. 둘째, 지식인은 진퇴의 때를 알아야 한다는 것입니다. 난세에 함부로 나서서 자신의 삶을 훼손하지 말고 때를 기다리는 것도 지식인의 위대한 능력이라는 것이죠.

심장약허深藏若虛　용모약우容貌若愚

노자는 공자와의 만남에서 두 가지의 화두를 던집니다.

'심장약허深藏若虛.' 깊을 심深, 감출 장藏, 같을 약若, 빌 허虛. 상인은 자신이 가진 좋은 물건은 절대로 밖에 내보이지 않고 깊이 감추어둔다. '용모약우容貌若愚.' 얼굴 용容, 모습 모貌, 같을 약若, 어리석을 우愚. 지식인은 난세에 자신의 능력을 감추고 바보처럼 살아야 한다.

잘 이해가 안 되는 말이지만 이 두 화두에 노자의 철학이 고스란히 담겨 있습니다. 허虛와 우愚, 이 두 글자로 사마천은 노자의 특성을 잘 드러낸 것 같습니다. 가진 자여! 비워라〔虛〕! Be empty! 똑똑한 자여! 바보〔愚〕가 되라! Stay foolish!

상인이 정말 아끼는 물건을 왜 아무에게나 보이지 않을까요? 값나가는 물건을 내보이는 순간 모두의 표적이 될 것이고, 누군가 내 물건을 탐내서 뺏어갈 수도 있기 때문입니다. 좋은 것을 가지지 못한 사람은 감추거나 비울 일이 없습니다. 왜냐하면 애초부터 감출 것도 비울 것도 없기 때문입니다. 비움은 채운 자의 행위이지 없는 자의 행위가 아닙니다. 있는 자가 비우면 위대한 비움이지만 없는 놈이 비우면 그냥 깡통입니다. 왜 똑똑한 사람이 바보처럼 보이는 것일까요? 똑똑한 사람은 그 능력 때문에 모든 사람의 경쟁 대상이 되어 결국 정을 맞고 제거될 수 있기 때문입니다. 표범은 자신이 가지고 있는 아름다운 문양의 가죽 때문에 사냥꾼들의 표적이 되어 죽임을 당하고, 아름드리나무는 자신이 가진 재목의 아름다움 때문에 나무꾼과 목수에게 잘려집니다. 아름다운 것을 가지고 있다는 것이 행복일 수 있지만 오히려 그것 때문에 자신의 삶이 훼손당하고 어렵게 될 수도 있습니다. 다소 소극적이고 지극히 개인주의적인 처세의 방법 같아 보입니다. 세상을 위해서 내 능력을 사용하고 타인을 위해서 내 목숨을 던지는 것이 의義로운 행동이라고 생각하는 유가儒家의 관점에서 보면, 노자의 이런 소극적인 삶의 태도는 자신의 삶만 소중히 여기는 위아爲我적인 생각이라고 할 수 있습니다. 그러나 노자의 관점에서 보면 인의예지仁義禮智 같은 가치들은 모두 엘리트 지배층들이 그들을 위해 만들어놓은 허위의 가치이며 이런 가치들을 인간들에게 계속해서 세뇌시켜온 것입니다. 내가 모시는 주군을 위해 목숨을 바치고, 내가 섬기는 남편을 위해 목숨을 끊는 충忠이나 절節 같은 것은 모두 인간을 세뇌시키는 도덕이라는 것입니다. 윤리와 도덕이라는 일종의 허위의 가치에 인간이 세뇌되어 자신의 삶이 종속당하고 타율적으로 살아간다는 것이 노자의 생각입니다. 이념, 윤리, 도덕, 종교는 인류의 역사 속에서 그들만의 세상을 지키고 일반인들을 용이하게 지배하기 위한 지배층의 도구로 사용되어왔다는 것입니다. 이런 관점을 논하다 보면 유발 노아 하라리Yuval Noah Harari가 쓴 《사피엔스Sapiens》라는 책의 논리가 겹쳐집니다. 유발 하라리 역시 인류가 만들어놓은 종교, 화폐, 제국 같은 보이지 않는 가치가 소수 엘리트 권력자들이 그들의 권력을 유지하는 데 중요한 역할을 해왔다고 합니다. 노자와 그를 계승한 장자莊子는 인의예지 같은 보이지 않는 허위의 가치와 윤리를 비판합니다. 윤리는 엘리트 권력자의 세뇌 행위라는 것입니다. 그들이 만든 가치와 표준을 사람들에게 세뇌시킴으로써 그들의 지배적 지위를 더욱 굳히는 행위라는 것입니다. "원숭이는 나무에서 사는 것이 표준이고, 인간은 땅에서 사는 것이 표준이고, 물고기는 물에서 사는 것이 표준이라면 어떤 것이 하늘 아래 가장 정확한 표준이란 말인가?" 이런 물음 속에는 절대적인 선善의 가치란 있을 수 없으며 모든 개체들의 다양한 선의 가치가 인정되어야 한다는 노장의 주장이 담겨 있습니다. 우리가 사는 사회의 표준을 돌아보면 어떤 것이 가장 바른 가치인지를 고민하게 됩니다. 1인 가족이 이미 600만 명을 넘어서고 있는 요즘, 결혼을 포기하고 혼자 사는 인생을 선택한 사람에게 결혼은 인간이 반드시 해야 하는 것이며, 아이를 낳는 것은 국민으로서 의무라고 강조한들 이미 그 호소력은 떨어집니다. 우리 사회가 만들어놓은 많은 당연한 가치들은 어쩌면 값싼 노동력을 필요로 하는 기업이나, 세금의 자원으로 국민을 바라보는 국가 조직이 원하는 것일 수도 있다는 생각을 한다면, 노자의 철학이 쉽게 들어올 수 있는 준비가 되어 있는 것입니다. 아름다움[美]과 더러움[醜]은 어떤 관점에서 보느냐에 따라 달라지고, 세상이 원하는 인재[賢]의 스펙은 어쩌면 그들의 기득권을 위한 스펙이지 일반인들의 입장을 고려한 스펙은 아니라는 것입니다. 노자는 지배자나 기득권을 가진 계층들이 그들의 입장에서 백성들을 보려 하지 말고, 백성의 입장에서 바라보아야 위대한 지도자로 인정받을 수 있다고 합니다. 어떤 인위적인 통치 행위를 하지 않는 것이 진정 백성들을 위한 위대한 정치라는 것입니다.

성공成功은 공功을 이루는 것이 완성이 아닙니다. 자신의 성공을 내려놓을 때 더욱 빛이 납니다. 강자에게는 겸손이라는 단어가 있기 때문에 그 강함이 더욱 강해질 수 있는 것입니다. 채운 자는 비움이 있기에 더욱 아름답고, 이긴 자는 관용이 있기에 그 승리가 더욱 박수를 받습니다. 노자의 철학은 채운 자와 이긴 자의 신의 한 수, 비움과 겸손입니다.

퇴직자의 인생 성찰, 《도덕경》

노자의 생각을 알려면 《도덕경道德經》을 읽어야 합니다. 《도덕경》은 공자의 《논어論語》와 더불어 중국 철학사의 두 축이었습니다. 유교의 대표적인 책이 《논어》라면 도가道家의 대표적 사상의 근간은 《도덕경》입니다. 같은 시대를 살았던 공자와 노자가 어떻게 이렇게 다른 방식으로 세상을 바라보았는지 참으로 라이벌다운 '다름'입니다. 공화당의 공자와 민주당의 노자, 보수의 공자와 진보의 노자, 중앙집권 체제의 옹호자인 공자와 지방자치제를 주장한 노자, 사회적 절대 가치를 제시한 공자와 개인의 다양한 개별적 가치를 강조한 노자, 규율과 자율의 두 축이기 때문에 지식인이라면 꼭 이 두 책을 읽어야 했습니다. 다산茶山 정약용丁若鏞도 《도덕경》에 대해 많은 독서를 하였습니다. 정약용은 옳은 것에 대해 물불 안 가리고 돌진하는 자신의 성격을 다스리기 위해서 《도덕경》에 나오는 여유與猶라는 글귀를 넣어 여유당與猶堂이라고 자신의 당호를 지었습니다. 얼음판을 걷는 코끼리처럼, 사방을 경계하는 원숭이처럼 늘 자신을 돌아보고 조심스럽게 살아간다는 의미입니다. 다산의 저작은 다산이 죽고 난 후 '여유당전서與猶堂全書'라는 이름으로 발간되었습니다.

《도덕경》의 저자가 노자라는 근거는 사마천 《사기열전》에 실려 있습니다. 노자가 《도덕경》을 저술한 내용을 간단히 추려보겠습니다.

초나라 사람이었던 이이는 주나라 수도였던 낙양에서 책을 보관하는 도서관장으로 근무하였다. 노자는 문헌에 대해 자유롭게 접근할 수 있었고 고대 문화에 대한 해박한 지식을 가지고 있었다. 노자의 전공은 도道와 덕德이었다. 도道는 자율과 능동으로 살아가는 삶의 방식이다. 덕德은 타인과의 관계에서의 배려와 존중이다. 노자의 학문 성향은 자신의 능력을 감추고 명예에 종속당하지 않는 것(自隱無名)이었다. 타인의 평가와 환호에 길들여지지 않고 내 영혼의 소리를 들으려고 노력했던 사람이다. 그것은 환호와 명예를 가져본 경험이 있기에 더욱 아름다운 삶의 태도였다. 바보가 바보면 그냥 바보지만, 똑똑한 사람이 그 똑똑함을 숨기고 바보가 되면 그 바보는 위대한 바보다. 노자는 환호와 명예를 소유해보았기에 그것을 내려놓을 줄 아는 위대한 선택을 한 것이다. 이렇게 노자의 철학이 변한 데는 계기가 있었다. 황실 도서관장으로 잘나가던 노자는 어느 날 모든 것을 내려놓을 수밖에 없는 상황을 맞이한다. 주나라 황실이 쇠퇴해 모든 직책을 버리고 떠나게 되었다. 자신의 지위와 자리가 영원하다고 생각했던 착각이 깨진 것이다. 요즘으로 말하면 갑작스런 경제 정치적 위기로 갑작스런 명예퇴직, 권고사직을 당한 것이다. 노자는 주나라 천자가 있었던 낙양을 떠나 서쪽으로 간다. 낙양에서 서쪽으로 계속 가면 장안長安이 나오는데 그 도중에 함곡관函谷關이라는 국경 수비 도시가 있다. 그곳에 도착한 노자는 책임자였던 윤희尹喜의 요청을 받고 5개월간 머물며 책을 쓰게 되었다. 자신의 인생을 돌이켜보며 자신의 철학을 정리해 두 권의 책을 쓰게 되었는데 도道와 덕德에 관련된 내용으로 약 5,000여 자 분량의 책이었다. 그리고 노자는 함곡관을 떠났다. 아무도 노자가 어디 가서 어떻게 살다가 어떻게 죽었는지 알지 못했다. 이것이 사마천이라는 역사가가 바라본 노자의 전기다.

이 기록을 읽다 보면 마지막 문장이 멋있습니다. '막지기소종莫知其所終, 어느 누구도 노자의 끝[終]을 알지[知] 못했다[莫].' 예, 갑자기 노자가 증발해버린 것입니다. 멋있게 자신의 생각을 책 두 권에 남기고 홀연히 사라져버린 것이죠. 노자는 어떻게 되었을까요? 심지어 인도로가서 석가모니가 되었다는 설도 있었습니다. 신선이 되어 200살을 넘게 살았다는 등, 저 막고야 산에 가서 신선처럼 피부가 하얀 모습으로 살았다는 등 말이 많습니다. 노자가 신비화되는 중요한 포인트입니다. 사람이 마지막이 멋있으려면 그 끝을 알려주면 안 됩니다. "내 죽음을 알리지 마라!" 이렇게 해야 신비롭고 멋있게 끝나지요. 무슨 병원 장례식장 몇 호실이라고 알려주고 세상을 끝내면 참 밋밋합니다. 물론 아는 사람이 찾아와 부의금도 내고 조화도 보내겠지만 너무 흔한 종말이 아닌가 싶습니다. "그 사람 요즘 어떻게 지낸대? 멋지게 퇴직하고 어디 시골에 내려가 있다고 하던데. 참 멋있게 사신 분이었는데. 궁금하네." 인생 1막을 잘 사신 분들이라면 페이스북에도 내 생활을 알리지 않는 것이 참 멋있다는 생각도 해봅니다. 단 잘 사신 분들이라야 멋있는 것입니다. 그저 그렇게 인생의 1막을 살았다면 장례식장 주소를 잘 알리는 것이 좋습니다. 끝을 알리지 않는 것은 위대한 자가 두는 신의 한 수라는 생각을 해봅니다.

노자의 성지로 부활한 함곡관

사마천의 기록을 중심으로 보면 노자의 《도덕경》이 흥미진진합니다.

잘나가던 사람이 모든 것을 부질없다고 느꼈을 때 과연 어떤 이야기를 했을까 궁금해지지 않습니까? 제가 함곡관을 가본 적이 있습니다. 함곡관의 첫인상은 중국 정부가 함곡관을 노자의 성지로 만들려고 작정한 것 같은 모습이었습니다. 입구에는 노자 동상이 금빛으로 33.3미터의 높이로 서 있었습니다. 주변에는 《도덕경》 5,000글자 전 내용이 150미터 길이의 대리석 벽에 새겨져 있었고, 여기저기 노자 및 도가 문화와 관련된 시설물들을 설치하고 있었습니다. 유교의 시조인 공자에게는 산동성 곡부라는 정확한 지명이 있지만, 노자에게는 딱히 정확한 지명이 없기에 더욱 그곳을 도가의 성지로 만들려고 중국 정부가 작정했던 모양입니다. 돈을 좀 번 중국이 공자와 노자를 더욱 높여서 세계적인 문화 아이콘으로 만들려는 야심 찬 계획을 가지고 있다는 것이 느껴졌습니다. 함곡관은 우리나라의 문경새재쯤 되는 조그만 국경 도시였습니다. 그곳에서 수비대장으로 근무하던 윤희라는 사람이 낙향하는 노자에게 글을 써달라고 부탁했고, 노자는 5개월간 머물면서 자신의 인생과 철학을 녹여 책을 썼습니다. 상상해보십시오. 모든 것을 다 누려보고 낙향하는 지식인이 무슨 말을 썼을까요? 공부는 가장 많이 해봤고 높은 지위까지 올라가봤습니다. 그다음에는 무슨 말이 나올까요? 세상에 영원한 것은 없다는 깨달음도 있었을 것이고, 강한 것이 강해서 강한 것이 아니라 부드러울 때 더욱 강할 수 있다는 생각도 있었을 것입니다. 잘나갈 때 썼다면 이런 성찰은 없었겠지요. 강요보다는 자율이 더욱 위대하고, 말로 하는 가르침보다는 말없는 가르침이 더욱 좋은 성과를 낼 수 있다는 생각도 있었을 것입니다. 내가 아름답다고 생각한 것이 얼마나 편견이었는지, 관점에 따라 아름다움과 추함은 공존할 수 있다는 생각도 했을 것입니다. 말 많은 자가 지혜로운 자가 아니라, 알지만 말로 과시하지 않는 자가 진정 지혜로운 자라고 생각했을 것입니다. 비움은 채운 자의 신의 한 수다! 배움을 통해 채웠다면 과감하게 비워라! 이것이 진정 배운 자의 위대한 비움이다! 이미 배우고 높은 자리에 올라가고 가득 채워본 사람이 그것을 내려놓을 때 더욱 위대할 수 있다는 깨달음으로 《도덕경》을 썼을 것이라는 상상을 해봅니다. 사실 《도덕경》은 지식을 채워보고 높은 자리에 올라가본 사람이 더욱 잘 이해할 수 있습니다. 특급 호텔에서 최고급 음식을 먹어보고 시장통에서 국밥을 먹는 것과 돈이 없어서 시장에서 어쩔 수 없이 국밥을 먹는 것은 똑같은 국밥을 먹더라도 전혀 다릅니다. 배운 자가 Stay foolish! 외치는 것과 어리석은 자가 Stay foolish! 외치는 것은 전혀 다릅니다. 현자가 바보인 척하면 위대한 바보지만, 바보가 바보라고 하면 그것은 그냥 바보이기 때문입니다. 노자의 철학은 채웠으니 비우라는 말인데 채우지도 않고 비우려 합니다. 그래서 저는 《도덕경》을 제대로 알려면 열심히, 멋지게 살아봐야 한다고 생각합니다. 목표를 달성하고 내려놓는 것과 목표에 가보지도 않고 내려놓는 것은 전혀 다르기 때문입니다. 앞의 것은 비움이라고 하고, 뒤의 것은 포기라고 합니다.

여기에 표로 사마천이 바라보는 노자에 대해 정리해보았습니다. 일종의 노자 프로파일입니다.

사 마 천 이 바 라 본 노 자		
직업	주나라 도서관장	
국적	초나라	
이름	이이李耳 *귀가 커서 붙여진 이름인 듯	
별칭	노자	
생존	160~200세	
저서	《도덕경》 상권 도편道篇 · 하권 덕편德篇 5,000여 자	
저술 이유	퇴직자의 인생 철학	
기본 철학	심장약허深藏若虛	훌륭한 상인은 좋은 것을 깊이 감춘다.
	용모약우容貌若愚	똑똑한 사람은 어리석어 보인다. Stay foolish!

당신은 도가인Taoist입니까?

공자로 대표되는 유가 집단과 노자로 대표되는 도가 집단은 중국 사상의 두 축이라고 할 수 있습니다. 황하 중심의 북방 문명을 배경으로 하는 유가는 중앙집권의 의지가 강하며, 주군에 대한 충성과 부모에 대한 효를 중요시합니다. 남성과 장자長子 중심의 사회질서와 가족제도를 강조하는 유가는 중국 문명의 지배 철학이었습니다. 통치자 입장에서 보면 통치하기에 가장 도움이 되는 것이 유가 이론이기 때문입니다. 유가적 가치관에서 보면 한번 주군을 모시면 목숨을 걸고 명예를 위해서는 내 몸까지 버릴 수 있습니다. 역대 왕들은 이런 것들을 통치에 중요한 이론으로 활용했습니다. 그래서 유가는 늘 여당이었습니다. 유교 경전은 관직으로 나가기 위한 중요한 시험 과목이었고, 유교 철학은 관료들의 공직 생활에 기반이 되었습니다. '효자가가유孝子家家有

요 충신만조정忠臣滿朝廷이라.' 효자는 집집마다 있고 충신은 조정에 가득한 것이 유가 집단이 꿈꾸는 세상이었습니다. 유가적 지식인은 정의正義를 숭상하며, 그 정의는 시대와 상황에 따라 변천하였습니다. 때로는 한번 모신 주군을 위해 싸우는 것이 정의일 때도 있었고, 어떤 때는 민중과 백성을 위해 삶을 바치는 것이 정의일 때도 있었습니다.

유가 문화에 비해 남방, 즉 장강長江 지역을 바탕으로 하는 도가는 중앙집권보다는 지방자치의 의지가 강하며, 사회적 규율과 이념보다는 자신의 삶과 자율적 의지를 더욱 중요시합니다. 여성성과 자율을 강조하는 도가는 늘 야당이었으며 기득권에 대한 비판 담론으로 기능해왔습니다. 비록 정권에 참여해 관직을 소유하지는 않았지만 전원에서 자유의지에 따라 삶을 살아가려는 경향을 보여왔습니다. 예술과 문학, 종교적 삶에 있어서는 뛰어난 해법을 가지고 있었던 도가 집단은 세속의 명예와 권력은 이미 가질 수 없는 이상이었기에 확실하게 포기하는 선택을 하였습니다. 중국인들은 이 두 가지를 왔다 갔다 한다고 합니다. 관료가 되어 현직에 있을 때는 유가인데 퇴직하면 바로 도가 철학자가 된다고 합니다. 기업에서 열심히 근무할 때는 예술이나 문학에 심취하기가 쉽지 않습니다. 자율보다 지시나 명령, 충성 같은 것이 훨씬 효율적으로 보입니다. 부드러움보다는 강력한 돌파력이 더욱 어울립니다. 개인의 이익보다는 집단의 이익이 우선되며 회사의 사규와 이념에 비해 개인의 자율은 그리 중요해 보이지 않습니다. 그러나 퇴직해보면 상황은 반전됩니다. 더 이상 규율이 나의 자유를 억압할 이유가 없습니다. 이미 지나간 권력과 지위는 옛날 일이 되고, 나에게 뻔질나게 전화하고 인사했던 사람들도 시간이 지나면서 아무도 관심을 기울여주지 않습니다. 어쩔 수 없이 자신의 상황을 정당화하기 위해서는 도가인Taoist이 될 수밖에 없습니다. '돌아가리라! 돌아가리라! 고향 마을이 장차 황폐해지려 하니 어찌 돌아가지 아니하랴!' 도연명陶淵明의 〈귀거래사歸去來辭〉는 더욱 절실하게 가슴속을 파고듭니다. 제가 중국 사회과학원에서 초빙교수로 있을 때 중국 교수들은 늘 이렇게 말했습니다. "중국인들은 역사적으로 관직에 있을 때는 유교인Confucianist이었고 퇴직하면 바로 도가인Taoist로 변합니다." 여러분들은 지금 유교인입니까? 아니면 도가인입니까?

《도덕경》은 노자가 직접 썼다?

《도덕경》의 분량이나 저자, 판본은 정확하게 재단할 수 없습니다. 번역본만 해도 현재 300여 종이 있고, 판본도 죽간竹簡본, 백서帛書본, 하상공河上公본, 왕필王弼본 등 시대에 따라 다양하며, 분량도 판본에 따라 정확히 일치하지 않습니다. 다만 현재 통용되는 《도덕경》의 분량은 81장章 5,000여 글자입니다. 특히 《도덕경》의 저자 문제는 워낙 학계에서 치열하게 논의되는 것이기에 여기서 그것을 모두 설명하는 것은 적절해 보이지 않습니다. 사마천은 노자가 직접 저술한 저작이라고 기록하고 있으나 저는 《도덕경》이 누구의 저작인가는 그렇게 중요하다고 보지 않습니다. 특히 저는 개인의 저작이라고 보지 않습니다. 서지학적으로 봤을 때 중국 고전은 한 사람의 저작이 아니라 유명한 사람의 이름을 가탁한 집단의 저작이라고 생각합니다. 유명한 한 사람을 내세위 저자라고 칭하고, 그 내용은 그 집단 구성원들의 생각이 시대를 통해 첨삭되면서 형성된 것이라고 생각합니다. 중국 고전들은 한 사람이 연구실에 틀어박혀 일정한 시기에 쓴 것이 아니라, 그를 중심으로 모였던 사람들의 생각이 시간을 거치면서 정리된 것입니다. 공자가 《논어》를 쓴 것이 아니라 그 제자와 집단들이 공자와의 대화 내용을 정리하고 시대에 따라 첨삭되면서 완성된 것이고, 《장자莊子》 역시 그런 과정을 거쳤을 것이라 보입니다. 고전은 저술한 사람의 개인적 생각이라기보다는 그 집단의 집단 철학이라고 생각하며, 따라서 그들이 어떤 생각을 가지고 저술했느냐보다는 어떤 시기에 그 저작이 어떻게 재해석되어지느냐가 더욱 중요한 문제라고 생각합니다. 그러니 노자라는 개인의 생각이 중요한 것이 아니라, 그 고전을 어떻게 재해석하느냐text criticism가 고전 읽기의 중요한 이슈가 되어야 한다고 봅니다. 노자의 본음本音이 무엇이냐를 가지고 싸우기보다는, 지금 그 고전을 어떤 관점에서 바라보고 해석하느냐가 더욱 중요하다는 것입니다. 그렇기 때문에 《도덕경》을 노자 개인의 작품이라고 해석한다면 너무 편협한 해석일 것 같습니다. 《도덕경》 또한 노자와 같은 생각을 가졌던 사람들의 철학적 저작일 것입니다. 《도덕경》은 주석서가 엄청나게 많습니다. 원문은 5,000 글자인데 현재 읽혀지는 주석서는 350여 권 됩니다. 중국에서는 2,500년 전에 《도덕경》을 만들어놓고 그동안 계속 주석서들을 만들어왔습니다. 한국으로 넘어오면서 다양한 시대의 주석들이 추가되어 만들어졌습니다. 그래서 중국 철학은 창작보다는 주석의 역사라는 생각을 하게 됩니다. 새로운 것보다는 지나간 것을 다시 꺼내서 해석하려는 성향이 강합니다. 일단 권위가 만들어지면 그 권위에 도전해서 새로운 창조를 하는 것은 이단으로 여겨져 금기시되었습니다.《도덕경》의 철학은 한나라 초기에는 무위無爲 정치 이념으로 재해석되었고, 후한後漢 황건적의 난 같은 농민 봉기의 이론으로 옷을 갈아입기도 하였습니다. 위진남북조 시대에는 현학玄學으로 명명되어 탈속과 자연의 담론으로 재해석되기도 하였고, 당송唐宋 시대에는 도교의 이름으로 신선 사상과 영생불사의 종교로 유행하기도 하였습니다. 다양한 시대에 그 시대의 요구에 맞춰 옷을 갈아입을 수 있다는 것은 그 철학이나 사상이 보편성이 있다는 것입니다. 시대와 공간을 넘나드는 보편성, 그것이 고전입니다. 잠깐 유행했다 사라지는 베스트셀러는 그런 보편성이 없기에 고전이 될 수 없는 것입니다. 세상에 대한, 인간에 대한, 현실에 대한 보편성, 그것이 고전의 힘입니다.

《도덕경》의 주석들 중 가장 잘 알려진 것은 한나라 때 하상공과 삼국 시대 왕필의 주석입니다. 천재 소년 왕필은 18세의 나이에《도덕경》상·하를 81편으로 나누었습니다. 1장부터 37장까지는〈도경道經〉, 38장부터 81장까지는〈덕경德經〉, 이렇게 해서 18세의 천재 소년 왕필이 주석을 달았습니다. 하상공이 영생불사의 관점에서 노자를 해석하였다면 왕필은 현학玄學의 관점에서 재해석하였습니다. 지금 우리가 읽는《도덕경》81장은 3세기경 위魏나라 왕필이라는 청년이 바라본 현학玄學성격의 주석본입니다. 저는《도덕경》에 대한 종교적 해석을 배제합니다. 관념론적 해석은 더더욱 아니고요.《도덕경》은 다른 동양 고전과 마찬가지로 아주 현세적이고, 구체적이고, 속세적인 철학입니다. 때로는 자율과 위임의 정치철학일 수도 있고, 자율적 삶의 구체적 해법일 수도 있습니다. 우리는 노자를 통해 내세가 아닌 현세에서, 미신이 아닌 철학으로, 타율이 아닌 자율로, 자본이 아닌 마음으로 살아가는 방법을 엿볼 수 있을 것입니다.

서번트 리더십의 실천자, 성인聖人

《도덕경》에는 성인聖人이라는 단어가 자주 등장합니다. 《논어》에서 군자君子라는 말이 반복되어 등장하는 것과 비슷합니다. 《도덕경》에서 서른한 번이나 반복해서 나오는 가장 이상적인 인간형이 성인입니다. 우리가 흔히 쓰는 성인군자의 어원은 《도덕경》과 《논어》에서 나왔습니다. 성인에 대한 일반적인 느낌은 일반인과 다른 어떤 경지에 오른 사람이라는 느낌입니다. 기독교에서는 하나님을 위해 목숨을 던진 사람을 성인saint이라 하고, 도덕적으로 윤리적으로 완벽한 사람을 성인이라고도 합니다. 속세의 사람들이 감히 근접할 수 없는 높은 경지에 오른 사람이라는 것이 성인에 대한 일반적인 생각입니다. 그러나 노자에서 성인은 그런 초월적이고 탈속적이고 도덕적인 인간의 모습은 아닙니다. 강요보다는 자율을 더욱 중요하게 생각하고, 자신의 주장보다는 상대방의 의견에 더욱 귀를 기울이는 사람이라면 성인에 가깝습니다. 이념이나 관념보다는 사람과 실제를 강조하고, 자신의 성공을 과시하기보다는 그 성공을 과감하게 내려놓을 줄 아는 사람이 노자의 성인입니다. 겸손과 비움으로 삶을 살아가며 지식과 편견의 그물에 걸려있지 않고 늘 새로운 가치를 추구하는 사람이 성인입니다. 성과를 소유하지 않고 나눌 줄 알며, 목표를 달성하더라도 함께 누릴 줄 아는 사람, 명예, 권력, 지위보다는 나의 삶에 대해 더욱 중요하게 생각하는 사람이라면 노자의 성인과 닮아 있습니다. 사치하기보다는 검소함으로, 교만하기보다는 겸손함으로, 강요하기보다는 타협으로 문제를 풀어가는 사람이 성인입니다. 이런 사람이라면 여러분들은 어떤 생각이 드십니까? 저는 《도덕경》에서 성인에 대한 글을 읽으면서 한 가지 드는 생각이 있습니다. '이런 사람이 나의 리더가 되었으면 좋겠다.' 예, 이런 사람이 대통령이 되고, 회장님이 되고, 시장이 된다면 그 나라와 조직은 참 아름다운 조직이 될 것 같습니다. 좋은 성과를 올리지만 그것이 강요와 굴종과 압박이 아니라 자율과 자발과 타협을 통해 만들어지고, 그 성과가 모든 사람에게 나누어질 수 있다면 참 멋진 리더의 모습일 것입니다. 요즘 시대의 리더들을 한번 떠올려봅니다. 빌 게이츠, 오바마, 모택동, 시진핑, 스티브 잡스, 이승만, 노무현, 아베, 메르켈, 정주영, 이병철, 스탈린, 블룸버그, 참 세상에는 리더도 많습니다. 그 많은 리더들은 자신만의 리더십과 독특한 철학을 가지고 있습니다. 어떤 리더가 가장 노자가 꿈꾸었던 성인의 모습과 닮아 있을까요?

성인에 대한 노자의 견해 중 하나는 '섬김의 리더'라고 할 수 있습니다. 섬김의 반대는 군림입니다. 성인은 지시하고 군림하는 리더십이 아니라 섬기는servant 리더십입니다. 내가 윗사람으로서 군림하고 부리는 것이 아니라 "당신이 내 주인이다" 하고 거꾸로 아랫사람을 섬겼더니만, 오히려 나를 더 존경하고 자발적이고 지속적인 성과를 낸다는 것이 섬김의 리더십입니다. 우리가 노자 철학에 대해 오해하고 있는 부분 중 하나가 성과를 내기보다는 모든 것을 내려놓고 떠나는 탈속의 철학으로 노자를 받아들이는 것입니다. 노자 철학은 다른 동시대의 사상가들과 마찬가지로 성과를 추구하는 것이 목표입니다. 더 나은 성과를 창출하고, 경쟁력을 높이고, 최후의 생존경쟁에서 살아남는 것이 노자의 목표입니다. 그러나 다른 사상들과 다른 점은 강하고 센 것만이 생존의 목표를 달성하지는 않는다는 것입니다. 노자는 반反성과주의자가 아닙니다. 다만 성과를 추구하기 위한 방법론이 다른 것뿐입니다. 군림해서 성과를 낼 수도 있지만 섬겨서 성과를 낼 수도 있다고 보는 것이 도가입니다. 단기간의 성과 면에서 보면 군림하는 것이 훨씬 빠르겠지만, 장기적이고 지속적인 성과 면에서는 섬김을 통해 이루는 것이 훨씬 유리할 것입니다. 성과를 그래프로 그리고 경쟁을 시켜서 올리는 방법도 좋습니다. 그러나 그것이 지나치면 거짓된 성과도 만들어지고, 기반이 없는 성과가 이루어져 지속적인 성과로 연결될 수 없습니다. 세상에서 가장 아름다운 성과는 자발적으로, 자율적으로, 지속적으로 내는 성과입니다. 그렇다면 노자의 소리를 들어보아야 합니다. 기업이 고객을 설득하는 성과를 내기 위해서는 홍보나 선전도 중요하지만 말없는 진심이 가장 아름다운 마케팅이 될 수 있다는 진실을 알고 싶다면, 노자가 대답해줄 수 있습니다. 국민들을 하나로 통합해 국가의 발전과 미래의 생존을 도모하려면 그들을 규제하고 속박하기보다는, 국민들이 무엇을 원하는지 들어보고 그 마음을 존중하고 배려하는 것이 답이 될 수 있다는 진실을 노자의 소리 속에서 찾을 수 있습니다. 노자의 《도덕경》은 리더십입니다. 물론 삶의 철학이나 우주의 본질을 말하는 책으로 볼 수도 있습니다. 그러나 《도덕경》의 시작은 난세에 생존을 위한 고민에서 시작됩니다. 그 고민의 주체는 조직의 리더입니다. 생존을 고민하는 리더에게 전혀 다른 발상으로 그 해법을 들려주는 책이 《도덕경》입니다.

《도덕경》에서는 자율의 리더, 겸손의 리더, 미완의 리더를 강조합니다. 노자는 말합니다. "섬겨라. 그러면 스스로 할 것이다! 낮춰라. 그러면 더욱 높아질 것이다! 완성을 추구하지 마라! 그러면 더 큰 완성을 보게 될 것이다!" 노자의 이런 리더십을 저는 역발상의 리더십이라고 정의하고 싶습니다. 물론 이런 방법이 완벽하게 선하거나 옳다는 가치 판단을 해서는 안 됩니다. 때로는 강력한 힘으로 몰아쳐서 성과를 이루는 경우도 많기 때문입니다. 그러나 그런 한 방향의 성과 창출 방식만 고집하는 것은 문제가 있습니다. 때로는 부드럽게 가고 낮추는 것 역시 성과 창출의 한 방법일 수 있다는 것을 생각한다면, 그 리더의 사고 폭은 더욱 넓어질 것입니다. 세상에 어떤 것도 완벽하고 순선純善한 것은 없습니다. 다만 상황에 따라, 여건에 따라 어떤 방법이 더욱 효과적인지는 고민할 수 있어야 합니다. 강함이든 부드러움이든, 진進의 방식이든 퇴退의 방식이든, 강요(言)든 자각(不言)이든 어느 한 면만 강조되고 칭송되는 것이 문제이기 때문입니다.

중국 문명을 넘어서 세상은 이 두 가지 축으로 지금도 여전히 경쟁 중입니다. 왜냐하면 두 가지 중 어떤 것이 옳다고 쉽게 이야기할 수 없기 때문입니다. 리더십을 발휘했을 때 어떤 쪽이 정답이던가요? 그때그때마다 적절하게 맞는 방법이 있을 것입니다. 자꾸 어떤 것이 옳다 그르다 하다 보면 이데올로기가 되어버립니다. 그래서 저는 철학을 공부하는 입장에서는 이런 철학도 존재하고 저런 철학도 가치가 있다고 인정하는 것이 정말 중요한 인식이라고 생각합니다.

길은 하나가 아니다, 도가도비상도道可道非常道

이제 본격적으로 노자의 소리를 원문으로 들어보도록 하겠습니다. 노자의《도덕경》을 펼치면 일단 제일 먼저 나오는 문장이 궁금해집니다. 그런데 이 첫 번째 문장 때문에 노자의 생각은 정말 어려워지고 혼란스럽게 변합니다. 그래서 저도 노자《도덕경》1장을 제일 먼저 이야기하고 싶지는 않습니다. 왜냐하면 다양한 해석의 여지가 너무나 많고, 시대마다 사람마다 각자의 관점에서 해석해왔기 때문에 오히려 다음 장을 펼치기 전에 질려서 책을 놓을 수도 있기 때문입니다. 그래도 '학이시습지불역열호學而時習之不亦說乎'라는《논어》첫 구절처럼 너무나 유명한 문장이기 때문에 어렵더라도 일단 잠깐이라도 읽고 가겠습니다. 더 자세하고 깊은 이야기는 다음 이야기를 진행하면서 자연스럽게 다시 언급하겠습니다.

노자《도덕경》1장 첫 구절, 한마디로 말하면 세상에는 유일의, 오직 하나의, 한 가지 방향만 있는 것은 아니라는 것입니다. 서울에서 부산 가는 방법을 떠올려보십시오. 경부고속도로, 고속 열차, 중앙 고속도로, 국도, 비행기 등등 얼마나 많은 방법이 있습니까? 그런데 사람들 중에는 자신이 가는 방법만 옳다고 생각하는 사람이 많습니다. 설득도 말로 하는 설득이 있지만 말하지 않고 하는 설득도 있습니다. 음식도 나라마다 선호하는 음식이 다르고 그 다양성은 존중되어야 합니다. 내가 싫어하는 음식이라고 해서 비난한다면 그것은 편견에 의한 혐오입니다. 그렇습니다. 편견은 혐오를 가져옵니다. 혐오는 갈등이나 폭력으로 변합니다. 나와 다른 종교를 가지고 있다고 해서 혐오와 폭력이 정당화될 수는 없습니다. 사람이 좋아하는 음식과 원숭이가 좋아하는 음식이 같을 수는 없습니다. 세상에는 세상에 존재하는 숫자만큼 다양한 모양과 색깔과 향기가 있습니다. 노자의 이야기는 여기에서 시작됩니다. 사람들은 자신이 경험하고 느끼고 생각하는 것만 옳다고 여기는 착각에 빠져 있다는 것입니다. 강하고, 굳세고, 나아가는 것도 방법이지만, 부드럽고, 약하고, 한 발 물러나는 것도 방법입니다. 방법은 길입니다. 길을 도道라고 합니다. 노자가 말하는 도道는 방법입니다. 리더십의 방법, 설득의 방법, 유지의 방법, 생존의 방법, 강해지는 방법, 그 방법에 있어서 좀 색다른 해법을 제시하는 것이 노자의 도道 방법입니다. 그래서 도道를 알면 목표를 달성할 수 있습니다.

道可道도가도 非常道비상도!
내가 아는 방법(道)만이 옳은 방법(道)이라고 한다면 그것은 보편적 방법(道)이 아니다.
내가 가는 길(道)만이 옳은 길(道)이라고 한다면 그것은 상식적인 길(道)이 아니다.
하나의 진리(道)만이 옳은 진리(道)라고 한다면 그것은 완전한 진리(道)가 아니다.

이 구절의 해석을 가지고 많은 사람들이 싸우기도 했습니다. 자신의 해석만이 옳다고 하는 싸움이었습니다. 타임머신이 발명되어 노자에게로 가서 물어보면 어떤 사람이 정확한 해석을 하고 있는지는 알겠지만 제가 보기에는 참 안타까웠습니다. 고전의 해석에서 완전히 옳고 그른 것이 어디 있겠습니까? 물론 문법의 해석에 있어서 오류는 있을지언정 그 고전의 의미가 무엇이냐는 싸움은 애초부터 의미가 없습니다. 노자가 무슨 말을 했든 원래 의도가 어디에 있었는지 정확히 알수 없기 때문입니다. 제가 한 몇 가지 해석 역시 절대적으로 옳은 해석이라고 할 수 없습니다. 그러나 제가 이제부터 해석할 《도덕경》의 관점을 분명히 보여주는 해석입니다. 고전의 텍스트 비평이라는 것은 그 시대 사람들의 관점에 따라 달라지는 것이지 완전히 옳고 그른 것은 없습니다. 그것을 가린다는 것 자체가 소모전입니다. 《도덕경》 1장 첫 문장에서 말하는 중요한 요지는 세상에는 너무나 많은 방법, 길, 진리가 존재할 수 있다는 것입니다. 이런 편견 없는 열린 생각으로 노자의 철학에 접근해야 합니다. 질문 하나 드리겠습니다. 있다〔有〕와 없다〔無〕, 아름답다〔美〕와 추악하다〔惡〕, 착하다〔善〕와 나쁘다〔不善〕, 어렵다〔難〕와 쉽다〔易〕, 길다〔長〕와 짧다〔短〕, 높다〔高〕와 낮다〔下〕, 듣기 좋다〔音〕와 듣기 거북하다〔聲〕, 앞〔前〕과 뒤〔後〕, 이런 두 양극의 개념이 절대적이라고 생각하십니까? 공기는 있습니까? 없습니까? 우리는 보이지 않는다고 없다고 하지만 공기는 존재합니다. 절대적인 아름다움은 하나인가요? 어떤 여배우가 아름다운 배우입니까? 그 배우를 만난 원숭이도 예쁘다고 다가갈까요? 시험을 볼 때 어려운 문제를 만나면 참 난감합니다. 그러나 그 어렵다는 문제는 쉬운 문제에 비해서 어려운 문제이지 절대적으로 어려운 문제는 아닙니다. 내 사정이 아무리 어렵다고 해도 내 입장에서 어려운 것이지 나보다 더 어려운 사람이 보면 "그 정도면 내 입장에서는 문제도 아니야!"라고 말할 수도 있을 것입니다. 키가 190센티미터가 넘는 사람을 키가 크다고 하고 160센티미터보다 작으면 키가 작다고 하나요? 이것이 절대적인 높이일까요? 적어도 제 키 173센티미터면 옛날에는 그렇게 작다는 소리는 듣지 않았습니다. 그러나 요즘 젊은이들 옆에 서면 작은 키에 속합니다. 제가 더 이상 열거하는 것이 무의미합니다. 세상에 절대적인 하나, 절대적인 표준은 없으며 존재하는 모든 것은 상대적이고, 다양하고, 비교적이고, 주관적입니다. 그런 생각을 하고 계신다면 노자의 철학에 정말 가까이 다가가실 준비가 된 것입니다. 나이를 먹고 성숙해진다는 것은 그런 다양성diversity을 인정하는 것입니다. 그래서 공자는 나이 60세면 어떤 주장도 받아들일 준비가 된 귀를 가지는 나이, 이순耳順이라고 하였습니다. 이런 다양성을 인정하는 생각의 워밍업이 되었다면 이제 여러분은 노자가 꿈꾸는 '성인'의 리더가 될 준비를 마치신 것입니다.

무위지사無爲之事 불언지교不言之敎

無爲之事 무위지사
일을 주관하려 하지 마라! 스스로 주관하게 하라!
不言之敎 불언지교
말로 설득하려 하지 마라! 스스로 설득하게 하라!

참 어려운 리더십입니다. 해야 할 목표가 있는데 리더가 주관해서 하지 말고 구성원들이 스스로 주관해서 목표를 달성하게 하라고 합니다. 설득해야 할 일이 있는데 말로 설득하지 말고 스스로 자신을 설득하게 만들라고 합니다. 노자의 이 구절은 뜻은 좋지만 그렇게 쉽게 될 것 같지는 않습니다. 기업의 임원이 올 한 해 목표치를 달성하지 못하면 내 자리가 위태로운데 어떻게 한가하게 직원들에게 맡기고 그들이 스스로 목표를 설정해 자발적으로 하게 할 수 있으며, 선거에 나선 정치인이 나에게 표를 찍어달라고 유권자를 설득해야 하는데 어떻게 유세도 하지 않고 유권자들이 나를 찍어주기를 바랄 수 있느냐는 의구심이 듭니다. 부모가 자식을 훈계하지 않고 어떻게 옳은 길로 인도할 것이며, 학원 강습이나 과외도 시키지 않고 어떻게 자식이 스스로 목표를 세워 공부하게 할 수 있겠느냐는 의구심도 듭니다. 과연 노자의 이 주장은 실효성이 있을까요? 이것이 정말 실효성이 있으려면 일단 리더의 지위와 역량이 먼저 점검되어야 합니다. 자식을 공부시키기 위해서 소리 지르거나 훈계하지 않아도 될 조건을 가진 사람이 있습니다. 첫째 돈이 많아서 자식의 미래를 책임져줄 경제력을 갖춘 부모, 둘째 자식의 성공이 꼭 공부만이라고 생각하지 않고 자율성과 취향을 존중할 수 있는 정신적 자세를 갖춘 부모, 셋째 자식의 능력과 가능성을 믿어서 당장은 비록 공부를 못하거나 잘못된 길을 가더라도 결국 자신이 원하는 길로 방향을 잘 찾아갈 수 있을 것이라고 확신하는 부모. 이런 정도라면 공부하라고 닦달하거나 잘되라고 훈계하지 않아도 되지 않을까 싶습니다. 대기업 오너의 경우 시간이 좀 걸려도 지속적인 성과가 나올 수 있는 방법이 있다면 그 방법을 선택할 수도 있습니다. 물론 매년 재계약을 하는 임원이라면 이런 방법을 쓸 엄두를 낼 수 없습니다. 대중에게 인기가 있고 신뢰도 받으며 지지도도 높은 정치인이라면 구태여 이런저런 말 많이 하며 자신을 뽑아달라고 할 필요가 없습니다. 그저 자신의 자리에서 묵묵히 대중의 지지를 받는 것도 방법 중 하나입니다. 인지도가 없는 사람이라면 동분서주 돌아다니면서 말로 설득해야겠지요. 그렇습니다. 노자가 말하는 성인은 강한 사람입니다. 정치적으로 보면 신하를 둔 제왕 정도는 되어야 하고, 기업의 규모로 보면 중견 기업 이상의 오너 정도는 되어야 합니다. 낮춰도 함부로 무시하지 못하고, 말하지 않아도 함부로 안 들을 수 없는 그런 정도는 되어야 노자의 이 방법이 잘 맞습니다. 그러나 이렇게 강한 사람만이 쓸 수 있는 방법(道)이라면 세상에 몇 사람이나 이 방법(道)으로 살 수 있겠습니까? 그러나 비록 노자의 방법(道)은 그런 높고 강한 사람의 관점에서 시작되었지만, 긴 역사와 시대마다 있어온 다양한 해석에 힘입어 보통 사람들도 얼마든지 사용할 수 있는 삶의 가치(道)와 방법(道)이 되었습니다. 우리가 노자의 《도덕경》을 읽는 이유는 익숙하지 않은 방법으로 자신을 돌아보는 계기를 만들고자 함입니다. 앞으로 가는 것만이 정답인 줄 알았는데 때로는 한 발짝 물러나는 것도 더 큰 진보를 위한 방법일 수 있다는 생각, 강한 사람이 강함을 감추고 부드러움으로 세상을 대하면 더 강해질 수 있다는 신념, 말로 하는 설득보다는 마음으로 전하는 메시지가 더욱 효과적일 수 있다는 가정, 주인이 나를 낮춰 하인을 대하면 그 하인이 더욱 주인을 존경할 것이라는 믿음이 있다면 노자의 소리는 참 유용할 것입니다. 여러분들은 여행을 좋아하실 겁니다. 대부분 많은 분들이 가장 큰 바람이 무엇이냐고 물어보면 여행 다니는 것을 많이 꼽습니다. 여행은 나와 다른 것을 볼 수 있는 소중한 경험입니다. 언어의 다름, 음식의 다름부터 시작해서 나와 다른 것을 본다는 것은 신기하기도 하고 내 생각의 넓이를 확장시켜주기도 합니다. '세상에는 참 피부색도 다르고, 쓰는 말도 다르고, 먹는 음식도 다르고, 사는 집도 다르고, 누리는 문화도 다르구나!' 여행을 통해 이런 생각을 하신 경험이 있다면 이미 노자의 철학 속으로 한 발 들어간 것입니다.

作焉而不辭 작언이불사
내가 만들었어도 내가 만들었다고 말하지 마세요!
生而不有 생이불유
내가 낳았어도 소유하려 하지 마세요!
爲而不恃 위이불시
내가 했어도 자랑하지 마세요!
功成而弗居 공성이불거
성공했어도 성공에 안주하지 마세요!

참 자신감 넘치는 사람의 삶의 태도[道]입니다. 만물을 창조한 창조주가 창조된 만물에게 "너를 만들기 위해 얼마나 고생했는지 알아? 넌 그걸 잊으면 안 돼!" 참 없어 보입니다. 만든 게 확실하다면 굳이 내가 만들었다고 공치사를 해야 할 필요가 있을까요? "내가 만들었으니 넌 그 대가로 나를 경배하고 나에게 복종해야 해!" 괜히 하지 않아도 될 말을 하니 많은 사람들이 이렇게 대꾸할 것입니다. "누가 나를 만들라고 했어요? 본인이 좋아서 만들어놓고 왜 나에게 복종을 강요하는 거예요?" 배은망덕한 이야기지만 오히려 많은 사람들이 그의 곁을 떠날 수도 있습니다. 부모가 자식을 낳아서 기른 공덕은 있지만 소유하려고 할 때 자식은 오히려 부모 곁을 떠날 수 있습니다. "나 때문에 너희들이 잘 먹고 잘 사는 거야. 한시라도 잊으면 안 돼!" "내가 얼마나 성공했는지 알아? 내 성공은 쉬운 일이 아니었어! 내 성공에 대해 당신들은 감탄하고 부러워해야 해!" 더 이상 말하지 않겠습니다. 정말 만들고, 낳고, 기르고, 해주고, 성공했다면 말하지 않는 것이 오히려 그 은혜와 성공을 더 빛낼 수 있다는 것을 생각해보십시오.

덕이 있는 사람은 덕이 보이지 않는다

앞에서 노자의 《도덕경》은 3세기경 천재 소년 왕필에 의해 81장으로 편집되었다고 말씀드렸습니다. 그러나 사마천의 《사기열전》을 보면 두 권으로 되어 있다고 기록하고 있습니다. 역대 발견된 노자 판본 중에는 상권과 하권으로 나뉜 경우가 많습니다. 상권은 도道로 시작해서 도경道經 또는 도편道篇이라고 부르고, 하권은 덕德으로 시작해서 덕경德經 또는 덕편德篇이라고 부릅니다. 앞에서 〈도경道經〉의 첫 구절에 대해서 언급했는데 이번에는 〈덕경德經〉의 첫 구절을 한번 같이 보도록 하겠습니다.

上德不德 상덕부덕 是以有德 시이유덕 下德不失德 하덕부실덕 是以無德 시이무덕.

높은 덕을 가진 사람은 자신의 덕을 과시하지 않습니다. 그래서 진정 덕이 있는 사람이지요. 낮은 덕을 가진 사람은 자신의 덕을 과시하려 합니다. 그래서 결국 덕이 없는 사람이지요.

높은 덕을 가진 사람은 타인에게 자신의 덕을 일부러 보이려 하거나 과시하려 하지 않습니다. 왜냐하면 가지고 있는 덕을 일부러 상대방에 보일 필요가 없기 때문입니다. 그러나 덕이 없는 사람은 자신의 덕을 남에게 자꾸 과시하거나 보여주려고 합니다. 그것은 덕이 없기 때문에 오히려 덕을 자꾸 내보이려고 하는 것입니다. 은행에 근무하는 어느 지점장의 말이 생각이 납니다. "진짜 돈이 많은 사람은 돈 있는 티를 잘 내지 않아요. 입고 있는 옷이나 행색 가지고는 부자인지 가늠할 수 없는 경우가 많습니다. 그러나 자신이 돈이 있다고 티를 내는 사람은 부도 직전인 경우가 많습니다. 돈을 가지고 있지 않기에 어떻게든 자신의 자산 상태가 좋다는 것을 보여주려고 하는 것이지요." 가진 사람이 가진 티를 내지 않을 수 있는 것은 정말 가지고 있기 때문입니다. 진짜 똑똑한 사람은 오히려 자신의 똑똑함을 감추고 어리석은 척합니다. 왜냐하면 진짜 똑똑하기 때문이지요. 이런 논리는 노자 《도덕경》 전반에 걸쳐 있는 논리입니다. 강하기 때문에 부드러울 수 있고, 높기 때문에 낮출 수 있고, 똑똑하기 때문에 자신의 똑똑함을 과시하지 않을 수 있는 것은 진정 가지고 있는 자의 위대한 신의 한 수입니다. 지난날 어머니의 모습을 떠올려봅니다. 우리들의 어머니, 대부분 사람들은 어린 시절 어머니에 대한 기억을 가지고 있을 것입니다. 대부분의 옛날 어머니들이 그러셨듯이 제 어머니는 당시에는 그렇게 위대해 보이지 않았습니다. 집안에서 당신의 주장을 세게 펴지도 않았고, 늘 부엌에서 밥해주는 것이 어머니의 모습이었습니다. 밥해주는 그런 어머니가 얼마나 위대한 분인지는 훗날 그분이 안 계시고 알았습니다. 너무나 평범하고 일상적인 것이 얼마나 위대한 것인지 어머니를 통해 알았습니다. 어머니가 가지신 덕은 위대한 덕인데 어릴 때는 위대해 보이지 않았습니다. 훗날 생각해보니 너무나 위대했기 때문에 위대해 보이지 않았던 것 같습니다. '상덕부덕上德不德, 최상의 덕은 덕이 있다고 하지 않는다!'

　이런 리더 어디 없을까요? 저분이 없으면 우리 회사는 망한다. 이것은 《도덕경》에서 보면 상덕上德이 아닙니다. 상덕上德은 '저분이 없어도 나는 잘할 수 있어' 하는 생각이 들게 하는 것입니다. 영웅 한 명이 세상을 끌고 가는 것이 아니라 수많은 영웅이 우리 가슴속에 존재한다면 더욱 아름다운 세상이 될 수 있습니다. 오래전 우리나라 17세 소녀 축구 대표 팀이 세계 대회에서 우승하고 돌아온 일이 있었습니다. 그 감독은 거의 있을 수 없는 성과를 낸 분이었습니다. 그들을 환영하는 환영식에서 사회자가 어느 선수에게 물었습니다. 저 감독님이 얼마나 잘 가르치고 리드했으면 세계 1위가 되었겠는가를 물은 것이었습니다. 그런데 소녀 선수의 대답은 의외였습니다. 저 감독님이 없어도 자신은 1등을 했을 것이라는 대답이었습니다. 비록 웃으면서 한 대답이었지만 소녀들 가슴속에 영웅 한 명씩 들어가 있었던 것입니다. 그때 저는 그 감독이야말로 노자가 꿈꾸는 훌륭한 리더라고 생각했습니다. 승리를 감독이 아닌 선수들이 했다는 생각을 갖게 해준 것은 정말 위대한 덕을 가진 리더입니다. 선수들 모두에게 자신감을 갖게 하고 그들의 잠자고 있는 영혼을 깨워낸 그 감독이야말로, 덕을 가지고 있지만 그 덕을 못 느끼게 하기에 진정 덕을 가진 감독이었습니다. "덕분입니다. 당신이 없었으면 우린 어떻게 되었을까요? 당신은 우리의 은인입니다." 사실 이런 이야기가 나온다면 그 칭송받는 사람은 노자가 꿈꾸는 최고의 리더가 아닙니다. 덕을 제대로 베풀 줄 알고 나눌 줄 아는 사람은 자신이 베푼 덕을 남에게 알리려 하지 않습니다. 어쩌다 목적을 가지고 덕을 베푼 사람이 신문에 나고 주변에 알리고 법석을 떠는 것입니다. 자신의 이름을 감추고 조용히 남에게 덕을 베푸는 사람, 이런 분이 진정 노자가 꿈꾸는 상덕上德의 성인입니다. 부모가 자식을 키워놓고 자식이 부모의 덕을 뼈저리게 느끼게 한다면 최상의 부모는 아닙니다. 지가 잘나서 잘 컸다고 생각하게 한다면 진짜 덕이 있는 부모입니다. 노자는 이런 '부덕不德의 덕德'을 말하면서 리더의 종류를 열거하고 있습니다. 덕이 없는 사람 밑에 인仁을 가진 사람이 있습니다. 사랑이라는 이름으로 사람들을 강제하고 자신의 간섭을 정당화하는 사람입니다. "내가 너를 사랑하니까 그런 것이다." "내가 당신을 얼마나 사랑했으면 그랬겠어?" 부모가 자식에게, 연인 사이에 자주 나누는 대화입니다. 사랑仁은 본질을 잃었을 때 집착이 되고 강요가 됩니다. 사랑 밑의 하급의 리더십이 정의義입니다. 정의는 때로는 편견이 되기도 합니다. 자기가 결정한 정의가 때로는 폭력이 되어 상대방을 공격하는 논리가 되기도 합니다. 정의라는 이름으로 전쟁을 하기도 하고 살인도 합니다. 비록 정의는 아름다운 가치지만 본질을 잃고 독선이 되었을 때 인류에게 너무나 큰 피해를 줍니다. 정의 밑에 하급의 리더십이 예禮입니다. 예禮는 인간관계를 아름답게 해주는 형식이지만 그것이 강요가 되고 표준이 되었을 때 무례無禮한 자에 대해 다양한 폭력을 가합니다. 인의예지仁義禮智라는 화려한 이념과 규칙에 종속되어 인간이 만든 가치에 인간이 끌려가는 주객이 전도되는 상황을 맞기도 합니다. 노자는 그런 소외를 걱정하였던 것 같습니다. 소외는 내가 만들어낸 것에게 무시당하거나 종속되는 것입니다. 인간은 신을 창조해 신에게 종속되었고, 노동자는 자신의 노동력으로 만든 차를 마음대로 탈수 없습니다. 인간이 윤리와 도덕을 만들어내고 그 윤리로부터 소외당할 수 있다는 것이 노자의 생각입니다. 이야기를 하다 보니 너무 다른 곳으로 나갔습니다. 노자의 덕은 자율을 강조하는 무위無爲의 덕입니다. 억지로 나의 가치를 강요하거나 나의 은혜를 강조하지 않는 진정 아름다운 덕입니다. 그런 덕을 가진 사람은 덕을 베풀지만 그 덕에 발목 잡히지 않은 사람입니다. 온 나라의 국민들이 그 나라 대통령이 누구인지 모른다면 그 대통령은 정말 덕이 있는 대통령입니다. 내가 온전하게 내 영혼에 의지하며 살 수 있도록 하게 하는 분입니다. 제발 누구 덕분이라는 소리 좀 안 하고 살았으면 좋겠습니다. 정말 덕이 있는 사람은 덕을 보이려 하지 않습니다.

　이제《도덕경》이 윤리 도덕에 관련된 내용의 책이 아니라는 사실에 모두가 공감하셨을 겁니다. 아울러 노자가 말하는 도道가 어떤 절대적인 진리나 우주의 원리, 또는 관념의 본질이나 종교적 깨달음이 아니라는 것도 눈치채셨을 겁니다. 도道의 원래 뜻은 길path이며 어떤 목표를 달성하기 위한 다양한 방법이나 원리 정도로 이해하시면 저와 함께 노자를 재미있게 읽을 수 있을 것입니다. 덕은 태어날 때부터 인간이 가지고 태어난 아름다운 배려와 존중의 본성입니다. 덕을 베풀고 나누고 함께하는 세상, 그러나 자신이 베푼 덕을 과시하거나 강요하지 않는 그런 세상을 노자는 꿈꿉니다. 자, 이제 함께 편안한 마음으로 노자의 세계로 본격적으로 걸어 들어가보겠습니다.

고전의　대문 2

두 번째 대문

《도덕경》과
　　역발상의 인생

《도덕경》과
역발상의 인생

물은 낮은 곳으로 흐른다

노자의 철학은 역발상의 철학입니다. 당신이 정말 강하다면 강하다고 과신하지 말고 부드러움으로 자신을 낮추는 것이 더 위대한 강함이라는 것이 노자의 생각입니다. 정말 강하고 자신 있는 사람은 사람들이 많이 서 있는 곳에 가서 줄 서지 않습니다. 사람들이 몰려가는 곳을 피하고 나만의 줄에 설 수 있는 사람은 진정 강한 자입니다. 주식 투자의 귀재 워런 버핏Warren Buffett이 다른 투자자들과 다른 방식으로 투자해 좋은 성과를 올리는 것도 강한 자의 역발상 투자입니다. 좋은 주식을 남들이 팔 때는 사고, 남들이 살 때는 파는 것이 버핏의 투자 원칙입니다. 자신감이 없으면 쉽지 않은 선택일 것입니다. 이번에 실패해도 괜찮을 정도의 여유 자금과 자신감이 있기에 남들과 다른 방식으로 투자할 수 있는 것입니다. 저는 노자의 이런 생각을 확대해 우리의 삶으로 불러들이고 싶습니다. 세상은 치열한 경쟁으로 하루하루 전쟁터에 나서는 느낌입니다. 불안과 걱정으로 이리저리 눈을 돌리며 어디에 가서 줄을 서야 할지 고민하고 있습니다. 일단 많은 사람들이 서 있는 곳에 가서 줄을 서는 것이 안전하다고 느껴집니다. 남들이 가는 대학에 가고, 남들이 사는 곳에서 살고, 남들이 쓰는 물건을 사고, 남들이 누리는 문화를 누립니다. 이런 보편적 선택은 우리의 불안을 잠재우기도 하지만, 우리의 영혼을 잠들게 하기도 합니다. 우리가 이런 보편적 선택을 할 수밖에 없는 것은 나의 강함에 대한 확신 부족과 불안에서 기인합니다. 그래서 더욱 강해 보이려 하고, 더욱 똑똑해 보이려 하고, 더욱 치열하게 경쟁합니다. 지금 여기보다는 불확실한 미래에 대한 걱정으로 잠 못 이루고, 미신과 신비에 종속되어 냉철한 나의 이성으로 살아가는 것을 포기하기도 합니다. 인종, 브랜드, 민족, 제국, 이념 같은 각종 이데올로기에 목숨을 걸고, 화폐나 자본의 허위에 영혼을 매몰시키기도 합니다. 강요, 굴종, 협박, 타율에 더욱 안정감을 느끼고 자율과 자유의지를 저당 잡히기도 합니다. 노자가 이 시대에 나타나면 우리에게 이런 당부를 할 것입니다. "당신의 힘을 믿으세요! 당신은 세상을 선택할 권리가 있고 당신의 세상을 누릴 이유가 있습니다. 어느 누구의 타율과 강요에도 맞서 싸울 명분이 있습니다. 당신은 강하게 태어났습니다. 부드러움으로 꽃을 피우세요! 존중과 배려로 세상 사람들을 대하고 명철한 이성으로 당신의 삶을 돌아보세요. 당신의 영혼이 떨리는 곳으로 행진하세요! 무소의 뿔처럼 두려워하지 말고 앞으로 가세요!" 다소 과장적이기는 하나 저는 노자의 이런 외침이 이 시대에 모든 사람의 가슴속에 울려 퍼지기를 기대합니다.

노자의 생각을 엿볼 수 있는 《도덕경》을 읽는 첫 화두는 '물〔水〕'입니다. 노자는 물의 속성을 통해 자신의 생각을 표현하고 있습니다.

上善若水 상선약수

水善利萬物而不爭 수선리만물이부쟁

處衆人之所惡 처중인지소오

故幾於道 고기어도

가장 위대한 삶의 가치는 물처럼 사는 것입니다.

물은 모든 만물을 이롭게 도와주지만 자신의 공을 그들에게 과시하지 않습니다.

오히려 남들이 가장 싫어하는 낮은 곳으로 임하지요.

그래서 제가 말하려는 삶의 길과 가장 가까운 것이 물처럼 사는 것입니다.

-《도덕경》8장

'상선약수上善若水.' 역대로 많은 유명한 사람들의 인생 화두로 많이 쓰였던 글귀입니다. '최고의 삶의 가치〔上善〕는 물처럼〔若水〕 사는 것이다.' 물은 공자나 맹자孟子 같은 사람도 자주 비유하는 대상입니다. 동양 농업 사회에서 물은 너무나 중요한 요소였기에 물을 통한 많은 비유가 생겨났습니다. 서양 목축 사회에서 양羊이 비유의 대상으로 많이 등장하듯이, 물은 동양 사회에서 가장 쉽게 떠올릴 수 있는 이해 개념이었습니다. '물처럼 산다'는 것은 머릿속에 잠깐만 떠올려만 봐도 어떤 속성인지 짐작할 수 있습니다. 그저 물 흐르는 대로 사는 것은 불교나 유교에서도 중요한 삶의 태도였습니다. 심지어 《손자병법孫子兵法》에서도 전쟁을 할 때는 물처럼 조직을 움직여야 한다고 비유하고 있습니다. 그러면 물처럼 사는 인생이란 어떤 인생일까요? 노자에게 '물'은 부드럽지만 강强한 존재입니다. 아니, 반대로 말하면 강하지만 부드러운 존재입니다. 부드럽지만 돌도 뚫을 수 있고, 약한 것 같지만 건물과 산도 허물 수 있는 강함이 있습니다. 지난번 일본 지진 때 보여준 쓰나미의 영상은 물이 얼마나 무서운 존재인지를 잘 보여줍니다. 세상의 모든 것을 다 삼켜버릴 듯한 물의 위력은 보는 사람들로 하여금 경악을 금치 못하게 만들었습니다. 물은 수압이 강해지면 쇠도 자른다고 합니다. 물은 습기로 변하면 모든 존재를 썩게 만들기도 합니다. 성난 불을 끄기도 하고, 식물에게 들어가 인류를 먹여 살리는 원천이 되기도 합니다. 간단하게 말하면 물은 생명의 근원이며 본질입니다. 그런데 물은 보기에는 부드럽고 연약해 보입니다. 정말 물을 보이는 그대로 물로 보면 안 됩니다. 노자가 말하는 물의 위대함은 간단합니다. 세상의 모든 존재들에게 이익을 주지만 그 이익을 자랑하거나 과시하지 않는다는 것입니다. 오히려 남들이 싫어하는 낮은 곳으로 임하기에 물은 위대하다는 것입니다. 이것을 노자는 '부쟁不爭'의 정신이라고 말하고 있습니다. 부쟁不爭은 말 그대로 다투거나 경쟁하지 않는 것입니다. 물이 하는 역할은 다양합니다. 만물에게 수분을 공급해 성장을 도와주고 더러운 것을 씻어내기도 합니다. 겨울에는 얼어서 강을 건널 수 있게 해주고, 목마른 자에게 감로수가 되어 갈증을 풀어주기도 합니다. 그런데 그런 위대한 공덕이 있는 물이 낮은 곳으로 흐른다는 것입니다. 아낌 없이 주는 능력이 있는 물이 자신의 공덕을 과시하거나 자랑하지 않고 낮은 곳으로 흐르니 정말 위대한 속성이라는 것입니다. 그러면 이런 물의 속성을 인간의 모습으로 전환시켜봅시다. 부모가 있습니다. 자식을 위해 최선을 다했습니다. 먹을 것 못 먹어가며 자식 뒷바라지에 최선을 다한 부모가 자식에게 다른 부모와 비교해가며 공을 과시하지 않고 묵묵히 자신이 할 일을 했다고 한다면 참 물처럼 부모 노릇 하신 분입니다. 내가 너를 키우느라고 얼마나 고생했는지 아느냐며 자식에게 자신이 한 일을 알아주고 갚으라고 한다면 물처럼 부모 노릇 하신 것이 아니겠죠. 사장이 직원에게, 정치인이 유권자에게, 정부가 국민에게, 사회단체가 시민에게, 과학자가 사람들에게, 채권자가 채무자에게, 창조자가 피조물에게 자신이 얼마나 도움을 주었고 큰일을 했는지 알아달라고 한다면 물 같은 존재가 아닙니다. 그저 할 도리를 했을 뿐 더 이상 그 공을 알아달라고도, 인정해달라고도 하지 않는다면 물처럼 사는 모습입니다. 그런데 이런 물 같은 행동이 결국은 진정한 고마움을 느끼게 하고, 더욱 존경하게 만들고, 그 가치를 더욱 인정하게 만들 수 있다는 것입니다. 정말 큰 도움을 준 사람에게는 도움을 주었다는 이야기를 하는 것보다 이야기를 하지 않는 것이 상대방으로 하여금 나를 더욱 고맙게 생각하게 만드는 방법입니다. 노자는 어머니[母]를 통해 물의 철학을 더욱 확대해갑니다. 어머니에도 여러 종류의 어머니가 있습니다. 자식 길러준 공을 자랑하고 과시하는 어머니도 있고, 자식 기른 공을 자랑하거나 다른 부모와 비교하지 않는 어머니도 있습니다. 본인은 그저 묵묵히 남은 밥, 남은 반찬 드시면서 자식에게는 따뜻한 밥 주려고 하시는 어머니, 생선의 머리와 꼬리를 드시면서 그 부위가 더 맛있다고 하시는 어머니, 부엌에서 말없이 묵묵히 밥해주시는 어머니, 그런 어머니를 노자는 '식모食母'라고 합니다. '밥 퍼주는 어머니', 비록 내세울 것은 없지만 자식이 배고프지 않게 밥해주는 어머니가 노자는 가장 위대한 어머니라고 합니다.

식모食母, 밥 퍼주는 어머니의 위대함

노자《도덕경》20장에 식모食母에 대한 노자의 시詩가 있습니다. 참 읽으면 읽을수록 눈물이 핑 도는 구절입니다.

> 荒兮其未央哉 황혜기미앙재
> 衆人熙熙 중인희희
> 如享太牢 如春登臺 여향태뢰 여춘등대
> 我獨怕兮其未兆 如孾兒之未孩 아독백혜기미조 여영아지미해
> 儽儽兮若無所歸 내래혜약무소귀
> 衆人皆有餘 而我獨若遺 중인개유여 이아독약유
> 我愚人之心也哉 아우인지심야재
> 沌沌兮 돈돈혜
> 俗人昭昭 我獨若昏 속인소소 아독약혼
> 俗人察察 我獨悶悶 속인찰찰 아독민민
> 澹兮其若海 飂兮若無所止 담혜기약해 요혜약무소지
> 衆人皆有以 而我獨頑似鄙 중인개유이 이아독완사비

我獨異於人 아독이어인

而貴食母 이귀식모

저 넓은 대지여! 끝도 없구나!

모든 사람들은 희희낙락 즐거워하며

큰 잔치를 벌이는 듯 봄날 누각에 올라가 즐기는데

나만 홀로 조용히 아무런 움직임도 없이 그저 어린아이의 모습이구나!

피곤하구나! 지친 나는 돌아갈 곳도 없구나!

많은 사람들은 저토록 넉넉한데 나만 홀로 버려진 듯하구나!

아! 나는 바보의 마음을 가졌나 보다.

혼돈스럽구나!

일반인들은 저토록 밝고 밝은데 나만 홀로 어둡고 어둡도다.

일반인들은 저토록 따지는데 나만 홀로 어눌하구나!

출렁이는 마음 흔들리는 바다와 같고, 흔들리는 마음 그치지 않는 바
람과 같구나!

사람들은 모두 제 이익 다 찾는데 나만 홀로 완고하고 바보 같구나!

그래! 나는 다른 사람과 다른 삶을 살고 있는 거야!

나는 밥 퍼주는 어머니를 더욱 소중하게 생각하거든.

-《도덕경》20장

　　여러분들도 그렇겠지만 이 구절을 읽다 보면 돌아가신 우리들의 어
머니 모습이 떠오릅니다. 평생 옷도 제대로 못 입고 오로지 자식을 위
해서 당신의 모든 것을 다 내놓으신 어머니, 어디 제대로 여행 한번 가

보지 못하고 인생을 바보처럼 사신 밥 퍼주던 그 어머니의 모습이 노자가 꿈꾸던 물처럼 사는 사람의 모습입니다. 노자는 그런 어머니 모습을 리더십으로 환원시킵니다. 간섭하고 강요하고 군림하는 리더가 아니라 밥 퍼주는 천하의 어머니(天下母)가 진정 위대한 리더의 모습이라는 것입니다. 식모食母는 말 그대로 밥 퍼주는 엄마입니다. 배고픈 배를 채워주고, 목마른 목을 축여주는 아름다운 어머니의 모습이 물처럼 사는 리더의 모습입니다. 그 어머니의 모습을 《도덕경》은 다음과 같이 읊습니다.

有物混成 유물혼성
先天地生 선천지생
寂兮寥兮 적혜요혜
獨立不改 독립불개
周行而不殆 주행이불태
可以爲天下母 가이위천하모

그분은 모든 세상의 존재와 함께하고
그분은 하늘보다 땅보다 더 위대하도다.
고요함과 적막함 속에서
우뚝 홀로 서서 자신의 삶의 가치를 바꾸지 아니하며
세상의 모든 만물을 두루 살피시되 위태롭지 아니하니
그분은 진정 천하의 어머니다!

−《도덕경》 25장

저는 노자의 《도덕경》을 읽을 때는 시처럼 읽어야 그 맛이 살아난다고 생각합니다. 압축적이고 상징적이며 운율이 있는 시의 느낌으로 《도덕경》을 읽다 보면 참 아름다운 철학시哲學詩라는 생각을 하게 됩니다. 노자가 꿈꾸는 밥 퍼주는 엄마의 리더십, 모든 사람들에게 아낌없이 밥을 퍼주어서 그들의 배를 채우고, 아무도 알아주지 않더라도 생각과 실천을 바꾸거나 후회하지 않으며 굴하지 않고 자신의 길을 가는 리더의 모습이야말로 세상 사람들이 꿈꾸는 어머니의 모습입니다.

물처럼 사는 일곱 가지 리더의 모습

노자는 상선약수上善若水의 리더십을 강조하면서 물의 속성 일곱 가지를 제시하며 리더가 닮아야 할 모습이라고 설명하고 있습니다. 원문을 함께 읽어보겠습니다.

居善地 거선지
心善淵 심선연
與善仁 여선인
言善信 언선신
正善治 정선치
事善能 사선능
動善時 동선시

夫唯不爭 부유부쟁

故無尤 고무우

물은 땅처럼 낮은 곳으로 임합니다.

물은 연못처럼 깊은 마음을 가지고 있습니다.

물은 누구에게나 아낌없이 내줍니다.

물은 터진 방향으로 흐르는 믿음이 있습니다.

물은 공정하게 묵은 때를 씻어냅니다.

물은 어떤 일이든 능력을 보여줍니다.

물은 겨울에는 얼고 봄에는 녹는 때를 압니다.

물은 공을 남에게 과시하지 않습니다.

그래서 누구에게도 원망을 받지 않습니다.

-《도덕경》8장

노자는 물의 일곱 가지 특성을 말하면서 물처럼 사는 것이 어떤 모습인지 구체적으로 제시합니다. 첫째는 겸손함입니다. 세상을 이롭게 해주지만 낮은 곳으로 흐르는 겸손함이야말로 리더가 본받아야 할 모습이라는 것입니다. 공을 자랑하지 않고, 역할을 과대 포장하지 않고 묵묵히 자신을 낮추며 사람들을 대하는 태도입니다. 둘째는 깊은 마음입니다. 연못의 물은 깊고 깊습니다. 그래서 깊은 연못 속은 겉에서 잘 보이지 않습니다. 리더는 깊은 마음을 사람들에게 함부로 보여서는 안 된다는 것입니다. 어머니가 자식 사랑의 깊은 마음을 말로 표현하거나 내보인다면 정말 깊은 마음이라 할 수 없습니다. 사람들을 아끼고 사랑하는 마음이 겉으로 드러나고 보여진다면 그 가치는 떨어집니다. 시간이 지나 모든 사람들이 그 깊은 마음을 저절로 알게 될 때 진정 존경과 찬사를 보낼 것입니다. 셋째는 사랑입니다. 물은 세상의 모든 만물을 고루 사랑합니다. 사랑에 편견이나 차별은 없습니다. 누구나, 원하는 것에게 아낌없이 주는 것이 물입니다. 비가 내릴 때 어떤 곳은 내리고 어떤 곳은 안 내리지 않습니다. 인종, 고향, 연줄에 연연하지 않는 물의 사랑을 본받아야 합니다. 리더는 조직을 운영하면서 편견이 있어서는 안 됩니다. 내 라인을 만들거나 지역적 차별이 있어서는 안 됩니다. 세상을 다스리는 큰 리더에게 사랑의 편견은 불필요합니다. 넷째는 믿음입니다. 물은 동쪽이 터져 있으면 동쪽으로 흐르고, 서쪽이 터져 있으면 서쪽으로 흐릅니다. 그래서 물은 믿음과 신뢰를 줍니다. 리더의 결정은 누구에게나 신뢰를 주어야 합니다. 그래야 그 결정을 믿고 따르게 됩니다. 충분히 그런 결정을 할 이유와 명분이 있다면 사람들은 신뢰와 믿음을 갖게 될 것입니다. 다섯째는 공정함입니다. 물은 공정하게 묵은 때를 씻어냅니다. 공정하게 돌을 자르기도 하고 공정하게 경계를 만들어주기도 합니다. 리더는 세상을 다스림에 있어서 공정함으로 다스려야 합니다. 세상의 해악이 되는 것을 일소하고, 세상을 어지럽히는 것을 제거해야 합니다. 그런 행위에는 공정함이 생명입니다. 여섯째는 능력입니다. 물은 때로 물레방아를 돌려 곡식을 찧는 동력이 되기도 하고, 배를 움직이는 통로가 되기도 합니다. 리더는 조직의 어떤 사람보다 안목과 능력을 갖추었기에 리더가 될 수 있습니다. 조직이 가야 할 방향을 정확히 설정하고, 어떤 고난과 장애를 만나더라도 문제를 해결하고 극복할 수 있는 능력을 갖추어야 리더라고 할 수 있습니다. 일곱 번째는 때를 아는 것입니다. 겨울이 되면 얼어야 될 때를 알아 얼고, 봄이 되면 녹아야 될 때를 알아 녹습니다. 나아갈 때와 물러날 때를 아는 것, 물을 보고 배웁니다. 리더는 언제든 그 자리에서 물러날 준비가 되어 있어야 합니다. 자리에 연연하지 않고, 사욕을 버리고 공익을 위해 진퇴를 결정할 수 있어야 합니다. 자리에 욕심이 없기에 미련 없이 버릴 수 있는 것이 때를 아는 리더의 모습입니다.

이런 모습의 지도자라면 정말 우리가 따르고 싶은 지도자일 것입니다. 이런 삶을 사는 사람은 우리가 존경하고 싶은 사람입니다. 공을 과시하지 않는 겸손과 깊은 마음, 아낌없이 주는 사랑과 신뢰, 공정한 자세와 능력 있는 일처리, 그리고 언제든 물러날 줄 아는 진퇴의 자세가 바로 물처럼 사는 사람의 모습입니다.

물처럼 사는 리더의 모습을 표로 정리해보았습니다.

물에게 배우는 일곱 가지 리더십		
1	거선지居善地	물은 낮은 곳으로 임한다.−겸손
2	심선연心善淵	마음은 연못처럼 깊다.−속 깊은 마음
3	여선인與善仁	더불어 사랑을 나눈다.−차별 없는 나눔
4	언선신言善信	말에는 믿음이 있다.−방향성의 능력
5	정선치正善治	바르게 처리한다.−구악 척결의 능력
6	사선능事善能	일에는 능력이 있다.−다양한 능력
7	동선시動善時	움직임의 때를 안다.−진퇴의 결정

유약승강柔弱勝强剛, 물이 돌을 뚫을 수 있는 이유

노자는 물의 속성을 부드러움과 약함으로 정의합니다. 겉으로 보기에는 세상에서 가장 부드럽고 약하게 보이는 것이 물이라는 것입니다. 그런데 그 물이 강하고 단단한 바위도 뚫고 자르는 능력이 있으며, 세상을 다 삼켜버릴 수 있는 힘도 가지고 있습니다. 보이는 것은 부드러우나 그 보이지 않는 능력은 세상에서 가장 강한 존재가 바로 물이라는 것입니다. 수해가 날 때 보면 지리산의 엄청난 바위도 물에 낙엽처럼 쓸려 내려갑니다. 쇠를 자르는 것도 물이고, 얼음으로 변하면 어떤 큰 돌도 조각냅니다. 이렇게 부드러운 물이 가장 강한 힘을 낼 수 있는 이유가 뭘까요? 자신을 내려놓음으로써 상대를 바꾸는 것입니다. 나를 주장하지 않고, 내 존재를 강조하지 않음으로써 배를 띄우기도 하고, 뜨거운 쇠를 식히기도 합니다. 나의 존재에 대한 부정이 곧 상대방을 바꾸는 힘이 된다는 것입니다. 세상을 바꾸고 상대방을 설득하는 방법 중에 나를 내려놓음으로써 상대방을 바꾸는 방법이 노자가 생각하는 가장 이상적인 방법입니다. 자식을 바꾸려 하지 말고 내가 바뀌면 자식은 저절로 바뀐다는 것입니다. 논리적으로 말은 되지만 실제로 얼마나 가능할지 모르겠다고 생각할 수 있습니다. 그러나 정말 내가 힘을 가지고 있는 사람이라는 전제에서는 나를 비우고 낮추면 상대방은 저절로 바뀔 수 있습니다. 힘없는 사람이 나를 비우고 낮추는 것이 아니라 강한 사람이 자신의 존재를 내려놓기에 상대방은 바뀔 수밖에 없다는 것입니다. 원문을 같이 시처럼 읊어보겠습니다.

天下莫柔弱於水 천하막유약어수

而攻堅强者 이공견강자

莫之能勝 막지능승

以其無以易之 이기무이역지

弱之勝强 약지승강

柔之勝剛 유지승강

天下莫不知 천하막부지

莫能行 막능행

是以聖人云 시이성인운

受國之垢 수국지구

是謂社稷主 시위사직주

受國不祥 수국불상

是謂天下王 시위천하왕

正言若反 정언약반

세상에 물보다 더 부드럽고 약한 것은 없습니다.

그러나 단단하고 강한 것을 공격할 때

물을 이길 자는 없습니다.

자신을 버렸기에 상대방을 변화시킬 수 있는 것입니다.

약한 것이 센 것을 이기고

부드러운 것이 강한 것을 이깁니다.

이것은 세상 사람들이 모두 알고 있지만

삶에서 실천하는 사람은 없습니다.

> 그래서 성인은 말합니다.
> "나라의 모든 잘못을 내가 받아들여라!
> 그러면 너는 그 나라의 주인이 될 것이다.
> 세상의 모든 나쁜 것을 내 탓으로 돌려라!
> 그러면 너는 천하의 왕이 될 것이다."
> 정말 옳은 말은 거꾸로 들립니다.
>
> ―《도덕경》 78장

'정언약반正言若反', 이 구절도 참 좋습니다. 바른〔正〕 말〔言〕은 거꾸로 〔反〕 들린다는 뜻입니다. 세상의 모든 잘못을 내 탓이라고 하는 순간 오히려 세상의 주인이 된다는 역발상의 철학입니다. 말하지 않았는데 상대방이 변하고, 강요하지 않았는데 상대방이 스스로 하는 위대한 실천입니다. "모든 게 내 탓입니다!" 이 한마디가 세상 사람들이 그를 주인으로 모시게 되는 강력한 힘입니다. 하늘에 비가 안 오고, 자식이 부모를 죽이고, 경제가 나빠져 사람들의 호주머니가 비는 것이 어찌 대통령의 탓만이겠습니까? 그러나 모든 것이 제 부덕의 소치고 제가 못나서 그런 것이라고 한마디만 해도 사람들의 마음은 한결 편안해지고 그런 리더를 모시고 싶어집니다. 노자가 살던 시대에 권력자들은 군림하려고만 했지 백성을 섬기려는 자가 없었습니다. 흉년이 들어 백성들이 굶어 죽고, 전쟁이 나서 젊은이들이 전쟁터에서 죽으면 모두가 세월 탓이고 전쟁 탓이라고 했지 자신 탓이라고 말하는 권력자는 없었습니다. 그리하여 흉년이 극에 달하고 전쟁의 폐해가 심해지면 결국 민란이 일어나고 봉기가 일어나 최고 권력자가 제거되는 상황도 발생하였습니다. "내 탓이오!"라고 인정하고 해결 방안을 찾았다면 오히려 자리를 오래 유지할 수 있었을 것이라고 노자는 생각한 것 같습니다. 현대 자본가들이 청년들이 취업을 못 하고 노동자들이 힘든 것이 자신들의 탓이 아니라고 한다면, 그 자본은 언젠가는 망할 수밖에 없습니다. 오히려 적극적으로 문제를 인정하고 함께 해결하려고 노력할 때 더 오래 유지할 수 있는 방법이 될 수 있습니다. 요즘 시대를 양극화 시대라고 합니다. 부의 대물림이 계속되고 가난이 고착화되면 그 사회는 이미 기울어져가는 사회입니다. 가진 자들이 적극적으로 나서서 문제를 해결하려고 노력할 때 자신의 부를 더 오래 유지할 수 있다는 역발상을 해야 합니다. 가진 것을 지키려고 할 때 지켜지는 것이 아니라, 내놓고 함께할 때 더 오래 지킬 수 있다는 생각이 '정언약반正言若反'입니다. 내려놓을 때 오히려 더 지켜진다는 말은 그냥 들으면 말도 안 되는 소리처럼 들리기 때문입니다. 세상에는 말도 안 되는 것처럼 보이는 소리가 진짜 소리이고, 말이 되는 것처럼 보이는 소리가 가짜 소리인 경우가 있습니다. 위대함은 위대하기에 위대하게 보이지 않습니다. 별 볼 일 없는 것들이 별 볼 일 없기 때문에 위대한 척합니다. 공자도 《논어》에서 이 말을 공감합니다. "말을 잘하고 얼굴 표정 예쁜 놈들 중에 진실한 놈은 없다!" 지금 세상에서 사람들은 이미지로 치장하고, 근거로 무장하고, 허위에 기대어 진실을 호도하고 있습니다. TV에 탤런트들이 나와 살고 싶은 집이라고 유혹해 사람들로 하여금 그 집을 사게 만들지만, 정작 탤런트들은 그 집에 살지 않습니다. 돈을 받고 이미지를 파는 것이지요. 정치가들은 멋있는 공약을 그럴듯하게 쏟아내지만 실제로 실천되는 것은 많지 않습니다. 그럴듯한 이야기에 유권자들이 혹하기 때문에 자극적인 공약을 만들어 내는 것입니다. 노자의 이런 생각을 한마디로 말하면 거꾸로(反) 가는 것이 정답일 수 있다는 것입니다.

반자도지동反者道之動, 거꾸로 가는 것이 도의 방식

강한 자라면 낮추는 것이 더욱 존경받는 방법입니다. 있는 자라면 비우는 것이 더욱 채우는 방법입니다. 비워라! 낮춰라! 섬겨라! 노자가 이것을 계속 강조하는 것은 당장은 손해 보는 것 같지만 결국은 이익이 되어 돌아올 수 있기 때문입니다. 겸손한 승리는 더 큰 승리를 만들고, 비우는 채움은 더 큰 채움으로 돌아온다는 것입니다. 노자는 이런 원리를 '반反'의 원리라고 합니다. '거꾸로(反) 가는 것'이 도道의 중요한 운동 방식이라는 것입니다.

反者道之動 반자도지동
弱者道之用 약자도지용
天下萬物生於有 천하만물생어유
有生於無 유생어무

거꾸로 가는 것이 도의 운동입니다.
약한 것이 도의 작용입니다.

> 천하의 모든 만물들은 보이는 곳에서 생겨나지만
> 보이는 것은 보이지 않는 곳으로부터 생겨납니다.
>
> –《도덕경》40장

우리는 눈에 보이는 것〔有〕만 보고 눈에 보이지 않는〔無〕 것은 잘 인지하지 못합니다. 공기는 눈에 안 보이지만 모든 생명의 근원입니다. 산소가 없으면 많은 존재들이 사라질 것입니다. 보이지 않는 곳에서 보이는 것의 생명이 시작됩니다. 우리는 강한 것이 강하다고 생각하지만 약한 것이 더 강한 것일 수 있습니다. 태풍이 몰아칠 때 강한 나무들은 모두 뽑혀 나가지만 부드러운 풀은 자리를 유지합니다. 우주를 움직이는 운동성과 작용 원리는 우리의 상식과는 반대입니다. 거꾸로 가는 것이 오히려 앞으로 가는 방법이고, 부드럽고 약한 것이 강하고 센 것을 이기는 것이 우주의 작용 원리입니다. 이런 우주의 원리를 말하면 웃으면서 조롱하는 사람이 많습니다. 강하고 센 것이 정의인 시대에 부드럽고 약한 것이 오히려 더 강하다는 역설이 받아들여지기는 쉽지 않을 것입니다. 그래서 노자는 이렇게 말합니다.

上士聞道 상사문도
勤而行之 근이행지
中士聞道 중사문도
若存若亡 약존약망

下士聞道 하사문도

大笑之 대소지

不笑不足以爲道 불소부족이위도

최고의 지식인은 내 (역설의) 이야기를 들으면

부지런히 그 역설을 실천할 것이다.

중간의 지식인은 내 이야기를 들으면

그럴 것인지 아닌지 의심할 것이다.

최하의 지식인은 내 이야기를 들으면

말도 안 된다고 크게 웃을 것이다.

그렇다. 일반인이 웃지 않는 이야기라면 위대한 진리가 되지 못한다.

거꾸로 가는 것이 노자가 생각했던 가장 중요한 우주와 리더의 원칙이었습니다. 컴퓨터가 오래되면 이런저런 파일로 가득 찹니다. 가득 차면 속도가 느려집니다. 이때는 컴퓨터의 내용을 비워야 합니다. 그러면 컴퓨터가 최적화되어 구동됩니다. 컴퓨터에 온갖 것들이 다 들어가 있는데 시원하게 비우지 않으면 어느 순간 컴퓨터는 먹통이 될 것입니다. 좀 더 과감하게 비우려면 포맷을 해야 합니다. 싹 지워버리는 것입니다. 인생도 마찬가지로 어느 순간 포맷을 해야 합니다. 그래야 새로운 나를 만나고, 새로운 길에 들어서고, 새로운 목표를 설정할 수 있습니다. 추사秋史 김정희金正喜는 55세 나이에 인생을 포맷하였습니다. 유배라는 숙명적인 계기를 통해 본질을 뿌리째 바꾸어 추사체를 만들고, 당대를 뛰어넘는 최고의 아티스트가 되었습니다. 만약 그런 포맷의 기회를 갖지 못했다면 여느 관료와 다르지 않게 공직자 중 어느 한 명으로 살다가 갔을 것입니다. 인생을 살다 보면 포맷의 기회를 만나게 됩니다. 베토벤Ludwig van Beethoven은 26세의 나이에 귀를 먹어 기존의 나와 결별할 수 있었고, 사마천은 49세에 궁형을 당해 《사기》 55만 자를 쓸 수 있는 기회를 얻었습니다. 때로는 완벽한 비움이 위대한 채움으로 전환될 수 있다는 역설을 상상해봅니다. 일반인들은 웃을 일이지만 진지한 고민을 하는 지식인들은 가슴속에 새기며 삶에 적용하고 실천할 것입니다.

노자의 거꾸로 철학에서 한 가지 놓쳐서는 안 될 것이 있습니다. 비움은 채움을 전제로 한다는 것입니다. 채움을 전제로 비웠을 때 더 큰 채움이 이루어진다는 논리가 노자에게 늘 따라다닙니다.

爲學日益 위학일익

爲道日損 위도일손

損之又損 손지우손

以至於無爲 이지어무위

無爲而無不爲 무위이무불위

取天下 취천하

常以無事 상이무사

及其有事 급기유사

不足以取天下 부족이취천하

배움을 실천하는 것은 날마다 채우는 것입니다.

도를 실천하는 것은 날마다 비우는 것입니다.

비우고 또 비워서

더 이상 비울 것이 없음이 무위無爲입니다.

더 이상 비움이 없을 때 비로소 어떤 채움도 가능합니다.

당신이 세상을 얻고 싶으면

항상 비움의 정치를 하십시오.

만약에 채움의 정치를 한다면

당신은 세상을 얻지 못할 것입니다.

-《도덕경》48장

　무위無爲는 '하지 않는 것'이 아니라 '하지 않음을 하는 것'입니다. 하지 않는 것은 안 하는 것이고, 하지 않음을 하는 것은 적극적으로 안 함을 하는 것입니다. 직원에게 일하라고 하는 것은 하는 것입니다. 그런데 일하라고 하지 않음을 하는 것 역시 하는 것입니다. 직원에게 일하라고 하는 것은 유위有爲이며, 일하라는 말을 억지로 하지 않고 스스로 하게 만드는 것을 무위無爲라고 합니다. 일하게 하는 방법의 두 가지, 즉 시켜서 하는 것〔有爲〕과 스스로 하게 하는 것〔無爲〕이 있다면 노자는 무위無爲를 통해 하게 만들라는 것입니다. 내가 일을 해서 끌고 나가는 것이 유사有事라면, 스스로 일을 하게 하여 성과를 내게 하는 것이 무사無事입니다. 중소기업을 운영하면서 무위無爲와 무사無事로만 할 수는 없습니다. 그러나 세계적인 기업을 운영하는 회장은 무위無爲와 무사無事로 하는 것이 훨씬 더 효율적일 수 있습니다. 수십만 명의 직원에게 일일이 일을 지시하고 시키는 방법이 아니라, 각각 현장의 책임자들에게 권한을 위임하고 자율적으로 성과를 내게 하는 것이 글로벌 기업의 운영 방식입니다. 노자를 읽다 보면 천하를 다스리는 최고 권력자의 시점으로 이야기하고 있는 듯한 생각을 하게 됩니다. 노자《도덕경》에는 천하天下라는 말이 61회나 반복해서 나옵니다. 천하天下는 글로벌한 제국입니다. 조그만 지역이나 나라가 아니라 세상을 말합니다. 황제나 천자 정도가 되어야 그들이 다스리는 제국을 천하라고 부를 수 있습니다. 조그만 조직의 리더가 되려면 억지로 하게 하면 되겠지만, 거대한 제국을 얻으려면 자율과 위임의 방법을 사용해야 한다는 것입니다.

物或損之而益 물혹손지이익
或益之而損 혹익지이손
人之所敎 인지소교
我亦敎之 아역교지
強梁者 강량자
不得其死 부득기사
吾將以爲敎父 오장이위교부

만물은 비울 때 채워집니다.
채우려 하면 비워지게 됩니다.
남들의 가르침을
나 또한 가르쳐봅니다.

> '강하고 센 사람은
> 제명에 죽지 못한다!'
> 저는 이것을 가르침의 으뜸으로 삼고자 합니다.
>
> -《도덕경》 42장

저는 이 문장을 읽을 때마다 웃음이 나옵니다. '강하고 센 놈치고 제명에 죽는 놈 없다'는 이 구절은 노자가 살던 당시에도 사람들 사이에서 많이 유행했던 말인가 봅니다. 전쟁에서 강하다고 설치는 놈이 먼저 죽는 일이 많았던지, 동네에서 힘세다고 자랑하던 놈들이 일찍 죽는 일이 많았나 봅니다. 요즘도 자기가 강하다고 어깨에 힘주는 사람치고 온전하게 삶을 사는 사람이 많지 않습니다. 어쩌면 정말 강한 사람은 강하다고 하지 않을 것입니다. 별 힘도 없는 사람이 힘 있다고 설치고 다닙니다. 고수는 고수처럼 보이지 않습니다. 하수들이 고수 흉내를 내는 것입니다. '강하다고 어깨에 힘주지 말라! 힘주다가 먼저 가는 수가 있다!' 어깨에 힘을 빼고 마음의 욕심을 줄이고 억지로 하려고 하는 마음을 버린다면, 진정 더 강해지고 채워질 수 있다는 역설입니다.

유有와 무無, 어느 것이 더 강한가?

노자의 역발상 철학을 유有와 무無의 대립 관계로 이해하면 무리가 있습니다. 유有는 낮은 단계이고 무無는 높은 단계라고 이원화시킬 때 노자 철학은 편견으로 떨어집니다. 있음은 없음을 전제로 하지만, 없음은 있음을 전제로 합니다. 다만 있음이 더욱 위대해지려면 없음을 통해 가능하다고 하는 것입니다. 없음[無]을 통한 있음[有]의 탄생, 이것이 노자의 생각입니다. 그릇은 유용합니다. 그 안에 음식을 담습니다. 그러나 그릇의 유용은 비어 있음[無]을 통해 발생합니다. 그릇 안이 비어 있지 않다면 어떻게 그릇의 유용함이 생길 수 있느냐는 것입니다. 방 또한 마찬가지입니다. 방은 사람이 잘 수도 있고 물건을 놓아둘 수도 있습니다. 그러나 방의 유용함은 방 안이 비어 있다는 무無에서 시작되는 것입니다. 방 안이 비어 있지 않다면 방은 더 이상 유용함이 없습니다. 바퀴도 마찬가지입니다. 옛날 마차 바퀴는 가운데가 비어 있는 바퀴 축에 30개의 바퀴살이 들어가서 움직이도록 되어 있었습니다. 수레가 앞으로 나아가려면 바퀴의 유용성이 있어야 하는데, 바퀴 축이 비어 있기 때문에 바퀴살이 그 안으로 들어가서 유용성이 나온다는 것입니다. 그릇, 건축, 수레바퀴, 이 세 가지 문명을 통해 유용有用은 비움[無]을 통해 이루어진다고 노자는 말하고 있습니다.

三十輻共一轂 삼십폭공일곡

當其無 당기무

有車之用 유거지용

埏埴以爲器 연치이위기

當其無 당기무

有器之用 유기지용

鑿戶牖以爲室 착호유이위실

當其無 당기무

有室之用 유실지용

故有之以爲利 고유지이위리

無之以爲用 무지이위용

30개의 바퀴살을 바퀴 축에 집어넣을 때

축이 비어 있기에

수레가 움직일 수 있는 것입니다.

진흙을 빚어 그릇을 만들 때

그릇 안이 비어 있기에

그릇의 용도가 생기는 것입니다.

문과 창문을 뚫어 방을 만들 때

방 안이 비어 있기에

방으로서 용도가 생기는 것입니다.

있다[有]는 것은 우리에게 이익을 주지만

없다[無]는 것은 우리에게 쓰임을 줍니다.

이익[利]과 쓰임[用]의 관점에서 보면 이익은 그저 이익일 뿐입니다. 쓰임에서 가치가 나옵니다. 통장에 돈이 있는 것은 이익[利]일 뿐입니다. 통장에 있는 돈을 쓰고[用] 없애야 돈의 가치value가 나오는 것입니다. 통장에 찍혀 있는 숫자만 가지고는 빵을 살 수가 없습니다. 그 숫자를 부숴서 돈으로 바꿔야 빵을 살 수 있는 가치로 전환됩니다. 통장에 천억이 있어도 그 돈을 쓰지 못하면 아무런 의미가 없습니다. 비록 가진 돈은 없어도 내 삶에 유용하게 쓴다면 그 조그만 돈이 진정 의미 있는 돈입니다. 있다는 것은 이익[利]일 뿐, 없애는 것이 쓸모[用]입니다. 돈을 버는 것은 이익이지만 돈을 쓰는 것이 쓸모입니다. 이익이 있어야 쓸모가 있지만, 쓸모없는 이익은 아무 가치가 없습니다. 내 통장에 몇 천억이 있다 한들 쓰지 못한다면 그것은 단순히 인쇄된 숫자일 뿐 아무런 가치도 발휘하지 못합니다. 노자는 이익을 부정한 것이 아니라 쓰임을 통해 이익을 가치화하자는 것입니다. 존재[有]를 부정하는 것이 아니라 존재의 파괴[無]를 통해 존재의 가치를 더욱 크게 만들자는 것입니다. 그러니 노자 철학을 단순히 유有와 무無의 대립이나 유위有爲와 무위無爲의 이분법적 논리로 설명해서는 안 됩니다. 그릇은 비움[無]을 통해 진정 채움[有]의 가치가 만들어지고, 집도 공간의 비움[無]을 통해 사람이 살 수 있는 여지[有]가 생깁니다. 세상에 유용함은 결국 비움을 통해 이루어지고 극대화된다는 것입니다. 골프를 칠 때 어깨에 힘을 빼야 한다고 하는 것은 비움을 통해 몸과 골프채가 비로소 하나가 되어야 공을 원하는 곳으로 보내는 가치를 만들어낼 수 있다는 것입니다. 채움이 완성이 아니라 어쩌면 비움을 통해 완성이 되는 것이라 할 수 있습니다.

　세상에는 채운 사람이 참 많습니다. 학벌과 돈과 명예와 권력을 모두 가진 분들. 그러나 그 채움은 비움을 통해 더욱 아름답고 의미 있게 됩니다. 열심히 일해서 번 돈을 소외 계층과 나누고 나눔을 통해 청소년들에게 희망을 준다면, 그분은 비움[無]을 통해 채움[有]을 아름답게 만들어내신 분입니다. 당장 오늘 내 삶에서 비움을 고민해봅니다. 나는 주변과의 관계에서 얼마나 양보하고 배려하고 있는지, 조금 손해 보는 것이 정말 아름다운 가치임을 다시 생각해봅니다. 삶이 아무리 바쁘더라도 일주일에 하루 정도는 편안히 비우고 쉬어야 합니다. 기독교에는 안식일安息日, 즉 '편안히 쉬는 날'이 있습니다. 그 '쉼'을 통해 '함'의 힘이 생깁니다. 빌 게이츠Bill Gates는 1년에 한 번은 꼭 '안식주安息週'를 갖는다고 합니다. thinking-week, 일 년에 일주일 정도는 아무도 없는 곳, 누구도 찾지 않는 곳에 가서 생각에 푹 빠진다고 합니다. 교수들은 7년에 한 번씩 1년간 안식년을 갖기도 한다는데 참 부러운 이야기입니다. 우주가 그렇듯이 인생 역시 한쪽으로 치우쳐서는 안 됩니다. 채움과 비움의 균형, 만남과 이별의 연속, 함과 쉼의 리듬이 삶을 더욱 조화롭고 균형 있게 해줍니다. 오늘의 이별은 내일의 새로운 만남을 위한 쉼이고, 오늘의 비움은 내일의 채움을 위한 예열입니다. 노자는 이 양면을 '유무상생有無相生'이라고 정의하며, 이름만 다를 뿐 유有와 무無는 원래 같은 것이라고 강조합니다. 지금 이 순간 내가 어떤 선을 밟고 있더라도 그것이 끝이 아님을 잊지 않고 살고 싶습니다.

대기만성大器晚成, 큰 그릇은 완성이 없다

우리가 자주 사용하는 말 중에 대기만성大器晚成이라는 말이 있습니다. '큰 그릇은 완성이 늦다. 그러니 너무 조급하게 완성을 재촉하지 말고

느긋하게 기다려라! 그러면 나중에 정말 큰 그릇이 만들어질 것이다!'
이런 뜻으로 자주 사용하는 말입니다. 그런데 이런 전통적인 해석에
서 마음에 걸리는 것이 있습니다. 큰 그릇은 늦게 만들어진다고 하지
만 이미 만들어졌다면 더 이상 큰 그릇은 아닙니다. 어쩌면 정말 큰 그
릇은 완성되지 않아야 가장 큰 그릇이 될 수 있다는 생각을 해봅니다.
늦을 만晩은 《노자백서老子帛書》에서는 날 일日자를 뺀 면할 면免자로 되
어 있습니다. 그러면 해석이 완전히 달라집니다. 면免은 부정의 뜻입
니다. 면제免除, 면세免稅는 부정의 뜻입니다. '의무가 없다', '세금이 없
다', 이럴 때 면免자를 씁니다. 이렇게 해석하면 '대기면성大器免成'은
큰 그릇은 완성이 없다는 뜻이 됩니다. 역시 노자다운 논리입니다. 정
말 큰 그릇이라면 완성이 아닌 미완의 과정에 있어야 한다는 역설입
니다. 어떤 그릇이 완성되는 순간, 그것보다 더 큰 것이 있게 됩니다.
위대한 완성은 영원히 완성이 되지 않아야 진정 완성이라 할 수 있을
것입니다. 한때 성공했다고 안심한 기업들이 어느 순간 망하고 사라
지는 것을 보면서 완성이 곧 파괴의 시작이라는 생각을 해봅니다. 로
마제국이 지금까지 존속하였다면 위대함을 포기했어야 합니다. 내가
가장 위대하다고 하는 선언이 곧 로마제국을 멸망의 길로 이끄는 선
언이었습니다. 한창 잘나가던 세계적인 자동차 기업 폭스바겐은 스스
로 완성을 자만하였을 때 소비자들의 신뢰를 잃기 시작했습니다. 위
대함은 완성의 선언이 아니라 미완의 선언이어야 그 위대함이 지속될
수 있습니다. good company에서 great company로의 이동이 아니
라 better company가 되어야 진정 지속적인 기업으로 남을 수 있을
것입니다. 오늘보다 내일이 더 큰, 내일보다는 모레가 더 큰 기업이 진

정 가장 강한 기업입니다. 노자는 이런 논리로 위대한 완성을 묘사하고 있습니다. 정말 큰 것은 눈에 보이지도 않고 귀에 들리지도 않는다는 것입니다.

大方無隅 대방무우
大器晚成 대기만성
大音希聲 대음희성
大象無形 대상무형

정말 큰 네모는 모난 각이 없습니다.
정말 큰 그릇은 완성이 없습니다.
정말 큰 소리는 귀로 들리지 않습니다.
정말 큰 모습은 눈으로 보이지 않습니다.

-《도덕경》 41장

네모는 네 개의 각으로 이루어진 도형이라는 것이 상식입니다. 그러나 정말 큰 네모는 어쩌면 각이 없을 수도 있습니다. 눈으로 상상할 수 있는 네모는 각이 있지만 정말 큰 네모는 원이나 직선일 수도 있습니다. 광대한 우주 안에서 우리가 생각하는 도형의 크기를 넘어선 크기의 네모는 각이 없을 수도 있습니다. 네모에 각이 있다는 것은 인간이 상상하는 한계 안에서일 뿐, 상상을 넘어선 곳에서는 각이 없는 큰 네모가 있을 수 있습니다. 각이라는 것은 인간의 사유 속에서 만든 개념일 뿐, 또 다른 차원에서는 각이나 원이나 구별이 없을 수도 있습니다. 큰 소리는 귀에 들리지 않을 수 있다는 이야기를 어느 분에게 하니까 지구가 돌아가는 소리로 명확하게 비유해주셨습니다. 지구가 자전하는 소리를 인간이 만약 들을 수 있다면 귀가 찢어질 것이랍니다. 너무나 큰 소리이기에 인간의 귀로 들을 수 있는 주파수의 범위를 벗어난답니다. 그러니 지구가 돌아가는 소리가 인간의 귀에 안 들린다고 해서 없는 것이 아니라는 것이지요. 우주에서 지구로 보내지는 무수한 소리를 지구인이 못 듣는 것은 어쩌면 그 소리가 너무 커서 그럴 수도 있습니다. 형체도 마찬가지입니다. 정말 큰 형체는 인간의 눈으로 볼 수 없습니다. 은하계보다도 더 큰 무언가가 있다면 인간의 눈으로 볼 수 없습니다. 우리가 상상할 수 없는 어떤 큰 존재는 짐작도 예측도 불가능합니다. 그렇습니다. 인간의 경험, 신체, 상상을 넘어선 그 무엇인가는 들리지도 보이지도 느끼지도 못할 수 있습니다. 노자는 왜 이런 말을 꺼냈을까요? 왜 큰 네모는 각이 없고, 큰 그릇은 완성이 없고, 큰 소리는 들리지 않고, 큰 형체는 보이지 않는다고 했을까요? 단순히 물리학적인 차원이나 논리적인 차원에서 한 말일까요? 이것이 어떤 무엇을 상징하는 것일까요? 신의 소리? 우주의 본질? 저 먼 곳의 형상? 이렇게 되면 노자의 철학은 정말 우주론이나 신학으로 설명될 수밖에 없습니다. 그러나 노자는 신학자도, 우주론자도, 도 닦는 도사도 아닙니다. 노자는 인간을 이야기하려 했고, 특히 지도자의 리드 방식과 삶의 가치에 대해 답을 내놓고자 했습니다. 리더는 자신의 모습을 남에게 보이려 하지 않습니다. 내가 얼마나 센지, 얼마나 강한지, 얼마나 위대한지 과시하지 않습니다. 어머니가 얼마나 자식을 위하고 사랑하는지 억지로 보이려 하지 않듯이, 세상을 위해 가진 것을 아낌없이 내놓는 부자가 자신의 행위를 알리려 하지 않듯이, 그저 무심하게 다가가는 것이 위대한 리더의 모습이라는 것입니다.

노자의 이 글을 내 삶 속으로 인도해봅니다. 나는 그동안 얼마나 내 모습을 남에게 알리려 했는지, 내 그릇이 얼마나 큰지를 내보이려 했는지, 내가 해준 그 무엇이 큰일이었다는 것을 얼마나 강조하려 했는지 반성해봅니다. 정말 내가 크다면 크다 하지 않아도 큰 것이고, 정말 내가 준 것이 아름답다면 아름답다 하지 않아도 아름다운 것이라는 것입니다. 명함에 적혀 있는 직책과 지위들, 프로필에 나열된 내 흔적들, 미디어에 실려 있는 기사들이 얼마나 헛된 것인지를 깨달아야 합니다. 정말 아름다운 것은 아름답다 하지 않아도 아름답습니다. 어쩌면 아름다워 보이는 것이 진실은 아름답지 않을 수 있습니다.

배부르고 등 따신 세상

어느 정치인의 교육 공약 중에 서울대학교를 해체하고 대학의 편차를 평준화한다는 공약이 있었습니다. 실제로 한국에서 그 공약이 실현되는 것은 어려운 일이지만 왜 이런 공약이 나왔는지는 너무나 잘 알고 있습니다. 학력 위주의 사회에서 오는 폐해가 너무 많습니다. 명문 대학 입학 때문에 기형적으로 커져가는 사교육 시장, 그에 따른 가정경제의 궁핍, 학벌로 연결된 전근대성, 사회 양극화, 도시 중심으로의 인구 집중, 인성 파괴와 엘리트주의의 폐해 등 이루 헤아릴 수 없는 문제점을 가지고 있는 것이 학벌 사회입니다. 학벌, 공부, 지식이라는 것이 인간에 대한 평가에서 정말 그렇게 중요한 것일까 고민해봅니다. 노자는 단호하게 거부합니다. 지식과 학벌은 사회를 혼란스럽게 하고 사람들로 하여금 소모적인 경쟁을 하게 만든다는 것입니다. 지식은 권력이 되어서는 안 되며, 지식을 가진 자와 못 가진 자는 그저 다른 모습일 뿐 차별의 이유가 되어서는 안 된다는 것입니다. 노자는 나아가 문명의 이기들, 귀한 물건들이 사람들의 마음을 오염시키고 욕심을 불러일으키며 혼란에 빠트린다고 강력하게 비판하고 있습니다. 인간이 살아가는 데 필요한 최소한의 문명 이기와 재화들 외에는 모두 인간에게 욕심을 불러일으켜 사회적 혼란을 야기한다는 것입니다. 노자의 목소리를 들어보겠습니다.

不尙賢 불상현
使民不爭 사민부쟁
不貴難得之貨 불귀난득지화
使民不爲盜 사민불위도
不見可欲 불견가욕
使民心不亂 사민심불란
是以聖人之治 시이성인지치
虛其心 허기심
實其腹 실기복
弱其志 약기지
强其骨 강기골
常使民無知無欲 상사민무지무욕

使夫智者不敢爲也 사부지자불감위야

爲無爲 위무위

則無不治 즉무불치

똑똑한 사람을 우대하지 말아야

사람들이 똑똑해지려고 경쟁하지 않습니다.

비싼 물건을 좋다고 하지 않아야

사람들이 그 물건을 가지려고 도둑질하지 않습니다.

욕심낼 만한 것이 없어야

사람들이 그것 때문에 마음이 어지럽지 않습니다.

그래서 성인의 정치는

사람들의 마음을 비우고

사람들의 배를 채워주는 정치입니다.

사람들의 의도를 없애고

사람들의 뼈를 강화시키는 정치입니다.

사람들을 지식과 욕심의 굴레에서 벗어나게 하고

엘리트들이 억지로 일을 벌이지 않는 정치.

엘리트들이 억지로 일을 벌이지 않으면

세상은 저절로 잘 다스려집니다.

-《도덕경》 3장

한국 사회에서는 태어나서부터 대학에 들어가기까지 오로지 공부 잘해서 좋은 대학 가는 것에 인생의 초점이 맞춰져 있습니다. 졸업 후

공직이나 대기업에 취직해 서울 같은 대도시에 사는 것이 가장 행복한 삶이라는 인식도 많습니다. 자동차와 아파트, 핸드폰과 각종 문명의 이기들을 소유하며 철마다 해외여행을 다니고 자녀들을 호텔에서 결혼시키면 성공한 인생이라는 것입니다. 이런 몇 가지 안 되는 성공에 대한 기준들은 대부분의 사람들을 패배자로 만들고 삶의 의욕을 떨어트립니다. 그런 이념화되고 기준화된 사회적 허위들이 인간들을 더욱 경쟁으로 내몰고 '나다운' 삶을 살아가는 데 큰 장애가 됩니다. 엘리트 관료들은 자신의 생각만이 옳다고 여기면서 하지 않아도 될 정책을 만들고, 지식인들은 자신의 편견과 독단에 근거한 이론을 쉴 새 없이 그럴듯하게 포장해 쏟아냅니다. 미디어와 언론은 의도적인 기사와 드라마를 만들어 어떤 집단이나 사람을 위해 퍼트리고 대가를 받습니다. 오로지 내세와 현세의 축복을 기원하는 종교는 오염되고 타락해 규모가 점점 커지고 사람들을 노예로 만들어갑니다. 노자가 살던 시대도 지금 시대와 그리 다르지 않았나 봅니다. 지식이 권력이 되고, 문명의 이기들이 경쟁의 원인이 되고, 귀한 재화들이 혼란의 근원이 되고, 엘리트 관료들이 세상을 더욱 혼란에 빠트리는 시대에 노자는 사회의 원형 리셋을 외쳤습니다. "권력화된 지식을 부수고 오염된 문명을 파괴하자! 배부르고 등 따신 사회를 만들어 모든 사람이 가장 기본적인 욕구를 마음껏 충족할 수 있는 사회를 만들자! 미래나 내세가 아닌 지금 여기에 충실하고, 건강한 몸과 마음을 가지고 하루하루 자족하면서 만족스런 삶을 살 수 있도록 하자! 행복은 경쟁을 통해 얻는 것이 아니라 내 일상에 대한 만족을 통해 얻는 것이다!" 노자는 이런 세상을 만들기 위해 지식 경쟁을 없애고 문명의 이기를 효율적으로 사용할 것을 강조합니다. 엘리트 권력의 자기 존재를 위한 음모에 대해서도 엄중히 경고합니다. 모든 사람들이 소유가 아닌 실존의 삶을 살아가는 것이 노자가 꿈꾸던 이상 세계였습니다. 우리는 TV를 켜면 홍수처럼 쏟아지는 광고들과 마주하게 됩니다. 연예인이 인테리어 잘된 깨끗한 집에서 가정주부가 입기 힘든 우아한 드레스를 입고 세련된 냉장고를 열면 너무나 정리가 잘된 안이 보입니다. 우리 집 냉장고와는 전혀 다릅니다. 우리 집은 냉장고 문을 열면 내용물이 쏟아지려고 하는데 광고 속의 냉장고는 착착 정리되어 있습니다. 잘생긴 배우가 멋진 차를 타고 바닷가 옆으로 난 길을 드라이브하고, 예쁜 연예인은 스마트폰을 쓰면서 행복해합니다. 광고의 허상을 만들어놓고 사람들에게 우리 집으로 옮겨오라고 욕망을 자극하는 것입니다. 우리는 무의식적으로 저들이 쓰는 것을 내가 쓰면 행복할 것이라는 착각을 하고 그것을 사기 위해 계획을 세웁니다. 마음만 먹으면 살 수 있는 방법은 얼마든지 있습니다. 장기 할부와 융자는 이자를 숨긴 채 사람들을 유혹합니다. 우리는 그 유혹에 흔들려 물건을 구입하고 할부 기간 동안 그 물건에 종속됩니다. 내가 타는 차, 내가 사는 아파트, 내가 쓰는 스마트폰은 내 자유를 구속하고 내 노동력을 저당 잡으며 내 삶을 옭아맵니다. 이제 나는 이 욕망의 수레에서 내릴 수가 없습니다. 더 이상 브레이크는 듣지 않고, 평생 할부와 융자를 갚기 위해 삶을 담보로 살아갑니다. 노자는 물질이나 문명의 이기를 부정하는 것이 아닙니다. 그것 때문에 인간의 자유의지가 구속당하는 것에 거부감을 가지고 있는 것입니다. 보이지 않는 권력과 힘이 사람들의 정신과 이성을 마비시켜 그들의 목적에 부합되도록 세뇌시키는 것이 문명의 문제점이라는 것입니다. 이것이 2,500년 전 문명의 축이 교차되던 불확실한 시대에 노자가 했던 사유였습니다. 그런데 지금 우리 사회와 너무나 닮아 있습니다. 노자는 소박한 본능으로의 회귀를 대안으로 제시합니다. 지식과 욕심의 굴레에서 벗어나서 삶의 근원으로 돌아가야 한다는 것입니다. 무지無知와 무욕無欲은 지식과 욕망의 사슬에서 풀려난 상태입니다. 인간의 실존을 위협하는 권력의 지식, 탐욕의 욕망을 극복하고 내 삶과 온전하게 만난 상태입니다. 그러기 위해서는 권력자가 의도적 행위를 중지해야 합니다. 지식의 경쟁을 중지하고, 자신들이 세상을 이끌겠다는 엘리트 의식도 버리고, 나 아니면 안 된다는 생각도 버려야 합니다. 타율에서 자율로 사회구조를 바꾸고 허위에서 실질로 삶의 구조를 바꾸었을 때, 비로소 세상은 온전하게 인간을 위한 세상으로 바뀝니다.

인간의 영혼을 망치는 다섯 가지 욕망

인간은 끊임없이 욕망을 매개로 역사 속에서 일명 발전이라는 것을 해왔습니다. 더 아름다운 색을 추구하고, 더 맑은 소리를 원하고, 더 맛있는 음식을 찾고, 더 재미있는 오락을 원하며, 더 귀한 물건을 얻기 위한 인간의 욕망은 꼭 부정할 것만은 아닙니다. 그런 인간의 욕망이 새로운 문명을 창조하고 발전시켜온 동력이기 때문입니다. 아름다운 색에 대한 추구는 미술을 토대로 다양한 방식으로 인간의 욕망에 봉사하였습니다. 패션과 디자인, 다양한 색과 조형은 인간의 상상을 넘어 한 번도 경험하지 못한 새로운 판도라의 상자를 열었습니다. 아름다운 소리에 대한 인간의 욕망은 음악이라는 장르를 기반으로 기계를 통해 자연의 소리를 완벽하게 재현하게 했고, 발전 속도는 그 끝이 어디인지 알 수 없을 정도입니다. 좋은 오디오는 수천만 원을 호가하고 좀 더 완벽한 소리를 듣기 위해 시간과 자원을 아끼지 않는 애호가들이 늘어나고 있습니다. 맛에 대한 욕망은 인류의 영원한 욕망이었습니다. 돈과 권력을 가진 자들은 맛에 탐닉했고 한 병의 와인에 돈을 아끼지 않고 지불하는 데 익숙해져왔습니다. 미디어는 인간의 식욕을 돋우는 맛 광고로 가득 차 있고, 더 비싸고 더 희귀한 음식을 먹는 것이 행복의 종착역인 양 과장되기도 합니다. 스포츠는 인간의 마음을 발광시킵니다. 로마 시대에는 목숨을 건 검투사들의 싸움을 보며 사람들이 흥분하였습니다. 지금도 스포츠는 긍정적인 측면이 있음에도 불구하고 인간의 생각을 마비시키고, 자본의 이익에 봉사하며, 권력자의 의도에 부합시키는 부작용이 있습니다. 얻기 힘든 물건이나 재화는 인간이 해서는 안 될 행동까지 하게 만듭니다. 불공정 무역에 의해 생산된 커피와 다이아몬드는 소년들을 힘겨운 노동 현장으로 내몰고, 귀한 모피나 상아는 생명을 경시하는 몰염치한 행동을 하게 만듭니다. 사람들은 남들이 쉽게 갖지 못하는 것을 갖는 것이 행복이라고 착각하고, 그것을 얻기 위해 부정과 불의에 길들여지며 해서는 안 될 일을 서슴지 않습니다. 노자는 이런 문명의 폐해를 정확하게 비판하면서 썩은 문명을 일소하고 새로운 휴머니즘 문명을 구축해야 한다고 한 것입니다. 노자의 원음을 들어보겠습니다.

五色令人目盲 오색령인목맹

五音令人耳聾 오음령인이롱

五味令人口爽 오미령인구상

馳騁畋獵令人心發狂 치빙전렵령인심발광

難得之貨令人行妨 난득지화령인행방

是以聖人爲腹不爲目 시이성인위복불위목

화려한 색을 추구하면 할수록 인간의 눈은 멀게 됩니다.

아름다운 소리를 추구하면 할수록 인간의 귀는 멀게 됩니다.

맛있는 음식을 추구하면 할수록 인간의 입은 썩게 됩니다.

빠른 말과 사냥을 추구하면 할수록 인간의 마음은 미치게 됩니다.

얻기 힘든 귀한 물건은 인간이 해서는 안 될 행동을 하게 합니다.

그래서 성인의 정치는 배를 채우는 정치를 하지 눈을 위한 욕망의 정
치를 하지 않습니다.

-《도덕경》12장

노자의 이 주장은 약간 과한 듯 보이기도 합니다. 인간 문명이 결국 욕망을 전제로 발전하는 것이며, 더 나은 색과 소리와 맛과 놀이와 물건에 대한 욕망이 문명 발전에 중요한 역할을 해왔다는 관점에서 보면, 노자의 주장은 너무 반문명적이고 소박한 원시로의 회귀주의로 보이기도 합니다. 자연의 색을 그대로 보고 느끼고, 자연의 소리에 만족하고, 자연에서 채취한 음식 재료를 아무런 변형 없이 먹는 것이 소박하고 좋지만 인간의 욕망은 그것에 만족할 수는 없습니다. 좋은 차

를 타고 빠른 스피드로 달려보면 그 짜릿함에 중독된다고 합니다. 다이아몬드, 수억 원을 호가하는 미술품, 화려한 인테리어의 저택은 어느 정도는 인간을 행복하게 할 수 있습니다. 그러나 이런 물질적인 만족은 한계가 있기 마련이고, 인간은 자신이 얻은 것에 대해 영원히 만족할 수가 없습니다. 더 나은, 좋은, 멋진 것을 추구하다 보면 인간은 끝없는 욕망의 함정에 빠져 만족할 줄 모르는 존재로 변하게 됩니다. 노자는 인간의 욕망을 부정하는 것이 아니라 권력자와 엘리트들의 욕망에 대해 비판하고 있습니다. 일반 백성들이 어떻게 맛, 멋, 소리, 오락, 재화에서 더 많은 것을 추구할 여유가 있었겠습니까? 당시 권력을 소유한 자들이 자신들의 욕망을 위해 전쟁을 일으키고, 부역을 강화하고, 세금을 착취한 것에 대한 비판입니다. 성숙된 최고 권력자(聖人)는 권력과 부를 소유한 귀족들의 욕망을 제거하고, 백성들의 배를 채우는 민생 정치를 해야 한다는 것입니다. 우리가 사는 이 시대에는 누구나 돈이 있으면 원하는 물건을 얻고, 하고 싶은 행동을 할 수 있습니다. 인간은 경쟁적으로 욕망을 추구하며, 소유를 기준으로 남과의 차별화를 통해 행복을 확인하려고 합니다. 이런 물질에 대한 중독은 눈과 귀를 멀게 만들고 삶을 파멸로 이끌기도 합니다. 가진 것이 많다고 행복하다면 소유를 추구하는 것이 맞습니다. 그러나 소유보다는 실존과 경험이 더욱 아름다운 행복이라는 것이 소유해본 사람들의 공통된 생각입니다. 노자의 철학을 몸으로 정확히 이해하려면 가져봐야 합니다. 노자의 목소리는 물질적 욕망의 정점에 다다라본 사람에게 가슴속 깊이 들어갈 수 있습니다. 그래서 노자의 철학은 권력과 부를 소유한 가진 자에게 권고하는 철학입니다. 그렇다 해도 소유의 욕망에 중독된 우리 시대에 노자의 외침은 유효합니다. 경험은 책을 통해 가능합니다. 우리 삶의 목표를 물질적 성공만이 아닌 자유와 영혼으로 함께 설정할 때 삶은 더욱 가치 있을 수 있습니다. 우리가 노자의 외침에 귀를 기울이는 이유는 소유 중심의 전도된 삶에서 벗어나 잃어버린 영혼을 찾기 위함입니다.

명예와 목숨, 뭣이 중헌디?

名與身孰親 명여신숙친

身與貨孰多 신여화숙다

得與亡孰病 득여망숙병

是故甚愛必大費 시고심애필대비

多藏必厚亡 다장필후망

故知足不辱 고지족불욕

知止不殆 지지불태

可以長久 가이장구

명예와 목숨 중에 어떤 것이 더 중요합니까?

목숨과 재물 중에 어떤 것이 더 의미가 있습니까?

얻는 것과 잃는 것 중에 어떤 것이 더 골치 아픕니까?

그렇습니다.

애착이 심할수록 내 영혼도 많이 지칩니다.

많이 가질수록 그만큼 잃는 것도 많아집니다.

지금 내 모습에 만족하고 살면 평생 치욕을 겪지 않습니다.

내가 그쳐야 할 곳을 알고 그치면 평생 위태롭지 않습니다.

그러면 행복하게 오래오래 살 것입니다.

-《도덕경》 44장

　특별히 고민하지 않고 읽어도 누구나 쉽게 공감하는 글입니다. 부와 권력과 명예를 얻고자 하는 것이 인간의 욕망이지만, 건강을 잃으면 아무 소용 없다는 것은 누구에게 물어봐도 찬성하는 생각입니다. 명예가 일시적으로 나를 행복하게 해주지만 그 명예 때문에 내 건강을 잃고 목숨을 잃는다면 명예를 과감하게 거부할 수 있습니다. 사람이 명분과 명예에 세뇌당하면 그것보다 무서운 것이 없다고 합니다. 인간이라면 누구나 타인에게 인정받고 싶은 욕구를 가지고 있습니다. 그래서 타인의 칭찬과 환호에 중독되면 목숨을 담보로 불나방처럼 칭찬을 향해 돌진하기도 합니다. 그러나 건강이 악화되고 목숨이 위태롭게 되면 모든 것이 부질없다는 깨달음을 얻습니다. 대장군 한신韓信은 한 고조 유방을 도와 한漢 제국을 건설해 명예와 권력을 얻었습니다. 그러나 결국 토사구팽 당하면서 지난날 권력에 탐닉한 자신을 후회했습니다. 여불위呂不韋는 아들을 진秦나라 황제로 만들고 국부로 존경을 받으며 승승장구했지만 결국 자신의 아들이라고 추정되는 진시황의 손에 죽었습니다. 사람에게 투자해 몇 천 배 이익을 내는 성공을 거두었지만 결국 그 성공이 삶을 치욕스럽게 마치도록 한 것입니다. 정권을 바꾸는 데 성공한 사람들이 결국 그 성공에 매몰되어 목숨을 잃는 것은 우리가 늘 보아왔던 권력자들의 모습이었습니다. 노자는 그렇다면 어떤 것이 더 중요하냐고 질문합니다. 목숨이냐? 아니면 명예와 돈이냐? 물론 이 양자가 극단적으로 대립되는 것은 아니지만 그래도 무엇이 더 중요한지는 알아야 한다는 것입니다. 물론 돈도 많고, 권력도 있고, 건강하고, 장수하기를 원할 것입니다. 그러나 모든 것을 함께 가질 수는 없습니다. 돈을 벌면 건강이 문제고, 권력이 있으면 목숨을 내놓아야 합니다. 그래서 노자는 이렇게 말합니다. "잃는 것보다 얻는 것이 더 문제다!" 일반인의 관점에서는 이해가 잘 안 됩니다. 이기고, 채우고, 얻고, 성공하는 것이 지고, 비우고, 잃고, 실패하는 것보다 좋다는 것이 대부분 사람들의 관점입니다. 그러나 노자의 역설은 가진 것이 잃는 것보다 더 힘들고 머리 아플 수 있다는 것입니다. 이것은 가져본 사람에게 물어봐야 할 문제인 것 같습니다. 특별히 가져본 적이 없는 저 같은 사람이 이해하기에는 벅찹니다. 집 한 채 샀을 때는 뛸 듯이 기뻤지만, 그 집을 유지하기 위해 융자를 갚아야 하고 융자를 갚기 위해 내 몸을 더 뛰게 만들면서 소유에는 노동과 의무가 따른다는 것을 조금은 경험하였습니다. 수천억의 재산을 가진 사람은 모두가 부러워하지만 그것을 잘 지키기 위해 많은 시간과 노력이 필요할 것 같습니다. 선거에서 이긴 사람에게는 승리의 기쁨도 있지만 그만큼 위험도 도사리고 있을 것입니다. 매년 228개 지자체 선거에서 당선자가 나오지만 그중에서 기소되거나 감옥에 가는 사람이 3분의 1 이상이 된다는 통계가 있습니다. 이것을 보면 차라리 떨어지느니만 못하다는 생각을 해봅니다. 그래서 노자는 얻는 것(得)이 잃는 것(亡)보다 더 골치 아픈 일(病)일 수 있다고 한 것입니다. 낚시나 골프에 빠지면 그만큼 시간과 돈이 들어갑니다. 세상에 어떤 일이든 완전하게 좋거나 나쁜 것은 없습니다. 단지 선택을 할 때 무엇을 기준으로 하느냐가 중요합니다. 그러나 대부분의 사람들은 아무런 고민 없이 한쪽의 선택을 합니다. 칭찬을 목숨보다 더 중요하게 생각하고, 돈을 건강보다 더 소중하게 생각합니다. 결국 사회가 만들어놓은 일방적인 기준을 무작정 따르다가 삶이 피폐해지는 상황에 맞닥뜨리게 됩니다. 그래서 노자는 욕망과 성공을 추구하는 것도 중요하지만 어느 순간 그쳐야 할 때를 알아야 한다고 말합니다. 내 그릇만큼, 내가 노력한 만큼만 원해야지 그 이상을 추구하는 순간 결국 덫에 걸린다는 것입니다. 지지(知止)와 지족(知足)이 노자가 제시하는 브레이크입니다. 그만둬야 할 때를 알고 만족을 알아야 치욕과 위태로움에 다다르지 않는다는 것입니다. 자동차로 말하면 횡단보도 앞에서 브레이크를 잡아야 위험에 처하지 않는다는 것입니다. 인생에도 어느 순간에는 브레이크를 잡아야 할 때가 있습니다. 멈추지 않는 소유욕은 병입니다. 소유가 목적인 삶을 사는 사람은 병적인 집착으로 더 많은 것을 쌓고 가지려 합니다. 집에 쓰레기를 모으는 병을 가진 사람을 찍은 영상을 본 적이 있습니다. 무엇인가를 쌓아놓고 모아놓는 일종의 병이라고 합니다. 내가 쓸 것이 아니라도 절대 버리지 못하는 병입니다. 쌓기만 하고 버리지 못할 때 집에는 쓰레기가 넘쳐나고 삶은 엉망이 됩니다. 돈이든, 권력이든, 명예든 소유욕이 통제되지 않으면 인생에서 치욕을 만나고 위태로운 상황에 맞닥뜨리게 됩니다. "멈출 줄 알아야 한다(知止)! 만족을 알아야 한다(知足)!" 노자의 이 말은 소유와 집착의 병을 예방하기 위한 처방입니다.

하늘과 땅이 오래된 이유, 천장지구天長地久

1990년대 홍콩 영화 〈천장지구天長地久〉는 많은 분들이 기억하실 것입니다. 유덕화가 주연한 이 영화는 홍콩 느와르의 대표작으로 알려져 있습니다. 오토바이 질주를 즐기며 암흑세계를 누비던 주인공 아화는 보석상을 털다가 인질로 잡은 어느 여인을 사랑하게 되고 결혼을 약속하지만, 의형義兄에 대한 복수를 꿈꾸다가 결국 죽게 되어 애절한 사랑으로 끝납니다. 천장지구天長地久, 이 영화 제목의 의미는 하늘과 땅처럼 장구長久한 사랑을 약속하자는 뜻입니다. 천장지구天長地久는 백거이白居易가 양귀비楊貴妃와 당현종唐玄宗의 사랑을 읊은 〈장한가長恨歌〉에도 등장하는 시구입니다. "천장지구유시진天長地久有時盡 차한면면무절기此恨綿綿無絶期." '하늘과 땅이 아무리 장구하다 해도 언젠가 끝이 있지만, 이 두 사람의 애절한 사랑의 한은 면면히 이어져 끝이 없으리라!' 하늘보다 땅보다 더 오랜 사랑이라고 표현하며 무한한 사랑을 노래하고 있는 명구입니다. 이렇듯 사랑의 영원함을 이야기할 때 자주 사용했던 '천장지구天長地久'의 원전은 노자의 《도덕경》입니다. 우리가 살고 있는 우주는 옛날부터 존재해왔고 앞으로도 영원히 존재할 것이라는 노자의 격언입니다. 그런데 하늘과 땅이 그토록 오래도록 장구하게 존재해온 이유는 무엇일까요? 모두 궁금하실 것입니다. 이 물음에 대한 답을 찾을 수 있다면 내가 어떻게 해야 영원할 수 있는지에 대한 답을 찾을 수 있기 때문입니다. 그 질문에 대한 답이 이 구절의 핵심입니다. 답은 간단합니다. 하늘과 땅은 억지로 장구하게 존재하려 하지 않았기에 그토록 오랫동안 존재해올 수 있었다는 것입니다. 장생長生과 장구함은 억지로 되는 것이 아니라, 오히려 장생의 의도와 의지를 버렸을 때 얻어지는 결과라는 것입니다. 원문을 함께 읽어보겠습니다.

天長地久 천장지구

天地所以能長且久者 천지소이능장차구자

以其不自生 이기부자생

故能長生 고능장생

是以聖人後其身而身先 시이성인후기신이신선

外其身而身存 외기신이신존

非以其無私邪 비이기무사야

故能成其私 고능성기사

하늘과 땅은 오래도록 장구합니다.

하늘과 땅이 저토록 장구한 이유는

억지로 오래 살려고 하지 않았기 때문에

그토록 장생할 수 있는 것입니다.

그래서 성인(지도자)은 자신의 몸을 뒤로하기에 결국 몸이 앞설 수 있는 것이고

내 몸을 과감하게 버림으로써 오히려 내 몸이 존재할 수 있는 것입니다.

이것은 자신을 과감하게 버려서

진정 자신을 완성하는 것이 아니겠습니까?

−《도덕경》 7장

역시 노자다운 역설입니다. 억지로 오래 살려고 해서 되는 것이 아

니라 오히려 과감하게 나를 내려놓을 때 영원한 장생을 얻을 수 있다는 것입니다. 벼랑 끝에서 떨어지지 않으려 잡고 있던 손을 과감하게 놓을 때 또 다른 새로운 생명으로 전환될 수 있다는 것입니다. 사람들은 장수를 꿈꾸고 부귀와 영화를 꿈꿉니다. 그러나 그 목표는 부귀와 장수에 대한 집착을 통해 얻어지는 것이 아닙니다. 과감하게 나의 부를 나누고 장수의 의지를 내려놓을 때 또 다른 부귀와 장수를 얻을 수 있습니다. 노자는 삶을 부정하는 것이 아니라 삶의 지속을 꿈꿉니다. 지위를 부정하는 것이 아니라 지위의 지속을 원합니다. 존재를 부정하는 것이 아니라 존재를 유지하려는 것입니다. 그런데 그 방법은 너무나 역설적입니다. 나를 낮출 때 진정 높아지고, 나를 버릴 때 내가 존재한다는 역설은 노자의 중요한 철학 방법론입니다. 정말 높은 사람이 나를 낮추면 상대방이 존경하고, 정말 앞에 설 자격이 있는 사람은 뒤에 서면 결국 앞에 세워지게 됩니다. 억지로 나를 앞세우고 내세우면 오히려 그 자리에서 물러날 수 있습니다. 하늘과 땅은 인간에게 군림하지 않고 만물을 지배하려 하지 않기에 그 존재가 영원할 수 있는 것입니다. 지배의 하늘, 소유의 하늘, 군림의 하늘이라면 결국 오래가지 못하고 그 자리에서 내려올 것입니다. 권력은 지배할 때 강해지는 것이 아니라 내려놓을 때 더욱 강하게 지속됩니다. 나는 태어날 때부터 강하고 위대한 존재입니다. 비록 어떤 때는 흙수저라고 저평가하기도 하지만 존재 자체가 이미 위대합니다. 그러니 위대한 나를 지속시키는 방법을 고민한다면 노자의 말에 귀를 기울여보아도 좋을 듯합니다.

권력을 얻을 때는 강력한 힘이 필요합니다. 그러나 권력을 얻었으면 힘을 빼야 합니다. 경쟁자를 보듬고, 패한 사람을 등용하고, 생각이 다른 사람을 포용할 때 권력은 더욱 힘을 발휘합니다. 관용과 포용은 패자의 덕목이 아니라 승자의 덕목입니다. 노자는 승자에게 던지는 메시지이지 패자에게 던지는 메시지가 아닙니다. 그래서 늘 노자의 철학은 강자의 관점에서 보아야 합니다. 패자가 낮추고 내려놓는 것은 너무나 당연한 행동입니다. 강자가 내려놓을 때 그 비움은 위대한 신의 한 수입니다. 노자의 생각은 성공을 기반으로 보아야 한다는 전제를 잊어서는 안 됩니다. 그러나 우리는 존재하는 것 자체가 이미 승자임은 더욱 잊어서는 안 될 것입니다.

천 장 지 구 天長地久의 역 발 상		
행위	결과	
부자생不自生	장생長生	
후신後身	신선身先	
외신外身	신존身存	
무사無私	성사成私	

　노자는 리더가 권력을 이용해 군림해서는 안 된다고 말합니다. 군림하는 권력은 결국 권력을 잃는 결과를 초래한다는 것입니다. 최상의 리더는 자신의 이름조차 백성들이 알지 못하게 만드는 리더입니다. 그저 존재감 정도만 느낄 뿐 자신을 통치하는 누군가가 있다는 것을 알지도 못하게 될 때 지속적인 권력이 유지될 수 있습니다. 누군가 위에서 자신의 삶을 통제하고 결정하는 존재가 있다는 것을 느끼는 사람들은 언젠가는 그 권력을 부정하게 될 것입니다. 인간은 속성상 반드시 통제에서 벗어나려 하기 때문에 누군가를 통제하고 이끄는 일에는

반드시 갈등이 일어날 수밖에 없습니다. 백성들에게 사랑받고 존경받는 지도자도 그 밑의 하수입니다. 존경과 사랑은 시간이 지나면 반드시 끝이 있게 되어 있습니다. 당장은 나의 이익에 부합되어 존경하지만 그것이 영원히 지속될 수는 없기 때문입니다. 남녀 간의 사랑이 영원하기 쉽지 않은 것처럼, 백성들의 군주에 대한 사랑과 존경도 영원할 수는 없습니다. 원문을 한번 보겠습니다.

太上下知有之태상하지유지
其次親而譽之기차친이예지
其次畏之기차외지
其次侮之기차모지

최상의 지도자는 아랫사람들이 존재감만 느끼는 지도자입니다.
그 밑의 지도자가 아랫사람들이 사랑하고 존경하는 지도자입니다.
그 아래 지도자는 아랫사람들이 두려워하는 지도자입니다.
최악의 지도자는 아랫사람들이 미워하는 지도자입니다.

-《도덕경》 17장

"친애하는 지도자여!" 이렇게 찬양하고 존경하는 지도자는 최상의 지도자는 아닙니다. 물론 덕을 베풀고 사람들을 아끼고 사랑하는 지도력이 아름답기는 합니다. 그러나 그 사랑과 배려가 영원히 지속될 수는 없습니다. 왜일까요? 사랑하는 사람의 관점에서 보면 나는 사람들을 아끼고 사랑한다는 생각이 가득합니다. 이렇게 의도된 사랑은 칭찬과 환호를 원합니다. 그러나 칭찬과 환호가 늘 지속적일 수는 없습니다. 그럴 때는 실망이나 분노를 가질 수 있습니다. "내가 당신들에게 얼마나 잘했는데 당신들은 고마워하거나 알아주지 않는다!" 예를 들어 인생을 걸고 자식에게 부모로서 최선을 다했는데 자식이 혼자 컸다고 생각하고 부모에게 보답하지 않는다면, 부모는 아쉬울 수밖에 없습니다. 그 아쉬움은 원망으로 나타나고, 결국 부모 자식 간에 갈등이 생기고 그 끝이 좋을 수 없습니다. 이번에는 사랑받는 대상의 관점에서 보겠습니다. 부모가 나를 사랑하고 아껴주고 헌신한 것은 인정합니다. 그러나 사람들은 시간이 지나면 사랑에 익숙해지고 당연하다고 생각합니다. 누군가에게 도움을 받는 것은 정말 고마운 일이지만 인간은 그 고마움을 평생 잊지 않고 표현하며 살 수 없습니다. 오히려 백 번 잘해주다가 한 번 잘 못해주면 그것 때문에 원망이 들기도 합니다. 그래서 결국 나에게 도움을 주는 사람과 간격이 생기게 되고 갈등이 일어납니다. 사랑은 상대방이 느끼지 않도록 하는 것이 가장 아름다운 극치입니다. 부모님이 나를 사랑한다는 생각이 뼈에 사무치게 하지 않는 것이 진정 아름다운 부모 자식 사이로 남을 수 있는 방법입니다. "내가 너를 얼마나 사랑하는 줄 알아? 내가 너를 아껴서 하는 말이야! 그런데 넌 왜 내 사랑도 마음도 몰라주니?" 어떻습니까? 결말이 뻔하지 않습니까? 노자가 생각한 최고의 지도자 모습은 존재감입니다. 산소와 물의 존재감이 이런 사람과 근사치에 가깝습니다. 비록 산소에 대해 그 고마움은 모르지만 산소가 없으면 생존이 힘듭니다. 싱거운 물이 없어도 될 것 같지만 그 물이 없으면 목숨이 위태롭습니다. 훌륭한 지도자는 주변 사람에게 칭찬받고 박수받는 사람이 아니라, 산소처럼 물처럼 반드시 필요한 존재의 존재감 정도만 느끼게 할 수 있어야 합니다. 유교적 가치관에서 훌륭한 리더의 모습이 모두에게 존경받고 칭찬받는 지도자라면, 도가적 가치관에서 훌륭한 리더는 그 위에 산소처럼 존재하는 리더입니다. 하루 종일 부엌에 계시는 시간이 많았고 평소에는 말 한마디 주장하는 일이 없으셨지만 그 어머님이 세상에서 가장 아름다운 어머님임을 이제야 압니다. 비록 다른 어머니처럼 공부도 많이 안 하셨고 세련되지는 않으셨지만 그 어머님이 진정 내 인생에 가장 소중한 분임을 이제야 압니다. 소박한 옷차림에 검소한 생활, 늘 자신을 낮추고 가족을 위해 무언가를 소리 없이 실천하셨던 그 어머님이 세상에서 가장 위대한 사람임을 이제는 압니다. 지지율 80%, 존경의 대상 1위, 가장 능력 있는 사람 1위가 훌륭하기는 하지만, 아름답지는 않다는 것을 이제는 압니다. 〈포브스Forbes〉나 〈뉴스위크Newsweek〉의 표지 모델로 나오는 리더의 기업에는 절대로 투자해서는 안 됩니다. 그 회사의 CEO가 누군지 쉽게 떠오르지 않는 조직이 오히려 더 지속적이고 탄탄한 운영을 할 수 있는 조직일 수 있습니다. 정말 좋은 회사는 그렇게 떠벌려지거나 과장되는 것에 대해 경계하기 때문입니다.

사람의 마음을 얻는 다섯 가지 방법

사람의 마음을 움직이는 힘은 무엇일까요? 춘추전국시대 제자백가들은 모두 이 질문을 하고 나름대로의 관점에서 대답을 내놓았습니다. 이 질문은 지금도 여전히 유효합니다. 사람들의 마음을 얻고 내가 원하는 방향으로 움직이게 할 수 있는 방법을 찾을 수만 있다면, 위대한 리더십의 시작이 될 수 있을 것입니다. 정치인이 유권자의 표심을 얻으면 자리를 얻을 수 있고, 기업이 소비자의 마음을 얻으면 매출이 늘어납니다. 연인 사이에서 상대편의 사랑을 얻거나 부모가 자식의 마음을 얻는 것에 이르기까지, 마음을 움직여 내 편이 되도록 하는 것은 참으로 중요한 일입니다. 춘추시대 권력가들의 관점에서 볼 때 백성들은 국부의 기준이고, 세금의 원천이며, 전쟁의 수단이고, 권력의 기반이었습니다. 요즘도 크게 다르지는 않습니다. 권력은 백성들의 마음을 얻을 때 존립할 수 있으며, 백성들의 행동을 좌우할 때 의미가 있습니다. 제자백가들의 해답들은 각각 달랐습니다. 공자를 중심으로 하는 유가 집단은 예禮와 덕德으로 마음을 설득하고 통제할 수 있다고 생각하였습니다. 상앙商鞅이나 한비자韓非子 같은 법가法家 집단은 법과 제도로 백성들을 이끌어야 한다고 하였습니다. 묵적墨翟과 묵가墨家 집단은 겸애兼愛로 사람들의 마음을 얻어야 한다고 하였습니다. 그런데 노자의 생각은 이들과는 본질적으로 달랐습니다. 인간은 애초부터 설득할 수 있는 존재가 아니라는 것입니다. 그들 스스로 따라올 수 있게 만드는 자연自然의 리더십이 중요하다고 본 것입니다. 강요나 지시가 아닌 자율의 리더십, 무위無爲만이 사람들의 마음을 자연스럽게 얻을 수 있는 방법이라고 생각하였습니다. 저는 《도덕경》을 읽을 때마다 이 점을 놓치지 않으려고 합니다. 인간은 존재 자체로 위대하기에 스스로 모든 것을 결정하는 주체이며, 강압과 강요에 의한 타율은 결코 영원할 수 없다는 생각이 노자 철학을 이해하고 실천하는 튼튼한 기반이 되기 때문입니다. 백성들은 무식하다는 생각으로 교정하고 바꾸려 하지 말고 그들의 영혼을 믿고 기다리면 결국 세상은 아름다워집니다. 내 지식과 신화를 벗어버리고 백성들에게 다가갔을 때 백성들의 마음은 저절로 움직입니다. 원문을 한번 읽어보겠습니다.

絶聖棄智 절성기지

民利百倍 민리백배

絶仁棄義 절인기의

民復孝慈 민복효자

絶巧棄利 절교기리

盜賊無有 도적무유

此三者以爲文不足 차삼자이위문부족

故令有所屬 고령유소촉

見素抱樸 견소포박

少私寡欲 소사과욕

당신의 성스러운 자의식을 끊고 머릿속의 통치 지식을 버리세요!

그러면 백성들의 이익은 오히려 백 배로 늘어날 것입니다.

사랑과 정의의 가치로 세상을 다스리겠다는 생각을 버리세요!

그러면 백성들은 저절로 부모에게 효도하고 자식에게 자애하는 사람들이 될 것입니다.

교묘한 정치 기술과 이익을 추구하는 의도를 버리세요!

그러면 백성들 중에 도둑질하는 사람이 없어질 것입니다.

이 세 가지 방법 가지고는 표현이 부족하네요.

그래서 두 가지 방법을 덧붙이겠습니다.
소박함을 보고 순박함을 느끼며 살아가세요!
사적인 이익을 버리고 욕심을 줄이세요!

-《도덕경》 19장

권력을 유지하는 방법 중 신화와 지식, 윤리와 도덕, 기술과 이익은 오랜 시간 동안 검증되어온 것입니다. 세상에 대한 지식이 없었을 때 신화와 종교는 효과적인 지배 수단이었습니다. 지식을 권력에 붙이면 일반 사람들은 자신이 모르는 지식에 대한 존경심을 갖게 되고 순종하게 됩니다. 인의예지仁義禮智 같은 윤리와 도덕의 덕목 역시 사람들을 효과적으로 통치하는 수단입니다. 이런 방법들은 현대사회에서도 엘리트 권력들이 자주 사용하는 것들입니다. 아직도 학벌에 주눅 들고, 신화에 이성을 잃고, 윤리에 굴복하고, 도덕에 안주하고, 술수에 세뇌당하고, 이익에 목숨 거는 사람들이 즐비합니다. 인류의 역사가 시작된 이래 이런 허위와 날조는 통치 계층에서 효과적으로 자주 사용해왔던 도구들입니다. 노자는 이런 것들의 실체를 폭로하고 그 한계를 지적하고 있습니다. 지도자가 이런 세속적 도구를 버리고 소박함과 진실로 다가갔을 때 백성들의 본성은 맑아지고, 부모 자식 간의 갈등이 회복되며, 세속의 부조리들이 없어진다고 본 것입니다. 일명 타율이 아닌 자율의 정치, 강요가 아닌 자발적 선택의 정치를 제시하고 있는 것입니다. 이런 노자의 생각이 일정 정도 타당성을 가지고 있는 것은 분명합니다. 하지만 복잡다단한 사회에서 과연 그 결과가 노자의 예상에 맞아떨어질지는 불분명해 보입니다. 가정에서 부모가 자식에게 진실과 소박함으로 다가가 자식들이 자율적으로 삶을 살고 훌륭한 인성을 갖춘 사람이 될 수 있다는 것은 상상이 됩니다. 하지만 그것이 복잡한 사회에서도 똑같이 적용될 수 있는지는 의문입니다. 아직까지 역사적으로 이런 통치의 방법으로 태평 사회를 이루었다는 실례가 많지 않기 때문입니다. 남태평양 사모아제도나 폴리네시아 어느 섬에서는 충분히 가능성을 상상할 수는 있지만, 많은 인구와 복잡한 관계망을 가지고 있는 사회에서는 그리 쉬워 보이지 않습니다. 그래도 노자의 생각에 희망을 갖는 이유는 그것이 실현 가능하든 불가능하든 인류가 지향해야 할 사회이기 때문입니다. 국회의원들이 자전거를 타고 다니며 봉사에 가까운 헌신을 하고, 고위 공직자들이 기차를 타고 옆에 앉아 있어도 전혀 위계가 느껴지지 않는 사회, 교수와 성직자들이 일반 노동자들보다 높게 여겨지거나 잘났다고 생각되지 않는 사회, 내가 무슨 일을 하든 그것은 나의 선택이며 누구와 비교당하거나 차별되지 않는 그런 사회가 혹시라도 미래에 어느 국가에서 이루어진다면 노자의 철학이 검증될 것입니다.

사람들의 마음을 얻는 지도자의 다섯 가지 방법	
항목	내용
절성기지絕聖棄智	거짓된 신화(聖)와 허위의 지식(智)을 버려라.
절인기의絕仁棄義	강요된 사랑(仁)과 편향된 정의(義)를 버려라.
절교기리絕巧棄利	교묘한 술수(巧)와 개인의 이익(利)을 버려라.
소사과욕少私寡欲	사욕(私)과 욕심(欲)을 버려라.
견소포박見素抱模	소박(素)과 순박(模)을 보듬고 살아라.

생선은 자주 뒤집으면 먹을 것이 없다

노자 철학의 핵심은 자율입니다. 억지로 하지 않을[無爲] 때 저절로 된다[自然]는 것이 노자의 가치입니다. 도덕과 윤리, 법과 제도 같은 것으로 인간을 통제하는 것은 완벽하지 못하다고 생각합니다. 당장은 효과가 있을 수 있으나 지속적인 성과는 이룰 수 없다는 것입니다. 인간은 존재 자체만으로 위대하기에 자율을 통해 최대한의 성과를 낼 수 있는 존재라는 것입니다. 노자의 관점에서 보면 자식을 아무리 과외를 시키고 억지로 공부를 시켜서 우등생이 되게 해도 결국 그것에는 한계가 있습니다. 자신이 스스로 깨달아 스스로 답을 찾지 않는다면 지속적인 성과를 유지할 수 없는 것입니다. 영업도 강하게 푸시하면 일시적인 성과는 있을 수 있으나 지속적인 성과를 유지하려면 자발적 복종이 전제되어야 하는 것입니다. 노자는 작은 생선을 굽는 비유를 통해 자신의 생각을 표현하고 있습니다. 조그만 생선을 구울 때 불을 세게 하고 억지로 자주 뒤집으면 당장은 익는 것 같지만 결국 다 타고 뼈만 남게 됩니다. 사람들도 자꾸 들볶고 강요하면 당장은 복종하는 것 같지만 결국 나중에는 반발하게 됩니다. 원문을 같이 읽고 더 자세히 이야기해보겠습니다.

治大國 치대국
若烹小鮮 약팽소선
以道莅天下 이도리천하

其鬼不神 기귀불신

非其鬼不神 비기귀불신

其神不傷人 기신불상인

非其神不傷人 비기신불상인

聖人亦不傷人 성인역불상인

夫兩不相傷 부량불상상

故德交歸焉 고덕교귀언

큰 나라를 다스리는 사람은

마치 조그만 생선을 굽는 것처럼 다스려야 합니다.

(생선이 스스로 익을 수 있도록) 건드리지 않는 자율의 원리로 세상을 다

스린다면

보이지 않는 재앙(鬼)은 더 이상 힘을 못 쓰게 될 것입니다.

재앙이 더 이상 힘을 못 쓸 뿐만 아니라

힘을 쓴다 해도 사람을 해치지 못할 것입니다.

재앙이 사람을 해치지 못할 뿐만 아니라

권력자(聖人)도 더 이상 사람들을 상처 나게 하지 못할 것입니다.

재앙과 권력자가 모두 사람들에게 상처를 주지 않는다면

사람들의 마음이 다투어 당신에게 몰려들 것입니다.

―《도덕경》 60장

해석이 쉬운 것 같지만 정확하게 단정하기 어려운 문장입니다. 조그
만 생선을 구워보았습니다. 작기 때문에 불을 높이거나 빨리 구우려고

하면 살이 다 부서집니다. 전어를 숯불에 올려놓고 이리저리 뒤척이면 당장은 익는 것 같지만 결국은 타거나 부서져서 먹을 것이 없습니다. 불을 줄이고 약한 불에 가만히 놔두면 은근하게 익어서 타지도 않고 적당하게 익게 됩니다. 그런데 문제점은 시간이 많이 걸린다는 것입니다. 그렇지만 조그만 생선을 완전하게 구울 수 있습니다. 백성들을 이리저리 간섭하고 강제하면 결국 그들은 상처를 받게 되고 마음이 떠나갈 것입니다. 경제 발전을 위해 규제를 과감하게 철폐하고 간소화하자는 주장도 노자의 생각과 닮아 있습니다. 규제가 어느 정도 경제 발전에 도움이 되지만 오히려 장애가 되는 경우가 많다는 것을 인식한 것입니다. 최소한의 규제와 자율의 보장이 경제 발전의 측면에서 더욱 유리할 수 있습니다. 엘리트 권력의 역사는 규제의 역사입니다. 권력을 행사하기 위해서는 규제가 필요합니다. 법, 제도, 윤리, 도덕, 화폐, 신화, 성인의 말씀 같은 다양한 방식의 규제가 권력을 유지해온 기반입니다. 물론 그럼에도 불구하고 긍정적인 측면이 있다는 것은 더 이상 여기에서 논의하지 않겠습니다. 노자는 천하를 다스리는 리더가 과감하게 규제를 철폐하고 백성들의 영혼을 인정해주면 그들의 자발적 복종이 있을 것이라고 주장했습니다. 자연의 재앙, 권력의 행사는 백성들을 괴롭히는 중요한 요소입니다. 옛날에는 가뭄과 홍수 같은 자연재해가 어떤 신비한 힘에 의해 온다고 생각하였습니다. 그것이 귀鬼입니다. 전쟁과 부역 역시 백성들을 힘들게 하는 것입니다. 그것이 권력자聖人입니다. 이런 것들이 최소한으로 억제되고 제거되었을 때 백성들은 비로소 행복한 삶의 터전을 이루게 되고, 그들의 마음은 자발적으로 리더에게 돌아갈 것이라는 논리입니다.

권력을 가진 사람은 이렇게 말합니다. 내가 이렇게 하는 것은 간섭이 아니라 사랑이라고. 내가 백성들을 사랑하기 때문에 전쟁을 하는 것이고, 백성들을 위해서 성을 쌓는 것이고, 백성들의 평안을 위해서 법과 예를 실행하는 것이라고. 노자는 과감하게 이런 논리를 부정합니다. 제발 사랑이라는 그럴듯한 이름으로 포장해서 우리에게 다가오지 말라고 당부합니다. 당신의 관점에서는 사랑이지만 우리의 관점에서는 간섭일 수 있다는 것입니다.

때로는 사랑이 간섭이 됩니다

인仁은 공자가 생각하는 지도자의 가장 중요한 덕목입니다. 상대방의 마음을 공감하고 그들의 불행을 같이 느낄 수 있는 사랑의 힘이 '인仁'입니다. 인간에 대한 무한한 사랑과 애정이 인仁입니다. 그래서 유가에서는 인仁을 지도자의 가장 상위 덕목으로 꼽고 있습니다. 그런데 노자는 인仁이 때로는 간섭이 되고 부담이 될 수 있다고 지적합니다. 부모의 사랑이 자식에게 때로는 불편한 간섭으로 여겨질 때가 있듯이 지도자의 사랑이 백성에게 부담이 될 수 있다는 것입니다. 나아가 권력자들이 자신들의 권력과 체제를 지속시키기 위해 인仁이라는 이념을 의도적으로 만들어낸 것일 수 있다는 것입니다. 진정한 사랑은 윤리의 옷을 입지 않더라도 충분히 구동될 수 있는 것입니다. 노자는 지도자의 인仁을 비판하면서 우주의 원리를 비유하고 있습니다. 우주는 사랑으로 구동되지 않습니다. 사자가 먹이를 찢어 먹는 약육강식의 자연

세계에서는 '사랑[仁]'이라는 윤리가 끼어들 틈이 없습니다. 하늘은 세상의 만물을 사랑해서 비를 내리거나 햇빛을 주는 것이 아닙니다. 비가 내리든 눈이 내리든, 춥든 덥든 그것은 모두 무심無心한 자연의 법칙일 뿐이지 어떤 절대자가 세상을 사랑하는 특별한 방식이 아닙니다. 리더도 이런 하늘을 닮아야 한다는 것입니다. 내가 백성들을 사랑해 그들에게 무엇을 베풀거나 해주려고 하지 말고, 그들을 있는 그대로 놓아두는 것이 훌륭한 리더의 통치 방법이라는 것이죠. 새가 곤충을 잡아먹는 것을 차마 두고 보지 못해 새를 쫓는다면 그것은 자연의 행위가 아닙니다. 자연은 존재를 있는 그대로 인정하며 간섭하지 않습니다. 지도자도 사랑이라는 이름으로 간섭하지 말고 백성들을 있는 그대로 인정하고 놔두어야 한다고 합니다. 원문을 읽어보겠습니다.

天地不仁 천지불인
以萬物爲芻狗 이만물위추구
聖人不仁 성인불인
以百姓爲芻狗 이백성위추구
天地之間 천지지간
其猶橐籥乎 기유탁약호
虛而不屈 허이불굴
動而愈出 동이유출
多言數窮 다언삭궁
不如守中 불여수중

하늘과 땅은 만물을 사랑하지 않습니다.

만물을 (제사 때 사용하다 끝나면 버리는) 풀로 엮은 강아지 정도로 여깁니다.

훌륭한 성인도 백성을 사랑해서는 안 됩니다.

백성을 그저 풀로 엮은 강아지처럼 여겨야 합니다.

하늘과 땅 사이는 마치 텅 비어 있는 풀무와 같습니다.

비어 있지만 지치지 않는

움직일수록 더욱 힘찬 바람이 나오는 풀무 말입니다.

지도자가 말을 너무 많이 하면 백성들은 자주 곤궁에 처합니다.

자신의 자리에 묵묵히 지키고 있는 것만 못합니다.

-《도덕경》5장

대장간에서 불의 온도를 높이는 것을 풀무라고 합니다. 풀무질을 계속하면 그 속에서 바람이 나와 쇠를 녹이는 온도까지 불을 올립니다. 그런 위대한 힘은 '비어 있음[虛]'에서 나옵니다. 비어 있기 때문에 바람이 생기고, 그 바람에 의해 불의 온도가 올라가는 것입니다. 쉬지 않고 바람이 나오는 힘은 '비어 있음'입니다. 지도자도 풀무의 '비어 있음'을 닮아야 합니다. 내 의도를 강요하지 말고, 마음을 비우고, 있는 그대로 백성들을 놔둘 때 가장 행복한 백성이 될 수 있다는 것입니다. 각종 규제를 철폐하고 최소한의 법만 놔두고 사람들의 자율을 인정해준다면 오히려 더욱 행복한 사회가 될 수 있다는 것입니다. 세상의 모든 문제는 똑똑한 사람들이 세상을 구하겠다는 불타는 의지로 각종 윤리, 제도, 법규를 만들고 강제하고 통제하는 데서 생겨난다는 것입니다. 저는 이 문장에서 '다언삭궁多言數窮'이 가슴에 확 들어옵니다. '지도자가 말(言)이 많으면(多) 백성들이 자주(數) 힘든(窮) 상황을 만난다.' 어렸을 때 부모님은 말을 많이 하지 않으셨습니다. 제가 동양철학을 전공한다고 했을 때 뭐라고 한마디 하실 만한데도 말이 없으셨습니다. 그저 저를 믿어주고 제가 가고자 하는 길을 인정해주셨습니다. 그것은 방관이나 무심이 아니라 무한한 사랑의 방식임을 이제 압니다. 어쩌면 말하는 것보다 말하지 않는 관심이 더욱 위대할 수 있다는 것을 이제 깨달았습니다. 노자는 그 시대에 참 혁명적이었습니다. 무정부주의자anarchist들이 유독 노자를 많이 읽었습니다. 정부의 간섭을 최소화하자. 중앙 권력을 없애자. 지방자치, 다양화, 분권화, 다양성, 개성, 개인의 자유 존중, 이런 것들은 노자의 철학과 궤를 같이합니다. 말은 간섭이고, 간섭은 집착이고, 집착에는 응징이 따릅니다. 누가 누구를 응징하는 것만큼 불행한 일이 없습니다. 비록 그것이 아무리 옳은 가치라고 포장해도, 세상에 누가 누구를 완벽하게 응징할 권리는 아무에게도 없습니다.

자신을 낮추는 하류의 철학

상류와 하류, 우리가 자주 사용하는 말입니다. 계층을 나눌 때도 상류층이나 하류층, 대학을 구분할 때도 상류 대학과 하류 대학이라는 개념이 자주 사용됩니다. 상류는 좋은 것이고 하류는 나쁜 것이라는 상식 속에는 아래보다는 위가 좋다는 편견이 자리합니다. 높은 곳에서 아래를 보고 군림하는 것이 승자의 모습이라는 것입니다. 높은 곳에 있는 자가 아래에 있는 사람을 계도하고, 배려하고, 이끄는 것이 당연하다고 생각하는 영웅주의는 인류의 의식 속에 오랫동안 자리 잡아온 생각입니다. 그런데 노자는 위대한 리더의 모습은 군림하는 상류가 아니라 낮추는 하류의 모습이라고 말합니다. 정말 세상에서 가장 강한 자가 되려면 자신을 낮추고 섬기는 하류의 정신이 있어야 한다는 것입니다. 일명 섬김의 리더십입니다.

大國者下流 대국자하류

天下之交 천하지교

天下之牝 천하지빈

牝常以靜勝牡 빈상이정승모

以靜爲下 이정위하

故大國以下小國則取小國 고대국이하소국즉취소국

小國以下大國則取大國 소국이하대국즉취대국

큰 나라는 반드시 하류여야 합니다.

천하의 모든 사람들이 자유롭게 다닐 수 있어야 하고

모든 사람들을 품어주는 어머니여야 합니다.

어머니는 늘 침묵으로 센 놈들을 이깁니다.

침묵은 섬김입니다.

그러므로 큰 나라는 작은 나라를 섬김으로 작은 나라를 복종시킵니다.

> 작은 나라는 큰 나라를 섬김으로 큰 나라의 보호를 받습니다.
>
> -《도덕경》61장

　　노자의 일명 하류 예찬입니다. 하류는 섬김이고, 섬김은 포용입니다. 포용은 여성성, 어머니의 본질입니다. 남성 중심 사회에서 군림, 무시, 배척은 윗사람의 품성입니다. 노자는 남성적 군림은 결국 갈등의 시작이고 반목의 전조라고 보고 있습니다. 어머니의 품은 모든 자식들을 안아줍니다. 그러기에 모든 자식들의 사랑의 대상이 됩니다. 노자가 말하는 여성이 완벽한 섬김의 상징이라고 할 수는 없습니다. 하지만 남성 중심의 사회에서 여성성으로의 회귀가 강자의 선택이 되어야 한다는 것입니다. 낮춤과 섬김은 강자의 선택입니다. 약자는 낮춤과 섬김의 선택이 불가능합니다. 이미 낮출 수밖에 없는 상황이기 때문입니다. 당시 모든 권력자들의 희망은 대국이었습니다. 패자가 되어 세계를 경영하는 제국이 되는 것이 꿈이자 목표였습니다. 혼란의 시대에 제국이 되는 나라만이 생존을 보장받을 수 있었기 때문입니다. 많은 사람들이 제국이 되기 위한 방법은 정복과 군림이라고 생각했습니다. 힘으로 상대방을 누르고 군림할 때 모든 나라들이 복종하게 될 것이라고 생각했습니다. 이런 시대적 분위기 속에서 노자가 제시하는 섬김과 하류의 철학은 매우 독특했습니다. 매출과 성과만이 생존의 대안이라고 생각하는 기업 문화 속에서 결국 낮춤과 섬김이 생존의 해법이라고 주장한다면 쉽게 받아들여질 수 없습니다. 그러나 세계적인 대기업이 지속적으로 생존하려면 경쟁과 군림만으로는 할 수 없습니다.

경쟁자들을 인정하면서 키워주고, 고객을 위해 대안을 세우고, 자국의 이익을 넘어 보편적 세계시민의 이익을 위해 가치를 둔다면 그 대기업은 지속적인 생존이 가능한 근거를 마련할 수 있을 것입니다. 나보다 작다고 해서 강요하고 군림하려 들면 결국에는 반발을 살 수밖에 없습니다. 내가 칼을 휘두르는 순간 그 칼에는 피가 묻습니다. 대국적인 풍모로 작은 것을 포용하고 안아줄 때 오히려 위대한 복종을 얻을 수 있습니다. 싸울 때 가장 조심해야 할 상대는 작은 상대입니다. 작은 상대가 목숨을 걸고 덤비면 방법이 없습니다. 만만하게 보다가는 위신만 깎이고 손해를 볼 수도 있습니다. 대국이 힘이 없어서 소국한테 굽히는 것이 아닙니다. 강하기 때문에 굽힐 수 있는 것입니다. 작은 사람도 무작정 큰 상대하고 싸우려 하지 말고 나를 낮출 때 상대방의 용납을 얻을 수 있습니다. 크든 작든 하류, 즉 낮춤이 생존의 비결이라는 것입니다. 그래야 대국은 얻을 수 있고 소국은 보호를 받을 수 있습니다. 이것이 하류의 철학입니다. 상류이지만 하류에 처할 때 진정 위대한 강자가 될 수 있습니다.

노자의 꿈

유교가 동아시아 사상 체계에서 주류로 활동해왔다면 도교는 확실히 비주류였습니다. 극단적으로 말하면 노자는 공자의 안티테제이며, 도교는 유교에 대한 반발에서 시작되었습니다. 공자에게 적극적으로 나서서 세상을 바로잡겠다는 목표가 있었다면, 노자에게는 적극적으로 안 나서서 세상을 바로잡겠다는 목표가 있었습니다. 유교가 중앙집권적인 하나의 이념과 가치를 중요시한다면, 도교는 지방자치적인 다양한 이념과 가치를 중요시합니다. 유교와 도교의 목표는 같습니다. 결국 혼란의 시대를 마감하고 세상을 통일해야 한다는 것입니다. 그러나 그 방법론에 있어서는 완전히 대립된 노선을 걷고 있습니다.

노자의 《도덕경》 80장에는 그가 꿈꾸는 아름다운 이상 세계가 시처럼 나옵니다. 일명 '노자의 꿈'입니다. 같이 한번 읽어보도록 하겠습니다.

小國寡民 소국과민
使有什佰之器而不用 사유십백지기이불용
使民重死而不遠徙 사민중사이불원사
雖有舟輿無所乘之 수유주여무소승지
雖有甲兵無所陳之 수유갑병무소진지
使人復結繩而用之 사인복결승이용지
甘其食 감기식
美其服 미기복
安其居 안기거
樂其俗 낙기속
隣國相望 인국상망
鷄犬之聲相聞 계견지성상문
民至老死不相往來 민지로사불상왕래

나라는 작고 사람들은 적은 그런 나라였으면 좋겠습니다.

인간의 힘을 열 배, 백 배 덜어줄 문명의 기계가 있어도 그 기계에 종속당하지 않는 세상
사람들의 목숨이 너무나 소중해 자신의 의지와 상관없이 멀리 옮겨지지 않는 세상
비록 배와 수레가 있어도 그것을 탈 바쁜 일이 없는 세상
비록 갑옷과 무기가 있더라도 그것을 쓸 필요가 없는 전쟁 없는 세상
사람들은 최소한 문자를 사용해 의사소통하여 지식이 권력이 되지 않는 세상
내가 먹는 음식이 가장 맛있고
내가 입는 옷이 가장 예쁘고
내가 사는 곳이 가장 편안하고
내가 누리는 문화가 가장 즐거운 그런 세상
이웃 나라가 가까워 개 짖고 닭 우는 소리가 들려도
사람들이 늙어 죽을 때까지 서로 왕래할 필요가 없는 그런 세상을 꿈꿉니다.

-《도덕경》80장

갑자기 영화 〈웰컴 투 동막골〉이 생각납니다. 전쟁과 이념과 갈등이 반복되는 세상에 살다 보면 이런 세상을 꿈꾸게 됩니다. 인구가 많아서 사람이 사람대접 받지 못하고, 스마트폰이나 문명의 이기에 영혼은 종속되고, 그 문명의 이기를 얻기 위해 내 노동을 과다하게 팔아야 하고 자유를 잃는 그런 세상을 노자는 거부합니다. 차와 배는 필요하지만 매일같이 그것을 타고 출근하지 않고, 여기저기 떠돌아다니지 않는

세상은 참으로 동막골의 세상입니다. 무기가 있어서 누구도 덤비지 못하는 자위력을 가지고 있되 그 무기를 사용하는 전쟁에는 반대합니다. 학벌이나 지식이 더 이상 권력이 아니고 사람을 차별하는 기준이 되지 않습니다. 내가 먹고 자고 입고 누리는 것이 가장 아름답다고 생각하는 세상은 우리가 꿈꾸는 유토피아입니다. 남보다 더 소유하고, 더 좋은 곳에서, 더 예쁜 옷을 입는 것이 행복이 아니며, 수십만 원짜리 공연을 보는 것보다는 달빛을 보며 시를 한 수 읊을 수 있는 것이 진정 아름다운 문화입니다. 이런 세상이 노자의 꿈이자 우리 가슴속에 있는 유토피아입니다. 너무나 세상이 힘들고 어렵기에 인간의 가슴속에서 부단히 피어온 유토피아의 세계입니다. 문명의 이기로부터 해방되어 있는 사회. 지식이 권력이 되지 않고 그저 끈을 묶어 의사소통하는 정도의 지식만 소용되는 사회. 수레나 배가 있어도 버리고 걸어 다닐 수 있는 곳. 내가 지금 하고 있는 일이 세상에서 가장 아름답다고 생각하는 곳. 평생을 살면서 집을 열두 번이나 옮기는 비애가 없는 곳. 내가 사는 집에서 영원히 살기를 바라게 되는 곳. 왜 노자는 이런 꿈을 꾸었을까요? 당시 전란과 혼란의 시대에 기본으로 돌아가서 자신의 삶을 돌아보고자 하는 시대적 배경이 분명 있었을 것이라는 생각이 듭니다. 어디선가 본 시 한 수를 마지막으로 적습니다.

아름다운 무관심

어느 때는 그냥 두세요
아무 말도 하지 말고

그냥 내버려 두세요

우리가 힘들어하는 것의 많은 부분은

'관심'이라는 간섭 때문입니다

홀로서는 아름다움이 있습니다

외로움의 아름다움,

고난을 통한 아름다움,

눈물을 통한 아름다움이

얼마나 빛나는지 모릅니다

사람은 성장하면서

스스로 깨닫습니다

어느 것이 좋은지,

어떻게 해야 할지를 다 알게 됩니다

또 사람은 누구나 스스로 자라고

열매 맺도록 되어 있습니다

그저 따스한 햇살로, 맑은 공기로

먼발치에서 넌지시 지켜봐 주십시오

사랑이란

일으켜 세워주고 붙드는 것이 아니라,

스스로 일어나 자랄 수 있다고 믿는 것입니다

-〈행복한 동행〉 중에서

세 번째 대문

경계를 넘어서 유행遊行하라!
《장자》

나는 차라리 고독한 돼지가 되겠소

초나라 왕이 장자가 현명하고 지혜가 있다는 소식을 듣고 사신을 보내 장자를 재상으로 초빙하려고 하였습니다. 초나라 사신은 장자를 만나서 초나라 왕이 엄청난 돈을 주고 재상으로 초빙하려는 뜻을 전했습니다. 그때 장자는 그 제안을 거절하며 이렇게 말합니다.

"많은 돈도 중요하고 재상의 자리는 참 존귀한 자리오. 그런데 당신은 저 제사에 쓰이는 희생의 소를 보지 못했소? 제사를 지내기 전에는 맛있는 음식을 먹이고 수를 놓은 비단 옷을 입히지만, 결국 제사에 희생으로 끌려갈 때는 외로운 돼지로 평범하게 살걸 후회를 하지만 이미 그때는 늦은 때요. 어서 돌아가시오. 더 이상 내 마음을 흔들지 마시오. 난 비록 궁벽한 환경이지만 내 마음대로 자유롭게 인생을 살다 가고 싶소. 어떤 권력자에게 종속되어 내 삶의 자유를 저당 잡히고 싶지 않소. 그저 어디에도 묶이지 않고 자유롭게 살다 가고 싶소."

사마천의 《사기》에 나오는 장자의 인생 기록입니다. 사마천의 평가에 의하면 장자는 현명하고 능력이 있었으나 권력에 종속당하지 않고 자신의 영혼을 존중하며 자유롭게 살다 간 인물이었습니다. 여기서 중요한 것은 장자의 자발적 선택입니다. 능력이 없고 부르는 곳도 없어서 어쩔 수 없이 세상과 결별하고 궁하게 산 것이 아니라, 자발적인 자유의지로 그 길을 선택했다는 것입니다. 가끔 TV를 보면 산에 들어가서 사는 사람들의 이야기가 소개되곤 합니다. 세상을 등지고 산속으로 들어간 사람들의 이유를 들어보면 참 다양합니다. 중한 병에 걸려서 치료를 위해 들어간 사람도 있고, 인생의 쓴맛을 경험하고 만사가 다 싫어서 들어간 사람도 있습니다. 어떻게 보면 더 이상 세상에서 자신의 자리가 없다고 느꼈기에 세상을 등진 것입니다. 장자는 외로운 돼지, 고돈孤豚이라는 표현으로 자신을 비유하고 있습니다. 남들이 보기에는 더럽고 불결한 곳에서 외롭고 쓸쓸하고 별 볼 일 없는 한 마리 돼지처럼 사는 삶입니다. 하지만 어떤 누구에게도 종속당하지 않고, 자신의 자유의지대로 살아가는 어쩌면 가장 위대한 돼지입니다. 그 선택은 자발적 선택이기에 더욱 아름답고 가치가 있습니다. 자신의 영혼과 자유를 저당 잡히지 않고 선택한 삶이기에 더욱 빛나고 의미 있습니다. 제가 아는 분은 대기업 임원이셨습니다. 능력도 출중하여 누구나 회사 사장 1순위 후보로 생각하는 분이었죠. 일을 즐겨서 밤새도록 일하는 것을 자랑스럽게 생각하였고, 다른 사람들이 자신에게 해주는 칭찬에 더욱 열정을 가지고 일했습니다. 그런데 어느 날 사표를 내고 시골로 들어갔습니다. 주변 사람들은 이상하게 생각했습니다. 갑작스런 그분의 결정과 행동에 많은 이야기들과 추측이 난무했습니다. 그분은 집 안에 냉장고를 두지 않습니다. 냉장고를 두면 그 안에 넣을 음식이 필요하고, 그 음식을 구하려면 또다시 자신의 자유를 저당 잡히고 노동에 시간을 더욱 투입해야 한다는 것을 잘 알고 있기 때문입니다. 그분의 일상은 참 단순합니다. 동네 어린아이들에게 영어를 무료로 가르치고, 산책을 하기도 하고, 책을 읽거나 색소폰을 연주하기도 합니다. 어떤 때는 하루 종일 꽃과 놀기도 합니다. 그분은 미래에 무엇을 할 것인가에 대한 고민보다는 지금 오늘 무엇을 할 것인가에 더욱 관심이 많습니다. 무엇을 소유하려 하기보다는 무엇을 경험할 것인가에 집중합니다. 주변에서 그 능력과 재능을 사용하여 자신을 위해 쓰라고 하지만, 그분은 단호하게 현재의 삶을 사랑한다고 말합니다. 어른들의 장난감인 비싼 자동차를 타기 위해 자신의 시간과 자유를 팔기보다는 산책과 명상을 통해 자신의 자아가 더욱 성숙해지기를 바랍니다. 세상에는 어떤 결정이 모두 훌륭할 수만은 없습니다. 때로는 자신의 능력을 세상을 위해 사용하고 자신의 시간을 타인을 위해 사용하는 것도 참 아름다운 결정입니다. 그러나 때가 아니라고 생각되면 미련 없이 자리와 소유에 연연하지 않고 자신의 영혼을 좇아 사는 것도 의미 있는 결정입니다. 중요한 것은 나는 지금 이곳 여기에서 '의미'와 '재미'를 느끼며 살고 있는가에 대한 치열한 질문입니다. 이 질문이 끊어지는 순간 인생은 굳어지고 얽혀지게 됩니다.

장자는 어떤 특정한 인물이라기보다는 우리 가슴속에 늘 존재하며 내 영혼을 깨우는 어떤 신호signal입니다. 우리가 길을 잃고 헤맬 때 장자는 우리에게 작은 소리로 잠자고 있는 내 위대한 에너지를 깨웁니

다. 그가 우리에게 보내주는 신호는 미약하지만 잃었던 정신을 회복시
켜주는 청량제입니다. 부와 권력만이 인생에 가장 중요한 목표라고 생
각하는 사람이 있다면 장자의 신호에 귀를 기울여볼 만합니다. 자유와
영혼의 떨림, 무한한 상상과 신기한 이야기들이 가득한 세계로 우리를
인도해줄 것입니다. 그곳에는 골프 경기에서 등장하는 앨버트로스 새
의 이야기가 있고, 수만 년 동안 죽지 않고 자신의 자리를 지키며 사는
대춘大椿이라는 나무 이야기도 있습니다. 〈용문객잔龍門客棧〉 영화에 나
오는 칼잡이처럼 소를 자유자재로 해체하는 포정庖丁이라는 칼잡이 이
야기도 있습니다. 비록 얼굴은 추남이고 몸은 왜소하지만 모든 여인들
의 연애 동경 대상 1호인 애태타哀駘它라는 멋진 남자의 이야기, 장애의
몸으로 태어났지만 남부럽지 않게 행복하게 살아가는 지리소支離疏의
행복 비결은 우리의 잠든 영혼을 깨웁니다. 저와 같이 장자가 꿈꾸는
무하유無何有의 동네로 여행을 떠나보기로 하죠.

부인이 죽자 노래를 부른 장자

장자의 부인이 죽었습니다. 장자의 친구들은 조문을 갔죠. 그런데 슬
퍼해야 할 장자가 악기를 연주하며 노래를 부르고 있었습니다. 조문
갔던 사람 중 한 사람인 혜자惠子가 장자에게 따지듯 물었습니다. 당신
의 아내가 죽었는데 슬퍼하기는커녕 어째서 노래를 부르고 있느냐는
항의에 가까운 질문이었습니다. 장자는 대답하였습니다. "처음에 아
내가 죽었을 때는 정말 슬펐다오. 나도 사람인데 평생 함께 해로하자

고 약속하며 많은 날들을 함께 살아온 부인이 죽었는데 어찌 슬픈 마음이 없었겠소? 그러나 아내의 주검 앞에서 가만히 생각해보니 본래부터 인간에게 생명이란 없었소. 아니 생명뿐 아니라 인간의 육신도 없었소. 아니 육신만이 아니라 에너지(氣)도 없었소. 어느 날 어떤 혼돈 속에 기(氣)가 생겼고, 기(氣)가 변해서 육체가 생겼고, 육체 속에서 생명이 생겼소. 그리고 오늘은 다시 변해서 생명과 에너지가 빠져나가 죽음이 된 것이오. 이것은 춘하추동 사계절이 운행하는 것과 같을 뿐이오. 봄이 오면 생명이 가득하지만 가을을 지나면서 생명의 에너지가 고갈되고 결국 겨울이 되면 사라지는 것과 같은 이치오. 이제 내 부인은 자연의 순환 원리에 따라 자신이 원래 온 곳으로 편안히 돌아가려고 하는데 내가 여기서 소리를 지르며 곁에서 운다는 것은 하늘의 순환을 방해하는 것과 다름없소. 슬퍼 우는 것보다 차라리 새로운 존재로 변화하는 축하의 노래를 불러주는 것이 오히려 부인을 사랑하는 내 마음을 잘 나타내주는 것이라 생각하오."

이 글을 읽다 보면 장자의 죽음에 대한 철학을 읽을 수 있습니다. 죽음은 인간이 가장 슬퍼하는 일이지만 그 죽음마저도 자연의 순환의 한 과정으로 생각하는 순간 슬픔은 사라지고 담담하게 죽음을 대할 수 있다는 장자의 높은 수준의 철학입니다. 인간이란 존재, 평생 동안 생로병사의 외줄 타기 속에서 희로애락의 감정이 춤을 춥니다. 아침에 일어나서 기뻐하다가 저녁에 우울하여 잠 못 들기도 하죠. 그러나 인간의 삶을 부정할 것이 아니라 그대로 인정하는 순간 어떤 상황에서도 내 영혼은 깨어 있을 수 있습니다. 장자는 어렵고 힘들었던 전국시대를 살면서 자신의 삶을 냉철하고 객관적으로 바라보며 삶의 무게중심을 잃지 않았던 인물 같습니다. 오늘날 무엇이 진리라고 규정할 수 없는 시대에 삶의 무게중심을 갖고 살아가는 것은 쉽지 않습니다. 때로는 '홀로'를 통해 내 잠든 영혼을 깨우고, 때로는 '함께'를 통해 내 감각을 살릴 수 있다면 균형 잡힌 삶을 살아갈 수 있을 것 같습니다. 내 주변에 슬픈 일들이 참 많습니다. 죽음과 질병, 파탄과 단절, 배신과 절교, 궁핍과 절망, 이런 외줄 타기의 삶 속에서 정신줄 놓지 않고 살아가려면 단단한 마음이 필요합니다. 종교와 이념, 미디어와 상품, 화폐와 지위 같은 것들은 우리에게 잠깐의 도움을 주기는 하지만 본질을 해결해주지는 않습니다. 장자는 아내의 죽음 앞에서 우주의 순환 원리를 보았고, 그 성찰과 지혜를 통해 자신의 무게중심을 찾은 것 같습니다.

장자라는 인물에 대하여 조금 더 다가가보도록 하겠습니다. 그가 살았던 시대는 전국시대, 정확히 BC 370~300년경이니까 지금부터 2,300년 전 사람입니다. 예수님보다는 일찍 태어났고, 부처님보다는 늦게 태어났네요. 성은 장莊씨이고 이름은 주周라고 합니다. 그의 별칭 자字는 자휴子休라고 하는데, 쉰다는 뜻의 휴休자가 들어간 것을 보니 노는 데 일가견이 있는 인물이었던 것 같습니다. 직업은 특별한 것은 없었는데 칠漆을 생산하는 곳에서 관리자로 근무했다는 기록이 있습니다. 때로는 가난 때문에 밥을 못 먹을 정도로 힘들었다고 하고, 양식을 꾸러 돌아다녔다는 기록이 있는 것을 보면 경제적으로 힘든 삶을 살았던 것 같습니다.《장자》〈외물外物〉편에 보면 장자가 먹을 양식이 없어 당시 귀족에게 돈을 꾸러 가는 장면이 나옵니다. 곤궁했던 장자는 감하후監河候라는 귀족에게 돈을 꾸러 갔습니다. 애초부터 장자에게 돈을 꿔줄 생각이 없었던 감하후는 나중에 세금이 들어오면 그 세금으로 많이 도와줄 것이니 기다리라고 말합니다. 장자는 화가 나서 이렇게 비유하여 감하후를 꾸짖습니다. "내가 당신에게 오는 길에 어느 수레바퀴 자국 안에 물이 말라붙어 있었는데 그 속에 붕어 한 마리가 나에게 물 한 모금만 갖다달라고 합디다. 나는 지금은 바쁘니 나중에 돌아올 때 물을 엄청나게 갖다 줄 테니까 기다리라고 하였죠. 그때 붕어는 이렇게 말하였습니다. '내가 지금 필요한 것은 물 한 바가지이지 나중에 당신이 나에게 물을 아무리 많이 갖다 준다 해도 그때가 되면 말라죽어 있을 것입니다. 나중에 나를 보려면 건어물 가게에 오면 볼 수 있을 것입니다.' 당신이 나중에 나에게 아무리 많은 돈을 꿔줘도 그때 되면 저는 이 세상 사람이 아닐 것입니다." 이렇게 말하고는 떠났습니다. 이 이야기 속에서 장자가 물질적으로 곤궁한 삶을 살았다는 것을 알 수 있고, 아울러 '지금' '이 순간' '여기'야말로 가장 중요한 것이지 '나중에', '훗날', '미래'는 의미가 없다는 그의 생각을 볼 수가 있습니다. 우리는 '나중에'라는 말을 참 많이 하고 삽니다. 친구에게 "나중에 술 한잔 하자"라고 말하기도 하고, '나중에 나는 내가 하고 싶은 일을 할 거야!'라고 다짐하기도 합니다. 또 부모님에게 "나중에 제가 호강시켜 드릴께요!"라고 말하기도 합니다. 장자에게 분명 중요한 것은 '지금'입니다. 소금, 현금보다 중요한 '지금'입니다. 장자는 지금을 소중히 여기며 자신의 영혼을 사랑하고 자유를 꿈꾸며 살다 간 인물이었던 것 같습니다. 장자의 조국은 송宋나라라고 합니다. 장자가 살던 시대는 포악한 권력과 비합리가 성행하던 시대였습니다. 이데올로기가 인간의 우위에 있었으며, 희망도 꿈도 없는 절망의 시대였습니다. 장자의 조국은 약소국이며 전란의 중심지였고 국민들은 늘 당하고 사는 민족이었습니다. 장자는 자유 없는 상황 속에서 자유를 찾으려 하였고 부자유 속에 진정한 자유를 추구하였습니다. 장자는 일체의 의인화된 신을 부정합니다. 세상의 궁극은 자연이며, 그 자연은 자율 정신의 대표자입니다. 어떤 신비적이고 강한 존재가 있더라도 그에게 은총을 구하거나 무릎 꿇지 않겠다는 자세로 일관하였습니다. 우주의 자연을 그대로 받아들이며, 그 속에서 나란 존재의 필연성을 인정하겠다는 생각이었습니다. 내가 신을 포기하고 자유를 택하여 생로병사의 고통이 있다 하더라도 그것이 인생이라고 생각하였고, 죽음이란 인간의 삶의 한 과정이며, 원죄, 업보란 애초부터 없다는 것이 그의 주장이었습니다.

장자를 말할 때는 비판 정신을 빼놓을 수 없습니다. 그는 상식과 세속적 가치에 대항합니다. 장자의 독설은 미추美醜, 성속聖俗, 진가眞假를 초월합니다. 엘리트 계층의 권력을 위해 봉사하는 모든 이론과 논리를 거부합니다. 세상에는 아름다움과 추함의 경계가 없으며, 참과 거짓의 나눔도 지극히 권력의 속성에 의한 나눔이라는 것입니다. 장자는 인간이 이념에게 종속당하고, 현재가 미래에게 저당 잡히고, 경험이 소유에게 눌려 있는 현실을 끊고 새로운 나를 찾아 바로 서는 것을 현해懸解라고 합니다. 거꾸로 매달린 나〔懸〕로부터의 해방〔解〕이라는 것입니다. 전도된 세상으로부터의 자유, 뒤바뀐 가치로부터의 자유, 권력과 지식으로부터의 자유를 꿈꾸며 자유로운 인간의 삶을 추구한 장자였습니다. 장자의 철학과 생각은 《장자》 서른세 편에 담겨 있습니다. 〈내편內篇〉 7편, 〈외편外篇〉 15편, 〈잡편雜篇〉 11편 중 장자의 직접 저작이라고 알려진 것은 〈내편〉 7편입니다. 당현종의 애서愛書로 알려진 《장자》는 4세기 서진西晉 시대 곽상郭象을 통해 정리가 완성되었습니다. 역사 속에서 수많은 지식인들이 《장자》와 장자적 삶에 탐닉하였습니다. 현세를 비판하고 권력에 대항하던 사람들, 현실에서 소외되어 비주류로 살아가던 지식인들, 권력에 억눌려 핍박받던 민중들, 새로운 세계를 꿈꾸던 종교인들, 예술적 삶을 통해 진정한 자유를 꿈꾸었던 아티스트들이 바로 그들이었습니다.

우물 안 개구리의 파괴적 혁신

장자는 기존의 가치를 부수고 가치의 바다로 항해하라고 강조합니다. 《장자》 첫 편인 〈소요유逍遙遊〉에서 붕鵬이라는 새를 통해 새로운 가치로 항해하는 모습을 보여줍니다. 기존의 시간과 공간의 파괴, 그리고 새로운 시공간으로의 항해, 그것이 결국 나를 새로운 세계로 안내할 것이란 주장입니다. 장자는 우물 안의 개구리가 우물 속에서 바라보는 하늘의 크기에 갇혀 있을 때는 새로운 하늘을 보지 못한다고 합니다.

황하의 신 하백河伯과 북해의 신 약若의 대화를 통해 파괴적 혁신을 주장합니다. 황하의 신 하백은 가을 물이 불어나서 끝없이 펼쳐진 자신이 다스리는 강을 보고 너무 흡족하였습니다. 세상의 모든 아름다운 것이 모두 자기에게 있고 세상에서 자신이 가장 크다고 생각하였습니다. 이렇게 자신의 모습에 도취되어 살던 하백이 어느 날 동쪽으로 여행을 떠났습니다. 동쪽 끝에는 거대한 바다가 있었습니다. 하백은 망망히 펼쳐진 거대한 바다의 모습을 보고 아연실색 경악하였습니다. 그동안 자신이 세상에서 가장 크다고 생각한 모든 자만이 여지없이 부수어지는 순간이었습니다. 하백은 부끄러워 고개를 들 수 없었죠. 세상에서 자신이 가장 크고 아름다운 줄 알았는데 자기보다 더 크고 위대한 바다의 모습에 넋을 잃었습니다. 그는 바다를 다스리는 신 약에게 자신이 그동안 얼마나 편협한 생각을 하고 있었는지를 반성하며 이렇게 말했습니다. "내가 당신 앞에 와서 직접 당신의 모습을 보지 못했으면 어떡할 뻔했소. 아마 내가 세상에서 가장 잘나고 크다 생각했을 것이오. 정말 그동안 나의 좁은 소견이 후회됩니다. 당신을 못 만났다면 영원히 남의 웃음거리가 될 뻔했습니다." 바다의 신 약은 하백에게 세 가지 충고를 해줍니다.

"세상에는 나의 새로운 변신을 방해하는 세 가지 그물이 있네. 이 세 가지 그물에 걸리면 생존이 어렵게 되지. 첫째는 공간space의 그물이네. 예를 들면 우물 안에 있는 개구리에게는 바다에 대하여 설명할 수가 없네〔井蛙不可以語海〕. 왜냐하면 그 개구리는 자신이 살고 있는 우물이라는 공간에 갇혀 있기 때문이지〔拘於虛也〕. 이것이 공간의 그물에 걸려 있다고 하는 것이네. 둘째는 시간time의 그물이네. 예를 들면 한여름만 살다 가는 여름 곤충에게는 겨울의 찬 얼음에 대하여 설명할 수가 없네〔夏蟲不可以語氷〕. 왜냐하면 그 여름 곤충은 자신이 사는 여름이라는 시간에 집착하기 때문이지〔篤於時也〕. 이것이 시간의 그물이네. 셋째는 지식knowledge의 그물이네. 자신이 가지고 있는 지식이 최고라고 생각하는 시골 동네 지식인에게는 진정한 도의 세계를 설명해줄 수 없네〔曲士不可以語道〕. 왜냐하면 그 사람은 자신이 알고 있는 지식의 그물에 걸려 있기 때문이네〔束於敎也〕."

일명 장자가 말하는 생존에 걸림돌이 되는 세 가지 그물의 우화입니다. 개구리는 우물 밖의 세상에 대하여 상상할 수 없습니다. 자신이 올려다보는 우물 안의 하늘이 다인 줄 알기 때문입니다. 여름철 잠깐 살다 가는 여름벌레는 겨울이란 시간과 얼음을 이해하지 못합니다. 자신이 사는 여름이 다인 줄 알기 때문입니다. 저 시골에서 자신이 가지고 있는 지식이 최고라고 생각하는 사람은 자신이 모르는 지식에 대하여 인정하지 않습니다. 자신이 가지고 있는 고정관념에 발목이 잡혀있기 때문입니다. 장자는 이 고사를 통해 세 가지 집착과 한계를 파괴하라고 충고합니다. 첫째 자신이 속해 있는 공간space을 파괴하라! 둘째 자신이 살아가는 시간time을 파괴하라! 셋째 자신이 알고 있는 지식knowledge을 파괴하라! 내가 최고라는 생각과 자만에 빠져 있는 사람이라면 장자의 이 우화를 한번쯤 되새겨볼 만합니다.

미래사회학자 앨빈 토플러Alvin Toffler는 그의 책《부의 미래Wealth Revolution》에서 앞으로 다가오는 부의 혁명 시대에 살아남기 위한 조직의 가장 기본적인 조건으로 세 가지를 제시하고 있습니다. 장자의 생각과 궤를 같이 합니다. 첫째, 공간을 파괴하라stretching space! 둘째, 시간의 스피드를 재조절하라rearranging time! 셋째 지식을 재신임하라retrust knowledge! 어느 조직이든 개인이든 새로운 공간으로 확장하고, 지금과 다른 속도를 내고, 기존의 방식을 회의하지 않으면 살아남을 수 없다는 이론은 전국시대의 장자가 주장했던 자기 혁명 이론과 유사성을 가지고 있습니다.

동양 고전《장자》에서 제시하는 참사람 진인眞人의 모습은 자신의 익숙함을 부수고 새로운 나를 창출하는 사람입니다. 일명 자기 파괴라고 말할 수 있는 '무기無己'를 실천하는 사람입니다. 무기無己는 나[己]를 부수는(無) 것입니다. 나의 고정관념과 공간과 시간을 파괴한 진짜 사람, 진인이야말로 장자가 꿈꾸는 난세에 영혼을 잃지 않고 사는 사람의 모습입니다. 세상이 정해놓은 가치, 그 관점이 아닌 나의 관점에서 세상을 바라보는 사람입니다. 남들은 쓸모없다며 무용無用하다고 생각하는 것을 쓸모 있는 유용有用한 것으로 만들어낼 줄 아는 가치 혁신value innovation이 가능한 사람이 진짜 사람, 진인입니다. 붕鵬이라는 전설상의 새는 장자가 제시하는 가치 혁신 인간의 비유된 모습입니다. 자신이 사는 둥지를 날아다니며 한 모금의 물에 안주하는 뱁새가 이해 못 하는 새로운 하늘과 장대한 비행 거리를 확보한 붕새는 한 번 날아서 수천 킬로를 날아간다는 앨버트로스입니다. 고정관념에 빠진 사람들은 이해 못 합니다. 왜 붕새가 저토록 높이 멀리 나는지를. 높이 날아야 멀리 볼 수 있다는 생각을 해보지 못한 사람은 붕새를 비웃으며 자신의 처지에 안주하는 것입니다. 사물의 가치는 본질fact에 의하여 결정되는 것이 아닙니다. 어떤 안목으로 어떻게 쓰느냐에 따라 기존의 가치가 파괴되고 새로운 가치가 나오는 것입니다.

　장자는 어느 송나라 사람의 고사를 통하여 이야기하고 있습니다. 송나라에 대대로 빨래만 전문으로 해서 먹고사는 집안이 있었답니다. 이집안은 동네 주민들의 솜을 걷어다 물에 불려 빨아서 이불을 만들어주는 기술로 한 가족이 그래도 밥은 그럭저럭 먹고살 수 있었습니다. 이들은 겨울철에도 빨래를 해야 했기 때문에, 찬물에 아무리 손과 발을 담가도 트지 않는 약 만드는 비법을 발명하여 대대로 다른 어떤 사람들보다 빨래하는 일을 잘할 수 있었습니다. 어느 날 그 지역을 지나던 과객이 겨울철 손이 물에 닿아도 피부가 트지 않는 약이 있다는 것을 알고는 그들에게 가서 백금을 주고 그 기술을 사겠다고 제안하였습니다. 집안의 대표는 가족들을 모아놓고 의논하였죠. "우리는 대대로 빨래만 해서 호구를 마련하던 사람들인데, 손 안 트는 약을 만드는 비법을 누군가가 팔라고 한다. 이제 백금을 받고 땅을 사서 남들처럼 농사를 짓고 살아보자." 가장의 말에 모든 가족들은 동의하였고 결국 그 비법을 과객에게 넘겼습니다. 과객은 그것을 가지고 오吳나라 수도 소주에 가서 왕에게 자신을 장군의 직책에 등용하여줄 것을 청하였습니다. 때마침 항주에 근거지를 둔 월越나라가 군대를 일으켜 오나라로 쳐들어왔는데 오나라 왕은 그 사람을 장군으로 파견하였습니다. 때는 찬바람 부는 겨울철이었고 마침 양자강 유역에서 수전水戰을 하게 되었습니다. 빨래방에서 산 비법으로 손 안 트는 약을 대규모로 만들어 병사들에게 바르게 한 오나라 장군은 강한 전력으로 월나라 군대를 대패시켰습니다. 대승을 거두고 돌아온 장군에게 오나라 왕은 땅을 떼어 하사하고 제후로 봉하였다는 이야기입니다. 장자는 이 이야기를 하면서 이렇게 말합니다.

"똑같은 손 안 트는 약인데[不龜手之藥] 누구는 그것을 가지고 제후로 봉해지고[或以封] 누구는 평생 빨래하는 직업을 못 벗어났다[或不免於洴澼絖]. 이것은 같은 물건이라도 누구에 의해 어떻게 사용되는가에 따라 그 가치가 달라지는 것이 아닌가[所用之異也]?"

유용有用과 무용無用의 가치 혁신이 어찌 손 안 트는 약에만 적용되는 이야기겠습니까? 내 인생도 어떤 관점에서 사용하느냐에 따라 그 가치가 달라집니다. 작은 시간이라도 내가 어떻게 사용하느냐에 따라 시간의 가치는 달라집니다. 결국 사물의 본질은 사용자의 관점과 쓰는 방법에 따라 그 가치가 달라진다는 것입니다. 자신이 안주하는 공간을 파괴하라! 자신이 알고 있는 지식을 파괴하라! 자신이 살고 있는 시간을 파괴하라! 이 시대가 원하는 파괴적 혁신destructive innovation을 실현한 무기無己의 혁신. 장자가 꿈꾸었던 참사람 진인의 모습입니다. 이제부터 장자의 직접 저작이라고 알려진 〈내편〉 7편의 중요한 문제와 이슈를 함께 공부해보도록 하겠습니다.

소요유逍遙遊: 절대 자유의 경지에서 노닐다

어느 고전이나 마찬가지로 《장자》에 처음 나오는 〈소요유逍遙遊〉편은 가장 많은 사람들이 알고 있는 내용입니다. 동두천에 가면 소요산逍遙山이라고 있습니다. 장자의 이 편 제목에서 따온 산 이름입니다. 소요逍遙는 아무런 의도나 생각 없이 노니는 것입니다. 유遊는 '논다'는 의미입니다. 그러니까 소요유逍遙遊는 아무런 의도나 생각 없이 노닐 듯 인생을 살아가는 모습입니다. 우리는 어떤 행동을 하기 전에 반드시 이유나 목표를 정하게 됩니다. 이유가 타당하고 목표가 분명할 때 행동의 동기가 튼튼해집니다. 그러나 이런 이유와 목표는 나의 판단과 결정을 늘 긴장하게 합니다. 공부를 하는 것이 입시를 위함이고, 공부를 잘해서 좋은 곳에 취직하는 것이 목표라면 소요하는 삶이 아닙니다. 그저 마음속에서 공부에 대한 바람이 불고, 공부가 재미있고, 의미 있어 하면 소요유逍遙遊의 공부입니다. 만남도 상대방에게 기대를 갖고 의도하고 만나는 것이 아니라 아무런 조건이나 의도 없이 좋아서 만나는 것이 소요유적 만남입니다. 인생 전체를 돌이켜볼 때 이런 의도 없는 삶이 바로 소요유逍遙遊의 삶입니다. 이런 삶은 그동안 많은 비판을 받아왔습니다. 근대 사회는 이유와 목적의 선명함을 강조하였고, 우리의 모든 행동에는 충분한 이유와 목표가 설정되어 있어야 했습니다. 공부를 하는 이유에도, 사람을 만나는 동기에도, 여행을 가는 목표에도 무언가 확실한 목표가 있어야 했습니다. 인생에서 뚜렷한 목표를 갖고 사는 것은 참 아름다운 것입니다. 그러나 그 뚜렷한 목표 의식이 나를 피로하게 하고, 나의 에너지를 고갈시키고, 나의 자유를 저당 잡히게 한다면 이제 그 목표의 굴레에서 벗어나야 합니다. 그저 아무런 의도 없이, 지금, 여기, 이 순간을 충분히 느끼면서 소요하듯 사는 삶을 원한다면《장자》의 첫 편인 〈소요유逍遙遊〉를 읽어보아야 합니다.

〈소요유逍遙遊〉의 첫 이야기는 대붕大鵬이란 새의 탄생에서 시작됩니다. 어느 북쪽 바다 속에 있던 조그만 물고기 알이 어느 날 갑자기 붕새로 변하여 구만리 창천蒼天을 날아올라 남쪽 바다로 날아간다는 다소 황당한 SF에나 나올 법한 이야기입니다. 붕정만리鵬程萬里라는 사자성어가 여기서 나왔습니다. 붕새는 한번 날면 만 리를 간다는 뜻입니다. 이붕李鵬 전 중국 총리 이름도 붕새에서 따왔고, 붕새가 날아가는 남쪽 바다 남명南冥은 조식曺植 선생의 호號가 되기도 하였습니다. 붕새의 탄생 과정은 재미있습니다. 붕새가 되기 전에 북쪽 바다 깊은 곳에 물고기가 있었는데 그 이름이 곤鯤입니다. 사전을 찾아보면 물고기 알이란 뜻입니다. 그러니까 가장 작은 존재를 의미합니다. 그런데 그 물고기 알이 어느 날 변해서 새〔鳥〕가 됩니다. 그 새 이름이 붕鵬입니다. 붕새는 어느 조건이 갖추어지면 날〔飛〕 준비를 합니다. 그리고 남쪽 바다 남명南冥으로 긴 여행을 시작합니다. 비둘기〔學鳩〕나 작은 새들은 붕새가 왜 그토록 높이 멀리 날려 하는지 이해하지 못합니다. 왜냐하면 그들은 기껏 날아보았자 나뭇가지 끝이나 둥지까지 날기 때문입니다. 그들이 상상할 수 없는 높이와 거리, 크기를 갖고 있는 붕새는 그들의 인식 속에서는 이해할 수 없는 존재일 뿐입니다. 세상에 어떤 존재도 그 나름대로 의미가 있습니다. 붕새든 비둘기든 어떤 삶이 더 아름답거나 위대하지 않습니다. 다만 지금 익숙한 것과 결별하고 새로운 곳을 향하여 날아오르는 소요의 결정이 그 존재를 더욱 의미 있게 할 수 있습니다. 장자는 말합니다. 지극히 높은 경지에 이른 사람은 자신의 껍질을 벗고 나온 사람이다! 지인무기至人無己. 신의 경지에 이른 사람은 자신의 성공과 목표 달성에 연연하지 않는다! 신인무공神人無功. 위대한 성인의 경지에 이른 사람은 세속의 명예에 집착하지 않는다! 성인무명聖人無名. 이익과 성공과 명예의 껍질을 벗었을 때 비로소 붕새가 되어 소요의 삶에 드는 것입니다. 인간은 늘 타인의 시선을 먹고 살아갑니다. 칭찬과 비난에 마음을 졸이기도 하고, 환호와 무시에 삶의 행복이 달라지기도 합니다. 이런 남의 시각만 벗어날 수만 있다면 인간은 자유의지의 삶을 살 수 있을 것입니다. 성공은 내 영혼의 기쁨이지 타인이 정하는 것이 아닙니다. 명예는 나 자신의 자존이지 타인의 칭찬에 달린 것이 아닙니다. 온전하게 내 가치와 방식으로 살아가는 삶이 진정 소요유逍遙遊의 삶이라고 할 수 있을 것입니다. 우리 이제 소요유적 삶에 눈을 한번 돌려봅시다. 어깨에 힘을 빼고, 머리에 긴장을 늦추고, 마음을 비우고 그저 물 흐르듯이 소요하며 사는 삶 말입니다. 만남은 더 이상 이유나 이익 때문이 아니라 영혼의 끌림으로 이루어지며, 인생의 목표는 성공과 출세가 아니라 내 마음의 만족이 되는 삶 말입니다. 오늘 하루, 나의 행동 동기는 무엇인가? 반드시 이유나 목적이 있어야 하는가? 그저 마음이 시키는 대로 사는 삶을 살아보면 어떨까? 유유자적, 발걸음이 가는 곳으로 쫓아가보고, 마음이 시키는 대로 살아보는 것도 참 아름다운 삶이 될 수 있습니다. 그런 삶을 사는 사람들이 많아지는 세상을 장자는 무하유無何有의 세상이라고 정의합니다. 무하유無何有, 그 어떠한 무엇[何]도 존재[有]하지 않는[無] 세상입니다. 그런 세상을 꿈꿔봅니다. 어떠한 차별도 분별도 없는 세상. 세상의 존재하는 모든 사람들은 존재만으로도 의미가 있고, 그들의 향기와 색깔과 모양이 서로 존중받는 세상. 학력과 배경과 나이와 이념과 지식과 지위와 물질이 세상을 가르는 기준이 되지 못하고, 오로지 각자의 향기만이 '따로 또 같이'의 의미를 지니는 그런 세상을 장자의 〈소요유逍遙遊〉편을 읽으며 떠올려봅니다. 호모사피엔스의 본질 자체가 그럴 수 없다고 해도, 그래도 작은 희망을 놓지 않고 있다면 그 세상은 아름다운 세상입니다.

제물론齊物論: 세상의 모든 경계를 허물어라!

《장자》의 두 번째 편은 〈제물론齊物論〉입니다. 제물齊物의 뜻은 모든 만물[物]은 서로 각자의 모습대로 똑같이[齊] 존중받아야 할 존재라는 뜻입니다. 장자는 세상의 존재를 바람으로 표현합니다. 모든 존재는 바람입니다. 바람은 각자의 소리와 흐름이 있습니다. 그 소리와 흐름은 각자의 특성일 뿐 차이가 아닙니다. 그런 의미에서 만물은 같습니다. 바람이 부는(吹) 것이 만萬 가지 다르지만 큰 차원에서 보면 각자 같고(齊) 하나(同)입니다. 이것이 장자가 말하는 취만부동吹萬不同입니다. 세상에 어떤 바람 소리가 완벽하게 아름다울 수 있겠습니까? 각자 바람 소리가 다를 뿐입니다. 그런데 사람들은 바람 소리를 구별하기 시작했습니다. 어떤 소리는 아름답고, 어떤 소리는 시끄럽고, 어떤 소리는 우아하고, 어떤 소리는 천박하고, 이런 구별이 결국 차별을 만들고, 차별이 갈등과 경쟁의 결과를 낳은 것입니다. 베를린 필하모니 오케스트라가 연주하는 악기들의 바람 소리도 아름답지만, 시골집 추녀 끝에 떨어지는 빗방울 소리도 어떤 소리와도 비교할 수 없을 만큼 아름답습니다. 좋은 학벌을 갖고 높은 자리에 올라 출세와 성공을 이루며 사는 사람의 인생도 아름답지만, 가족끼리 화목하고, 자신의 영혼을 사랑하고, 소박하게 자유로운 삶을 살아가는 사람의 인생 역시 아름답습니다. 그런데 세상은 끊임없이 삶을 구별합니다. 구별하는 사회에서 구별되는 사람은 늘 불행하다고 느낍니다. 사회가 만들어놓은 가치에 부합되지 않는 사람은 늘 우울하게 살 수밖에 없는 구조입니다. 금수저와 흙수저, 수도권 대학과 지방대, 강남과 강북, 서울과 지방, 남자와 여자, 사용자와 노동자, 노인과 청년, 비장애인과 장애인, 대기업과 중소기업, 백화점과 재래시장 등 너무 많은 다름이 차별로 존재하는 사회는 늘 불행합니다. 장자는 이런 차별이 사라지고 구별이 소멸되는 세상을 '양행兩行'의 세상이라고 합니다. 세상이 one way, '일행一行'이 아니라 multi way, '양행兩行'이라는 것입니다. 조삼모사朝三暮四의 고사성어를 기억하시는지요? 장자의 〈제물론齊物論〉에 나오는 이야기입니다. 어느 원숭이 사육사가 원숭이에게 도토리를 먹이로 주면서 아침〔朝〕에 세 개〔三〕, 저녁〔暮〕에 네 개〔四〕 준다고 하자 모두들 화를 내고 반발하였습니다. 그러자 사육사는 아침에 네 개, 저녁에 세 개 준다고 하였습니다. 원숭이들은 앞의 네 개 소리만 듣고 모두 기뻐하였다는 이야기입니다. 어쩌면 이 시대를 사는 우리들이 이 원숭이들이 아닌가 돌이켜봅니다. 앞에 나온 네 개 소리만 듣고 뒤의 소리는 들으려 하지 않는 원숭이들 말입니다. 어렸을 때 성공하는 것이 인생의 가장 큰 불행이라고 했나요? 세상에는 완벽한 아름다움과 행복이 없습니다. 얻으면 반드시 잃는 것이 있습니다. 어쩌면 인생은 돌이켜보면 제로섬게임이 아닌가 싶습니다. 더하고 빼면 결국 제로, 0이 될 수밖에 없는 인생 말입니다. 돈을 벌고 출세를 하기 위해서는 잃어야 할 것이 있습니다. 내 자유와 주변 관계와 영혼을 어쩌면 저당 잡혀야 얻을 수 있는 것들입니다. 그래서 세상의 모든 존재는 어떤 방식으로든 존중되어야 합니다. 누가 누구를 계몽할 권리도 이유도 없습니다. 하루에 먹는 도토리 양이 결국 일곱 개라면 언제 몇 개를 먹느냐의 차이지 근본적인 양의 차이는 없습니다. 노자는 행복과 불행은 늘 동시에 존재한다고 말합니다.

禍兮福之所倚화혜복지소의
福兮禍之所伏복혜화지소복
孰知其極숙지기극
其無正기무정
正復爲奇정복위기

善復爲妖선복위요

人之迷其日固久인지미기일고구

재앙 속에 행복이 숨어 있고

행복 속에 재앙이 엎드려 있다.

누가 그 끝을 알겠는가?

완벽하게 좋은 것은 없다.

바른 것이 이상한 것이 되고

좋은 것이 나쁜 것이 된다.

사람들은 그 길을 잃고 헤맨 지 오래되었구나!

-《도덕경》58장

　　장자의 철학이 노자의 철학을 기반으로 한다면 세상에는 완벽한 성공도, 아름다움도, 행복도 없다는 면에서 그 궤를 같이합니다. 제물齊物은 경계를 허물고 초경계로 나아가는 것입니다. 인간이 구획하고 구분하고 구별해놓은 경계를 허물고 어떤 경계도 없는 곳으로 나아가기 위한 철학이 제물齊物의 철학입니다. 그 경계를 허문 상태를 도추道樞라고 합니다. 도추道樞는 문의 지도리입니다. 지도리는 문의 중심축입니다. 그 축을 중심으로 문이 열리고 닫히는 것이지요. 시비是非, 옳고 그른 경계, 선악善惡, 착하고 악한 경계, 미추美醜, 아름답고 못남의 경계, 사정正邪, 바르고 사악한 경계, 화복禍福, 재앙과 행복의 경계, 길흉吉凶, 좋음과 나쁨의 경계, 각몽覺夢, 현실과 꿈의 경계, 성패成敗, 성공과 실패의 경계, 생사生死, 삶과 죽음의 경계를 부수고 모두가 있는 그대로 존재하는 세상이 도추道樞의 세상입니다. 나의 실존을 있는 그대로 받아들이십시오. 내가 어떤 모습으로 존재하든 그것이 내 모습이라는 생각을 물화物化라고 합니다. 모든 만물은 변화한다는 생각입니다. 어찌 청춘이 나에게 영원할 것이며, 어찌 생명이 나에게 무한할 것이겠습니까? 장자는 제물齊物의 논의를 마치면서 호접몽胡蝶夢의 이야기를 합니다. 장자가 꿈속에서 나비가 되었다는 이야기입니다. 장자는 꿈속에서 나비가 되어 훨훨 날아다니며 상쾌하였습니다. 그러나 꿈을 깨보니 다시 장자가 되어 있더랍니다. 내가 꿈을 꿔서 나비가 된 것인지, 아니면 나비가 꿈을 꾸어 장자가 된 것인지 구별이 안 되었다는 것입니다. 존재의 방식은 변화입니다. 새로운 모습으로의 변화. 이것이 경계를 넘어선 초경계적 존재의 방식입니다. 자유란 변화하지 않는 것이 아니라 변화 속에서 자유로운 것입니다. 오늘의 내가 내일의 어떤 모습으로 변화하든 그 실존을 긍정하고 변화를 인정하는 것이 물화物化의 철학입니다. 조정에서 높은 관직에 올라 권력을 휘두르다가 초야에 물러앉아 아무도 알아주는 이 없는 삶을 살더라도 그 또한 내 모습입니다. 100평짜리 호화 저택이든 조그만 월세방이든 어떤 방에서도 내 영혼은 힘들거나 지치지 않습니다. 왜냐하면 물화物化의 중심에 있다는 생각을 갖고 있기 때문입니다.

양생주養生主: 인생을 행복하게 사는 방법

이제 《장자》의 세 번째 편 〈양생주養生主〉를 보겠습니다. 양생養生은 우리가 자주 사용하는 단어입니다. 건강하게 살기 위해 다양한 방법을 동원하는 것을 양생법養生法이라고 합니다. 집을 짓기 위해 콘크리트를 양생養生한다고도 합니다. 양養은 기른다는 뜻입니다. 생生은 생명입니다. 주主는 주인이라는 뜻입니다. 양생주養生主는 하나뿐인 내 생명을 잘 기르는 주인이 되어야 한다는 뜻입니다. 《장자》〈양생주養生主〉편에서 가장 유명한 이야기가 포정해우庖丁解牛입니다. 포정은 소 잡는 백정으로 가장 실력 있는 칼잡이입니다. 해우解牛는 소를 해체한다는 뜻입니다. 포정해우庖丁解牛는 포정이라는 당대 최고의 칼잡이가 소를 잘 해체한다는 뜻으로 인간의 삶도 포정처럼 무리하지 않고 잘 살아야 한다는 것입니다. 포정이 소를 잡을 때 뼈와 근육과 힘줄 사이에 칼이 지나갈 틈을 찾아 소를 해체하듯이, 인간도 인생의 여정을 보내면서 아무런 무리 없이 순리에 따라 삶을 살아야 한다는 것입니다. 여기서 포정이 소 잡는 장면을 같이 읽어보도록 하겠습니다.

포정이 궁정에서 소를 잡고 있었다. 얼마나 칼을 잘 썼던지 손과 발과 무릎을 사용하여 소를 해부하고 있었는데, 그 칼이 지나가는 소리가 마치 음악 소리처럼 운율이 있었고, 그 칼 쓰는 소리는 무용의 반주 같았다. 포정이 소 잡는 광경을 바라보던 문혜군文惠君이란 왕이 감탄하며 물었다. "아! 대단하구나! 너의 소 잡는 기술이 이토록 높은 경지에 이르렀구나!" 왕이 감탄하는 소리를 들은 포정이 소 잡는 칼을 내려놓고 대답하여 말하였다. "왕이시여! 제가 소를 잡는 것은 기술技이 아니라 도道이옵니다. 도라는 것은 기술보다 훨씬 높은 경지이옵니다. 제가 처음 소를 잡으려고 하였을 때는 소를 보면 소가 전체로 보였습니다. 그러나 3년의 시간이 흐른 뒤 소 앞에 섰을 때 소가 부위별로 보이기 시작했습니다. 그리고 지금 저는 소를 잡을 때 눈이 아닌 마음으로 봅니다. 소의 뼈와 근육과 힘줄 사이 그 틈을 통해 칼을 집어넣으면 소는 저절로 해체됩니다. 최고의 백정은 소를 부위별로 베기에 일 년에 한 번 칼을 바꿉니다. 일반 백정은 소를 억지로 자르기에 달마다 칼을 바꿉니다. 저는 소를 잡은 지 19년이 지났고 그동안 잡은 소는 수천 마리입니다. 그러나 칼날은 언제 숫돌에 막 간 것처럼 날이 서 있습니다. 소의 마디에는 빈 공간이 있고 칼날은 얇기 때문에, 그 얇은 칼로 넓은 공간을 밀고 들어가면 소는 저절로 해체되게 됩니다." 문혜군이 포정의 말을 듣고 말하였다. "위대하구나! 나는 포정의 소 잡는 도를 들으면서 내 삶을 기르는 양생養生의 도를 깨달았도다!"

이 구절을 읽다 보면 무슨 무협지를 읽는 느낌입니다. 백정인 포정이 소를 잡는 모습은 최고의 칼잡이 무사가 칼을 쓰는 모습과 너무 닮아 있습니다. 소 잡는 것이 비록 하찮은 일이지만 도art의 경지에 이르면 더 이상 기술skill로 설명해서는 안 된다는 포정의 말이 더욱 와닿습니다. 인간의 삶도 기술이 아닌 도의 방식으로 살아가야 합니다. 이리저리 좌충우돌 부딪치며 상처투성이로 사는 것은 양생의 방법이 아닙니다. 포정이 소를 잡을 때 뼈와 근육과 힘줄 사이로 칼을 밀고 나아가듯이 인생도 어떤 외물과 부딪치지 않고 온전하게 살아가는 것이 양생의 근본입니다. 양생을 잘하는 사람은 온전하게 자신의 삶을 보존하며 삽니다. 권력에 종속당하지 않고, 물질에 발목 잡히지 않고, 명예에 마음 쓰지 않으며 자신에게 주어진 삶을 잘 살아가는 사람이 양생의 주인입니다. 문혜군은 포정의 말을 듣고 자신이 그동안 깨치지 못했던 양생의 원리를 깨달았습니다. 비록 하찮은 소 잡는 백정이지만 지체 높은 왕보다 더 높은 삶의 원리를 알고 깨우치고 있었던 것입니다. 삶을 잘 살아가는 것은 학력이 높거나 지위가 높다고 해서 잘 살아가는 것이 아닙니다. 내 영혼의 바람을 이해하고, 내 몸의 흐름을 받아들이며, 지금의 나에게 주어진 여건에서 최적의 답을 찾아 사는 것이 양생의 해법입니다. 인간이란 존재는 자연의 기운이 어느 순간 응축되어 만들어지고, 또 그 기운이 다하여 흩어지면 그 생명도 끝이 납니다. 그러나 그 끝이 영원한 끝이 아니라 새로운 모습으로의 변환이며 전화轉化입니다. 그러니 살아 있다고 기뻐할 일도, 생명이 끝났다고 슬퍼할 일도 아닙니다. 나에게 주어진 삶이란 어느 날 우연히 나에게 왔다가 어느 날 우연히 사라지는 것, 자연의 대변화 속에 잠깐 머무는 것이라면, 사는 동안 자연스럽게 우주의 시간과 공간 사이로 살아가는 것이 양생의 비법입니다. 오늘 배고프면 밥 먹고, 목마르면 물 마시고, 나와 동시대를 살아가는 사람들과 더하지도 모자라지도 않게 교류하며, 같은 공간에 공존하는 자연과 함께 물 흐르듯 살아간다면 양생의 극치를 이루었다고 할 것입니다. 〈양생주養生主〉를 읽고 난 제 느낌을 시로 한 수 적어보았습니다.

생명의 빛

기름이 다하여 나무에 불이 꺼져도
불은 그다음 나무로 전해지는데
사람들은 모르네

그 불은 영원하다는 것을

때가 맞아 문득 왔다가
때가 되어 문득 떠나는 것이 인생
나비와 장주 사이에 무슨 경계가 있겠는가?

보이는 것을 보면 나를 묶는 것
보이지 않는 것을 보아야 포정의 양생
虛를 찾아 살리라!
虛 속에 나를 넣으리라!

장애인 지리소가 인간 세상을 사는 비결

《장자》의 네 번째 편은 〈인간세人間世〉입니다. 글자 그대로 인간 세상을 살아가는 방법에 대한 내용입니다. 우리가 사는 세상을 인간 세상이라고 합니다. 과연 어떻게 살아가는 것이 인간 세상에서 가장 잘 살다 가는 것일까요? 권력과 부를 탐내다가 결국 그 권력과 돈 때문에 제명대로 살지 못하고 가는 사람도 많고, 남의 일에 간섭하다가 오히려 자신의 삶이 어려워지는 경우도 많습니다. 잘생기고 능력도 출중해서 모든 사람의 부러움의 대상이 되기도 하지만, 그것 때문에 인생이 꼬이고 힘들어지는 경우도 있습니다. 어떤 사람은 비록 못생기고 능력이 없어 어떤 누구의 주목도 받지 못하지만 한세상 편안하게 큰일 없이 잘 살다 가는 사람도 있습니다. 과연 어떻게 사는 것이 인간 세상에서 지혜롭고 아름답게 살다 가는 것일까요? 잘 산다는 것은 정의하기도 힘들고 단언하기는 더욱 어렵습니다. 장자는 지리소라는 장애인을 등장시켜 인간 세상을 살아가는 방법에 대한 고정관념을 깨고 있습니다. 정상인이라고 과연 인간 세상에서 잘 살아가는 사람이라고 할 수 있을까? 장애인은 인간 세상에서 장애 때문에 소외되어 못 사는 인생일까? 과연 일방적으로 어떤 사람이 제대로 인간 세상을 잘 산다고 감히 말할 수 있을까? 지리소支離疏는 글자 그대로 지리멸렬支離滅裂하게 생겼다고 해서 붙여진 이름입니다.

지리소는 얼마나 장애가 심한지 턱은 배꼽 밑에 내려가 있고, 어깨는 이마보다 높고, 오장육부는 가슴에 있고, 넓적다리는 허리에 붙어 있는 꼽추입니다. 《노트르담의 꼽추Notre-Dame de Paris》에 나오는 카지모도를 연상케 하는 사람입니다. 마을 사람들은 지리소가 너무 불쌍하다고 생각해서 바느질감을 몰아주었고, 자신의 논에 떨어진 이삭을 줍도록 허락하였습니다. 그래서 비록 심한 장애를 가진 지리소였지만 식구 10여 명을 먹여 살릴 수 있었습니다. 전쟁이 나서 병사들을 징집하면 지리소는 늘 장애 때문에 면제가 되어 전쟁터로 나가는 마을 젊은이들을 어깨를 두드리며 위로해주었고, 나라에서 큰 토목공사를 벌여 부역이 있을 때도 지리소는 면제될 수 있었습니다. 그는 나라에서 장애인에게 주는 구호금을 받았습니다. 쌀과 땔감이 수시로 지급되었습니다. 지리소는 비록 형체는 지리멸렬하게 생겼어도 충분히 자신의 몸을 잘 기르고 천수를 다 누리며 살 수 있었습니다. 그렇습니다. 똑똑하고 머리 좋은 사람만 인간 세상을 잘 살아간다고 할 수 없습니다. 오히려 능력도 없고 갖추지도 못했지만 바보처럼 사는 것이 훨씬 더 인간 세상을 잘 살다 가는 사람일 수 있습니다. 제가 사는 홍천 시골에는 어려서 중이염에 걸려 청각 장애를 갖고 있는 농부 한 분이 계십니다. 비록 남들이 볼 때는 시골에 사는 장애를 가진 농부에 불과해 보이지만 그분의 삶은 그 어떤 사람보다 평화롭고 아름답습니다. 해가 지면 잠자리에 들고 해가 뜨면 일어나는 자연의 시계에 맞춰 사니 건강합니다. 부지런히 농사일하기에 농사의 수확량은 늘 풍성합니다. 자녀는 장성하여 자신이 하고 싶은 일을 하고 있고, 홀어머니를 모시고 부인과 함께 오순도순 살아갑니다. 겨울에 눈이 내리면 제일 먼저 나가 마을 길 눈을 치우고 동네 궂은일을 도맡아 하니 사람들의 칭찬이 자자합니다. 철마다 산속에서 개복숭아, 오디를 따서 청도 담그고 잣을 까서 팔기도 합니다. 남보다 잘나고 가진 것은 많지 않지만 식솔들 먹이는 데 부족하지 않고, 추울 때 쉴 수 있는 따뜻한 집이 있어 특별히 부러워하는 것도 없습니다. 서울은 일 년에 한두 번밖에 안 나가지만 그것이 세상을 사는 데 큰 문제가 되지 않습니다. 누가 이분의 인생이 남보다 못하다고 할 수 있겠습니까? 장자는 일반인이 생각하는 쓸모 있는 것이 결국 쓸모없는 것이고, 쓸모없는 것이 쓸모 있는 것일 수 있다는 패러다임의 변화를 시도하고 있습니다. 일명 쓸모없는 것이 진정으로 쓸모 있는 것이라는 '무용지용無用之用'의 철학입니다. 나무가 잘생기고 곧으면 집 짓는 재목이 되어 제명대로 살지 못하고 베이게 됩니다. 그러나 못생기고 구부러진 나무는 어느 목수도 쓸모없다고 생각하기에 건드리지도 베지도 않아 결국 오랜 생명을 유지할 수 있습니다. 물론 여기서 오래 사는 것이 잘 사는 것이냐는 질문이 있을 수도 있습니다. 짧고 굵게 사는 것이 오히려 아름다운 인생이라는 생각도 있습니다. 그러나 장자의 관점에서 볼 때는 인간은 남의 칭찬과 비난, 명예와 권력을 위해 자신의 몸을 버려서는 안 된다는 것입니다. 장자가 살던 암울했던 시대에 자신의 몸을 온전하게 보존하지 못하고 죽은 사람이 많았나 봅니다. 쓸모없는 나무가 오래 산다는 무용지용無用之用의 이야기는 《장자》에 자주 등장하는 주제입니다. 남백자기南伯子綦라는 사람이 어느 언덕을 지날 때 큰 나무를 보았습니다. 얼마나 큰 나무인지 그 나무 밑에 수천 마리의 말이 쉴 수 있을 정도였습니다. 남백자기는 생각하였습니다. 이 나무가 이토록 클 수 있었던 이유가 무엇일까? 답은 명확했습니다. 못생기고 구부러져서 쓸모없다고 생각되는 나무이기 때문이었습니다. 가지는 구부러져서 서까래로 쓰지 못하고, 줄기는 휘어져서 관棺으로 쓰지 못하고, 이파리는 써서 입에 대면 혀가 문드러지고, 냄새는 고약해서 사람들이 냄새를 맡으면 3일을 깨어나지 못할 정도였습니다. 결국 그 나무는 재목으로 쓰지 못할 나무[不材之木]였기 때문에 큰 나무가 될 수 있었던 것입니다. 인간 세상을 살아가면서 쓸모 있다는 것이 어쩌면 자신의 영혼을 팔거나 저당 잡혀야 얻을 수 있는 대가일 수도 있다는 생각을 해봅니다. 제사 지낼 때 제물로 사용하는 희생 중에 이마가 흰 소는 사용하지 않습니다. 돼지는 코가 위로 향한 것은 사용하지 않습니다. 사람은 치질이 있는 사람은 사용하지 않습니다. 모두가 문제가 있는 것들입니다. 제물로 사용하기에는 불길하고 적절하지 못하다고 생각되는 것들입니다. 그러나 장자는 이런 못 갖추고, 못생기고, 못난 것이 재앙에서 벗어날 수 있다고 합니다. 잘난 것들은 제물로 바쳐져 제명대로 살 수 없다는 것입니다. 옛날에는 사람을 제물로 바쳤던 모양입니다. 그런데 사람을 제물로 바칠 때 치질이 있는 사람은 제물에서 제외되었나 봅니다. 출세를 하고, 높은 자리에 오르고, 사람들의 칭찬을 받고, 명예를 드높이는 것이 어쩌면 인간세상에 제물로 바쳐지는 것일 수도 있다는 생각을 해봅니다. 남들의 주목도 받지 못하고 청산에 묻혀 살지만 오히려 자신의 자유를 만끽하고 영혼의 바람을 느끼며 사는 것이 더 잘 사는 방법이라는 생각도 하게 됩니다. 물론 어쩔 수 없이 산속으로 밀려나 세상에 대한 원망과 비난을 하며 사는 것은 예외입니다. 자발적이고 유쾌한 선택이 아니라면 그것은 늘 우울할 수밖에 없습니다.

심재心齋로 사람을 대하라!

옛날부터 속세를 떠나 사는 사람을 은자隱者라고 합니다. 그런데 은자에게도 등급이 있습니다. 소은小隱은 산속에 묻혀 사는 사람입니다. 중은中隱은 저잣거리나 도시에서 묻혀 사는 사람입니다. 그러나 대은大隱은 조정에 묻혀 사는 사람입니다. 이 말은 은자가 꼭 산속으로 들어가야 하는 것은 아니라는 뜻입니다. 어쩌면 조정에서 관직을 갖고 적극적으로 세상을 위해 일하는 사람 중에 큰 은자인 대은이 있을 수도 있습니다. 숨는 것은 공간이 아니라 마음입니다. 일신의 안위와 세상의 영욕에 초월하여 관직에서 일을 하고 있다면 진정한 큰 은자입니다. 속세에 살면서 무용無用의 철학을 가지고 사는 것은 산속에 살면서 무위의 삶을 사는 것보다 백배 어렵습니다. 그 어려움 중에 큰 것이 인간관계입니다. 인간관계는 아무리 잘하더라도 상처가 날 수밖에 없습니다. 아무리 자식이 효도를 하더라도 때로는 부모의 마음에 상처를 줄 수도 있고, 아무리 신하가 충성을 다해 임금을 모시더라도 임금의 노여움을 살 수가 있습니다. 그래서 부모 자식 간에 등을 돌리기도 하고 군신 간에 참사가 일어나기도 합니다. 산속이 아닌 속세에 살면서 어떻게 지혜롭게 인간관계를 이룰 것인가? 장자는 심재心齋로 사람들을 대하라고 충고합니다. 심재心齋는 마음[心]의 재계[齋]입니다. 심재心齋는 마음을 비우고 상대방을 대하는 것입니다. 의도와 결과를 바라지 않고 텅 빈 마음으로 사람을 대하면 어떤 갈등도 일어나지 않을 것입니다. 대부분의 사람들은 자신의 의도나 생각을 가지고 상대방을 대합니다. 상인은 물건을 팔려는 마음으로 고객을 대하고, 신하는 칭찬을 얻으려는 마음으로 임금을 대합니다. 이런 의도가 마음속에 있어서 사람을 대하면 반드시 갈등이 일어날 수밖에 없습니다. 갈등은 분쟁을 초래하며, 결국 인간 세상에서 큰 상처를 입게 됩니다. 물건을 팔려고 하는 마음 없이 손님을 대하면 상인은 편해집니다. 물건을 팔려고 억지로 강요하거나 허위 광고를 하지 않아도 되고, 손님이 사지 않아도 마음에 불쾌함이 남지 않습니다. 물론 장사의 결과가 어떻게 될지는 모르겠습니다. 그러나 분명한 것은 주인과 고객 간에 벽이 허물어진다는 것입니다. 허물어진 벽은 당장은 힘들겠지만 장기적으로 보면 더 큰 주인과 고객의 관계가 될 수 있습니다. 장자가 공자의 입을 통해 말하는 심재心齋에 대하여 원문을 보도록 하겠습니다.

심재心齋란 뜻을 모아야 한다. 상대방의 소리를 귀로 들으려 하지 말고 마음으로 들으려고 노력하라! 이것이 가능해지면 마음으로 듣지 말고 기氣로 들으려고 노력하라! 귀라는 것은 상대방의 소리에 집중하는 것이고, 마음은 내 의견과 맞는 것에 집중하는 것이다. 의도와 생각을 버리고 상대방을 대하라! 모든 길은 비어 있는 곳으로 모여든다. 비우는 것, 그것이 심재心齋의 인간관계이다.

저는 이 문장을 읽으면서 심재心齋에 대해 깊이 고민하게 됩니다. 정확하게는 이해할 수 없지만 어렴풋이는 이해할 것 같습니다. 모든 인간관계에서 내 의도와 생각을 강요하지 말고, 상대방의 말과 마음을 내 마음대로 규정하려 하지 말고 사람을 대하여야 합니다. 자식에게 내 의도와 생각을 강요하면 반드시 상처가 납니다. 그저 마음을 비우고 대하면 자식은 결국 나에게 다가오게 됩니다. 물건을 많이 팔려는 의도보다는 마음을 비우고 정성을 다해 상대방을 대하면 결국 내 물건을 사라고 하지 않아도 사게 만들 수 있습니다. 관계의 핵심은 내가 아닌 상대방입니다. 상대방 입장에서 관계를 바라보고, 나를 비우는 순간 좋은 관계를 유지할 수 있습니다. 말을 사랑하는 사육사가 있었습니다. 얼마나 말을 사랑했는지 광주리에 말똥을 받아내고, 큰 조개껍질로 말의 오줌을 받아주었답니다. 사육사는 정말 말을 사랑했습니다. 그런데 어느 날 말 등에 모기와 등에가 붙어 있는 것을 보았습니다. 말을 사랑했던 사육사는 그 모기와 등에를 잡으려고 손으로 내리쳤습니다. 그런데 말은 주인이 자신을 때리는 줄 알고 재갈을 끊고 사육사의 머리를 차고 가슴을 부러트렸습니다. 주인은 말을 사랑해서 모기를 잡으려고 손으로 내려쳤지만 말은 자신을 때리는 줄 알았던 것입니다.

장자는 말합니다. "사육사가 아무리 좋은 의도로 말을 때렸다고 하더라도 그 사랑의 방식에 문제가 있어서 말은 주인을 걷어찬 것이다." 우리는 사랑이라는 이름으로 상대방에게 최선을 다했다고 합니다. 그러나 사랑은 내 방식이 아니라 상대방의 방식이어야 합니다. 자식을 사랑한다는 생각으로 내 방식의 사랑을 강요하고 있지는 않은지 돌아보아야 합니다. 사랑은 내 의도가 아니라 상대방의 입장에서 해야 합니다. 말을 사랑하는 애마愛馬에도 도가 있습니다. 애마지도愛馬之道에서 우리는 진정한 사랑을 배웁니다. 마음을 비우고 상대방의 관점에서 사랑하는 것이 진정 아름다운 사랑입니다. "내가 너를 사랑하니까 그런 거야!" 제발 이런 말은 안 했으면 좋겠습니다. 내 사랑이 상대방에게는 고문이 될 수도 있기 때문입니다.

덕충부德充符: 덕이 충만한 자가 결국 매력 있다

《장자》의 다섯 번째 편은 〈덕충부德充符〉입니다. 덕충부는 글자 그대로 덕德이 충만한(充) 사람이 세상 사람들의 마음에 부합된다(符)는 뜻입니다. 덕은 인간의 내면입니다. 태어날 때 갖고 태어난 인간의 본성입니다. 얼굴이 잘생기고, 능력이 있고, 재주가 많은 사람보다 내면의 덕이 충만하고 아름다운 사람이 오히려 세상 사람들의 마음을 움직일 수 있다는 것입니다. 생긴 것은 못생기고, 말도 어눌하고, 능력도 없지만 무엇인가 끌리는 사람을 가만히 보면 참 본성이 아름다운 사람인 경우가 많습니다. 내면의 덕이 충만한 사람입니다. 장자는 장애를 가진 사람들 중에 내면의 덕이 충만하여 많은 인기를 얻고 있는 사람들의 우화로 이야기를 풀어갑니다.

왕태王駘, 신도가申徒嘉, 숙산무지叔山無趾, 애태타, 이들은 모두 다리에 형벌을 받아 불구가 된 사람들이거나 추남들이었습니다. 사람들에게 전혀 인기가 없는 자들이었습니다. 그런데 이들의 공통점은 내면의 덕이 참 아름답고 충만한 것이었습니다. 그래서 당시 귀족들에게 초청 순위 1위였고 여인들의 아이돌이 되었습니다.

왕태는 전과자 출신으로 벌을 받아 한쪽 발이 없었습니다. 그런데 그에게 배우러 오는 학생들이 줄을 이었습니다. 공자가 당시 유명한 선생이었는데 공자보다도 오히려 배우러 오는 제자들이 많았습니다. 그 이유는 그가 말을 잘해서도 아니고 지식을 많이 갖고 있어서도 아니었습니다. 그가 가지고 있는 장점은 그 사람 앞에 서면 자신의 모습을 볼 수 있어서였습니다. 흐르는 물〔流水〕에는 자신의 모습을 비춰볼 수 없고 정지된 물〔止水〕에 자신의 모습을 비춰볼 수 있습니다. 사람들은 왕태라는 사람의 정지된 모습에서 그동안 보지 못하던 자신의 모습을 보았을 것입니다. 비록 월형刖刑을 받아 불구가 되었지만 인생을 원망하거나 하늘을 비난하지 않는 왕태의 모습을 상상해봅니다. 사람들은 자신의 있는 그대로의 모습을 인정하고 마음의 미동도 없이 현실에 존재하는 왕태의 모습에서 인간이란 존재의 절정을 보았을 것입니다. 사지가 멀쩡하고, 지식도 많고, 가진 것도 많지만 마음의 불구인 사람들이 많습니다. 늘 자신의 현재를 부정하고, 나보다 더 가진 사람과 비교하고, 나보다 더 잘난 사람을 비난하는 사람은 마음의 불구입니다. 몸의 불구는 어쩔 수 없는 것이라도 마음의 불구는 참으로 비참합니다.

자산子産은 정鄭나라의 재상이었습니다. 그는 백혼무인伯昏無人이라는 스승에게서 배웠습니다. 동창생 중에 신도가라는 사람이 있었는데, 그는 형벌을 받아 다리가 없는 불구였습니다. 자산은 기분이 나빴습니다. 자신이 불구자와 함께 공부한다는 것이 수치스러웠나 봅니다. 자산은 신도가에게 학교를 나가라고 하였습니다. 안 나가면 자신이 나간다고 하였죠. 어찌 불구인 몸으로 자신처럼 지체 높은 사람과 함께 공부할 수 있느냐는 것이었습니다. 신도가는 자신의 과거를 이야기하였습니다. 한때의 잘못으로 불구가 되었는데 사람들의 눈과 비난 때문에 마음이 많이 아팠답니다. 그러나 백혼무인 선생님에게 배운 후로는 그런 마음이 사라졌다고 하였습니다. 선생님은 나를 불구자로 보신 적도 없고, 19년 동안 선생님 밑에서 배우면서 내가 불구자라는 생각을 해본 적도 없다는 것이었습니다. 육체의 불구는 껍데기일 뿐 덕의 세계는 육체의 불구를 전혀 개의치 않는다는 것이었습니다. 이런 선생님 밑에서 덕으로 교류하며 어울리는데 당신이 나를 불구자라고 하니 오히려 당신이 이곳에서 배울 자격이 안 된다는 것이었습니다. 자산은 부끄러워 고개를 숙였습니다. 세상에는 마음의 불구자들이 참 많습니다. 자신의 생각만 옳고 다른 것을 인정하지 않고, 좋고 나쁨을 가려 사람들을 분류합니다. 몇 평짜리 집에서 사는지, 학벌과 경력은 어떤지, 차는 무엇을 타고 다니는지, 연봉은 얼마인지, 사람의 겉만 보고 판단하고 어울리려고 합니다. 인성과 덕은 형편없어도 상관없습니다. 그저 겉만 화려하면 그만입니다. 화려하게 치장한 화장만 보지 내면의 얼굴을 보려고 하지 않습니다. 그런 사람들을 마음의 불구라고 합니다. 〈덕충부德充符〉에서 가장 화려한 아이돌은 애태타입니다. 못생긴 것으로 따지면 노나라 어느 누구와 비교해도 빠지지 않는 추남입니다. 그런데 이상하게 사람들은 그를 보면 남자든 여자든 열광합니다. 남자들은 동성임에도 함께 있고 싶어 하고, 여인들 중에는 젊고 잘생긴 사람의 처가 되기보다는 차라리 애태타의 첩이 되겠다고 부모에게 조르는 이들이 수십이나 되었습니다. 참 이상한 일이죠? 멋진 언변으로 사람들의 마음을 잡는 것도 아니고, 권력이 있는 것도 아니고, 돈이 많아서 사람들에게 뿌리는 것도 아닌데 말입니다. 거기에다 정말 추남 중에 추남입니다. 그 이유는 간단합니다. 애태타는 그의 덕을 온전하게 보존한 사람이기 때문입니다. 하늘이 준 참 본성을 잘 보존하며 사는 사람을 재전才全이라고 합니다. 그에게 삶과 죽음, 부와 가난, 출세와 실패, 잘남과 못남, 칭찬과 비난, 더위와 추위의 변화는 큰 의미가 없습니다. 그저 다가온 것에 순응할 뿐입니다. 어떤 상황이 되어도 마음이 흔들리거나 감정이 변함이 없습니다. 그래서 함께 있으면 행복의 바이러스가 전이됨을 느끼는 것입니다. 잘난 것도 없는데 함께 있으면 뭔가 모르게 마음이 편안해지는 사람, 감정의 기복도, 마음의 변화도 없이 늘 한결같이 그 자리에서 자신의 덕을 온전하게 보존하며 사는 사람이기에 애태타 주변에 사람들이 모여드는 것입니다. 우리 인생은 줄타기라고 하나요? 참 많은 감정의 변화 속에 외줄 타기의 인생을 살고 있습니다. 그리하여 덕의 본질은 상처 나 있고 일상은 늘 격정 속에 흔들리며 위태롭습니다. 이 시대의 애태타를 만나보고 싶습니다. 얼굴은 못생기고 학력은 없어도 그 옆에 있으면 마음이 행복해지는 사람, 정말 애타게 그려보는 그런 애태타가 이 시대 어딘가에 반드시 있을 것입니다.

대종사大宗師: 경계를 초월한 참사람

《장자》의 여섯 번째 편 〈대종사大宗師〉는 크고〔大〕 정통〔宗〕을 가진 스승〔師〕이라는 의미입니다. 소요逍遙의 철학과 제물齊物의 인식으로 양생養生의 도를 체득하고 인간 세상의 '참 살이'를 실천하며 덕德이 충만한〔充〕 사람을 대종사大宗師라고 불러도 좋을 듯합니다. 그러고 보니 《장자》〈내편〉의 제목을 모두 실천하고 사는, 장자가 꿈꾸는 이상적인 인간형이 대종사네요. 대종사라는 단어는 많은 종교 단체에서 차용하고 있습니다. 그 단체가 꿈꾸는 높은 단계의 인물을 대종사라고 표현합니다. 대종사에서 가장 높은 단계의 사람을 진인이라고 합니다. 참〔眞〕사람〔人〕이라는 뜻입니다. 진인은 경계를 초월한 사람입니다. 생사의 경계, 빈부의 경계, 유무의 경계를 넘어서 절대 자유의 경지에 이른 사람을 진인이라고 합니다. 진인에 대한 장자의 이야기를 원문으로 읽어보겠습니다. 제가 시적으로 약간 윤색해보았습니다.

진인眞人

적다고 불평하지 않으리.
잘났다고 으스대지 않으리.
억지로 일을 꾸미지 않으리.
잘못돼도 후회하지 않고
잘돼도 기뻐하지 않으리.

벼랑 끝에 서도 떨지 않으며

물에 빠져도 허우적거리지 않으리라!

불에 던져져도 발버둥 치지 않으리.

헛된 꿈 꾸지 않고

근심 걱정에 한숨짓지 않으리라!

먹는 것에 마음을 빼앗기지 않고

안정된 호흡으로 살아가리.

살아 있음을 기뻐하지 않고

죽음을 두려워하지 않으리라!

복잡한 정신 감각을 닫고

말을 잊고 살아가리라!

내 옆에 누가 있어 행복하기보다는

누가 없어 행복하며 살아가리라!

　무슨 신선 이야기 하는 것 같습니다. 장자가 그토록 바라던 인간형, 진인은 인간이 꿈꾸는 신선 같은 사람입니다. 어떻게 인간이 이렇게 무심하게 환경의 변화에 대응할 수 있겠습니까? 적으면 불만이고, 나를 안 알아주면 화내고, 원하는 일이 안 되면 실망하는 것이 인간의 본질일진대 진인은 아무래도 전설에서나 존재하는 인물 같습니다. 예수님이나 부처님 정도 되어야 진인이라고 할 수 있을까요? 아무래도 우리 같은 범인이 이를 수 있는 경지는 아닌 듯합니다. 그래도 늘 참사람이 되어야겠다는 서원을 갖고 살면 잃어버린 나를 찾는 데 도움이 될 것 같습니다. 장자는 무슨 수련 단계처럼 진인이 되어가는 과정을 설명하고 있습니다. 마치 진인이 되는 단계가 있는 것 같은 느낌입니다. 《장자》의 원문을 묘사해보겠습니다.

> 진인이 되겠다는 마음을 갖고 3일이 지나면 천하를 잊어버린다(外天下).
> 그리고 7일이 지나면 존재를 잊어버린다(外物).
> 그리고 9일이 지나면 자신의 생명조차 잊어버린다(外生).
> 자신의 존재조차 잊어버리면 아침 햇살 같은 것이 환하게 비치고(朝撤)
> 그 단계를 넘어서면 우주에 홀로 존재하는 나를 보게 된다(見獨).
> 그리고 시간의 흐름을 벗어나고(無古今)
> 마지막으로 삶과 죽음의 경계를 넘어서게 된다(不生不死).
> 이러한 진인이 이른 최고의 경지를 영녕攖寧이라고 한다.
> 영녕攖寧은 존재하는 모든 것과 화해하고 공존하는 경지이다.

이 글을 읽고 진짜 진인이 되고자 하는 수련에 들어가 이런 단계를 거쳐 영녕攖寧의 경지에 오르려 하는 분이 계시다면 저는 말리고 싶습니다. 장자가 말하는 것이 무슨 실체가 있어서 하는 말이라고는 생각되지 않기 때문입니다. 무슨 종교 수련처럼 어떤 단계가 끝나면 그다음 단계가 오고 하는 것은 철학이나 종교를 마케팅할 때 쓰는 방법입니다. 글자를 보려 하지 마시고 문맥을 보아야 합니다. 문맥을 보려 하지 말고 맥락을 읽어야 합니다. 맥락을 읽으려 하지 말고 대의를 느껴야 합니다. 인간이 굴레처럼 벗어나지 못하는 것이 있습니다. 타인의 시선, 생에 대한 집착, 영원불멸한 존재의 고집, 시간과 공간의 구속, 죽음에 대한 공포, 이런 굴레를 벗어난 상태가 바로 장자가 말하는 진인이 도달한 영녕^{攖寧}의 경지라는 대의를 느껴야 합니다. 인간이기에 이런 굴레들이 어쩌면 피할 수 없는 숙명이라고 생각하는 것도 좋습니다. 그러나 그런 굴레에 종속당하지 않고 나라는 존재를 우주의 중심에 세우고 삶과 죽음의 경계마저도 초월할 수 있다면 정말 멋진 나를 만나는 기쁨도 있을 듯합니다. 제가 가본 경지가 아니라 함부로 말할 수는 없지만 한번쯤 도전해볼 만한 경지인 것 같습니다.

현해懸解: 삶과 죽음으로부터의 자유

《장자》를 읽다 보면 장자가 꿈꾸는 가장 이상적인 인식의 단계가 생사의 초월임을 알 수 있습니다. 인간이 가장 공포를 느끼는 것이 죽음입니다. 죽음은 인간에게 피할 수 없는 장벽이지만, 그 죽음의 그림자가 내게 다가왔을 때 모든 사람들은 공포와 두려움에 떨게 됩니다. 병원에서 말기 암 진단을 받으면 대부분의 많은 분들은 오로지 암에 대한 생각밖에 없다고 합니다. 자식도, 친구도, 심지어 부모조차도 암에 의한 죽음의 공포보다 앞서지 않는다고 합니다. 물론 자신의 죽음 때문에 생길 주변 사람들의 슬픔을 걱정하기도 하지만 결국은 자신의 죽음을 극복하는 데 모든 신경을 쓰게 된다고 합니다. 죽음보다는 못하지만 인간에게는 많은 두려움이 있습니다. 사업이 부도가 나서 빈털터리가 되면 어떻게 될까 하는 두려움, 신체 훼손에 대한 두려움, 관계 단절에 대한 두려움, 지위를 잃는 것에 대한 두려움, 참 이루 헤아릴 수 없는 두려움들이 우리 삶 속에 깊이 자리 잡고 있습니다. 이런 두려움들은 우리를 잠 못 들게 하기도 하고, 오지도 않는 공포에 미리 질려 한숨 쉬게 하기도 합니다. 하루하루 이런저런 걱정에 인간의 정신은 피폐해져갑니다. '기우杞憂'라는 말은 많이 들어보셨을 겁니다. 기杞 땅에 사는 어느 사람이 하늘이 무너질까 너무 근심한 나머지 식음을 전폐하고 드러누웠다는 고사입니다. 물론 하늘이 무너질 수도 있습니다. 그렇지만 아직 오지도 않았고, 일어날 확률도 적은 일을 미리 고민하여 지금을 망치고 있다면 참으로 어리석은 사람이라고 할 수 있을 것입니다. 아니, 더 나아가서 하늘이 무너진다 한들 그것 또한 나에게 닥친 자연의 한 변화라고 생각하면 편하게 무너지는 하늘을 맞이할 수도 있을 것입니다. 하늘이 무너져도 솟아날 구멍이 있다는 속담도 있지 않습니까? 여하간 정신적, 경제적, 신체적 위기는 우리의 삶을 괴롭히는 것들입니다. 이런 두려움과 공포에서 벗어나는 사람이 진인眞人이며, 대종사大宗師며, 영녕攖寧의 경지에 이른 사람이라고 할 수 있습니다. 또한 장자는 이런 경지를 현해懸解라고 합니다. 공포와 두려움 속에 매달려〔懸〕있는 나로부터의 해방〔解〕이라는 뜻입니다. 불교에서는 해탈이란 용어를 사용하는데 많이 유사한 점이 있습니다. 결코 쉬운 경지는 아닙니다. 그리고 꼭 그렇게 해야 할 필요가 있나 싶기도 합니다. 아프면 아픈 대로 울고, 슬프면 슬픈 대로 한숨짓는 것이 인간의 인생입니다. 살아 있는 존재인 인간이 아픔도, 기쁨도, 슬픔도 초월하며 살아가야 할 이유가 있는가 싶기도 합니다. 그러나 장자는 그런 인간의 굴레가 지금의 나를 자유롭게 하는 데 방해가 된다고 본 것 같습니다. 해탈은 장자의 목표가 아니라 지금의 나를 자유롭게 하기 위한 방편이 아니었나 싶습니다. 지금, 여기에서 나는 자유로운 영혼을 느끼며 살아야 하는데 인간의 굴레가 방해한다고 생각한 것 같습니다. 죽어서 천당 가는 것이 목표가 아니라 내가 사는 여기에서 자유를 얻고자 한 것입니다. 장자가 꿈꾸는 매달린 나로부터의 해방, 현해懸解의 경지를 원문을 통해 느낌을 공유해보겠습니다.

나의 왼쪽 팔이 어느 날 닭이 된다면
나는 슬퍼하지 않고 새벽을 알리는 닭이 되리라!
나의 오른쪽 팔이 어느 날 탄알이 된다면
나는 슬퍼하지 않고 새를 잡아 구워 먹으리라!
나의 엉덩이가 어느 날 바퀴로 변하고 머리가 말로 변한다면
나는 수레를 타고 돌아다니리라!
무엇을 얻는 것도 한때며
무엇을 잃는 것도 한때이니
지금 내 상황을 즐기고 편안히 받아들인다면
슬픔과 기쁨의 감정 기복이 어찌 내 삶에 끼어들 수 있겠는가?
이런 경지를 예로부터 매달린 나로부터의 자유, 현해懸解라고 한다.

어느 날 잠에서 깨어보니 내가 한 마리 벌레로 변해 있었다는 카프카Franz Kafka의 《변신Die Verwandlung》이라는 소설이 생각납니다. 어느 날 주인공 그레고르 잠자는 잠에서 깨어났을 때 벌레로 변해버린 자신을

발견합니다. 주변 가족들은 잠자를 멀리하게 되고 결국 쓸쓸하게 죽게 된다는 이야기입니다. 물론 카프카의 의도가 장자의 의도와는 다르겠지만 어느 날 갑자기 변해버린 내 모습의 대목에서는 비슷한 설정입니다. 어느 날 내 왼팔이 닭으로 변하고, 내 오른팔이 탄알로 변했다면 사람들은 모두 두려움과 슬픔에 어찌할 줄 모를 것입니다. 그러나 그 변화된 모습 역시 나라는 생각을 하고, 기대치의 조정만 한다면 그리 문제 될 것은 없습니다. 닭이 되면 새벽을 알리는 일을 하고, 탄알이 되면 새를 잡아 구워 먹겠다는 장자의 해학에는 변신을 유머로 넘기는 여유가 담겨 있습니다. 살림이 쪼들려 조그만 집으로 옮기게 되었다면 그 속에서 또 다른 나의 모습을 찾을 수 있습니다. 그것은 변환의 한 방식일 뿐 슬픔이나 걱정이 끼어들 여지가 없습니다. 교통사고로 내 몸이 상처 나고, 병이 들어 거동이 불편해지고, 직장에서 해고되어 노는 상태가 되는 것 역시 나의 또 다른 모습일 뿐 그것이 내가 아닌 것은 아닙니다. 사지가 없고 몸이 불편한 사람들이 정상인들보다 오히려 더 자신의 몸에 만족하며 사는 모습을 보면 참 존경스러워 보입니다. 그분들은 이미 현해懸解의 경지에 올라 진인의 반열에 들었다고 보아도 무방할 것입니다. 나는 마치 대장장이에게 맡겨진 쇳물처럼, 그가 나를 이용해 어떤 형태로 만들건 그대로 따라가면 될 뿐, 어찌 대장장이에게 어떤 모습으로 만들어달라고 조르겠습니까? 100평짜리 집에 사는 것도 나이고 10평짜리에 산다고 해서 내가 아닌 것도 아닙니다. 어차피 태어날 때 몸 하나 갖고 태어난 나라는 존재에게 어찌 정해진 집의 평수가 있겠습니까? 죽을 때 다시 몸 하나 남겨 돌아가는 것이라면, 살아가는 동안 어떤 모습으로 내가 변하든 그 모습을 부정할 필요도 없고 슬퍼하거나 기뻐할 필요도 없습니다. 나는 그저 잠시 '이곳'에서 머물다가 다시 '저곳'으로 이동하는 존재라는 생각, 그 인식에 이른 자라면 진인이라고 할 수 있을 것입니다.

응제왕應帝王: 진정한 이 시대의 제왕은?

장자의 직접 저작이라고 알려진 〈내편〉 7편 가운데 마지막 편은 〈응제왕應帝王〉입니다. 《장자》는 노자의 《도덕경》과 함께 확실히 정치와 많은 연관이 있습니다. 중국 고전이라는 것이 모두 정치를 떠나서는 설명할 수 없습니다. 정치는 확실히 중국 철학에서 가장 관심을 갖는 분야입니다. 내세의 이야기나 보이지 않는 신비적인 이야기, 존재의 본질에 관한 논쟁, 우주의 근원에 대한 문제는 동양 고전에서 찾아보기가 그리 쉽지 않습니다. 인간, 사회, 정치, 경제 같은 것이 중국 고대 고전의 주요 관심사입니다. 〈응제왕應帝王〉은 이 시대 제왕帝王으로서 마땅히[應] 해야 할 것에 대한 이야기입니다. 어떤 사람이 대통령감이냐는 질문에 대한 답이라고 할 수 있습니다. 결론은 간단합니다. 무위無爲의 정치를 하는 사람이 마땅히 제왕이 되어야 한다는 것입니다. 간섭하고, 지도하고, 인도하는 타율의 정치가 아니라 스스로 답을 찾고 결정하는 자율의 정치가 바로 노장의 정치 철학입니다. 물론 인간이란 존재가 타율 없이 자율적으로 존립할 수 있다는 것에는 회의가 듭니다. 그러나 장자가 살던 시대에 군주는 백성들을 자신의 소유물로 생각하여 전쟁에 동원하고, 부역에 혹사시키고, 세금을 짜냈습니다. 이런 엘리트 귀족 중심의 세상에서 개인의 삶과 자유를 존중해주는 지도자를 장자는 간절하게 원했던 것 같습니다. 예의와 법률, 제도와 과학이 엘리트 권력의 손에 의해 지배당하면 그들의 목적에 따라 왜곡되어 쓰이게 됩니다. 그런 현실을 장자는 너무나 잘 알고 있었던 것 같습니다. 지도자의 너그러움, 관대함, 용서, 구제, 사랑 같은 것은 어쩌면 그들의 허위를 가장하는 윤리일 수 있다고 생각한 것입니다. 위대한 지도자의 모습에 대한 질문에 장자는 이렇게 대답합니다.

> 명철한 왕은 자신의 공이 천하를 뒤덮을 만해도 자신이 했다고 자랑하지 않으며
> 교화가 모든 만물에게 미쳐도 사람들이 군왕이 했다고 여기지 않으며
> 어떤 좋은 일을 해도 그 누구도 그의 이름을 칭송하지 않으며
> 모든 사람들이 자신의 삶을 기뻐하게 만들고
> 누구도 헤아릴 수 없는 생각으로 어떤 것도 소유하려 하지 않는 경지에 노니는 사람이다.

노자의 《도덕경》의 많은 구절과 일치하는 글입니다. 백성들이 자신들의 군주가 누구인지 모르는 세상이 가장 명철한 왕이 다스리는 세상이라는 것입니다. 군주는 백성들에게 자신의 존재를 각인시키고, 훌륭하다고 칭송하게 만들고, 존경하여 따르게 하는 사람이 되어서는 안 된다는 것입니다. 노자가 말하는 지도자의 네 가지 단계 중 최상의 단계는 백성들이 지도자가 있다는 정도의 존재감만 느끼게 하는 단계입니다.

가장 위대한 지도자는 백성들이 존재감 정도만 느끼게 하는 사람입니다.

그 밑은 백성들이 칭송하고 칭찬하는 사람입니다.

그 밑은 백성들이 두려워하는 사람입니다.

최하는 백성들이 미워하는 사람입니다.

어떤 일이 잘되고 잘 풀려도

백성들이 모두 자신들이 잘나서 잘된다는 생각을 갖게 하는 지도자가 최고입니다.

-《도덕경》17장

　이런 관점에서 보면 지지율은 가장 낮지만 경제나 사회가 잘 돌아가는 정치가 가장 위대한 정치라는 것입니다. 선진국일수록 지도자가 누가 되느냐에 관심이 없다고 합니다. 투표율이 그렇게 높지도 않다고 합니다. 왜냐하면 누가 되건 사회가 크게 변화하거나 내 인생이 극적으로 변하지 않기 때문입니다. 좀 과장되게 말하면 나라의 시스템이 잘 갖춰져 있고, 지도자는 이 시스템을 잘 관리만 하면 되기에 누가 돼도 크게 영향을 받지 않는다는 것입니다. 위대한 엄마는 어렸을 때 자식이 위대한 엄마라고 생각하지 않습니다. 뭐든지 자기가 잘나서 잘된다고 생각하죠. 그러나 밥을 하고, 빨래를 하고, 집 안을 청소하는 것이 하찮게 보일지라도 엄마가 없으면 그 빈 공간은 너무나 크게 느껴집니다. 나이를 먹어보면 그때 압니다. 밥해주는 엄마가 얼마나 위대한 엄마였는지를. 〈응제왕應帝王〉에서 열자列子라는 인물이 나옵니다. 호자壺子라는 스승에게서 도를 배웠는데, 도라는 것이 무슨 거창한 것인 줄 알았더니 결국 도는 위대한 것이 아니라 아주 평범한 것에 있다는 진실을 깨닫습니다. 그리고 집으로 돌아와 3년 동안 집에서 나오지 않고, 부인을 위해 밥을 하고 살림을 하였으며, 돼지에게 먹이를 줄 때 사람한테 주는 것처럼 하였답니다. 사람을 만날 때는 친하고 먼 사람의 차별이 없었고, 소박하게 자신의 본래 모습을 되새기며 평생을 살다 갔다고 합니다. 정치를 하고 지도자가 된다는 것은 어떤 위대한 영웅의 모습이 아니라, 백성들의 슬픈 눈물을 닦아주고 아픈 가슴의 상처를 위로해주는 모습일 수 있습니다. 멋진 영웅이 되어 적을 물리치고 전설이 되어 사람들의 기억 속에 남는 것보다, 이름은 기억이 잘 나지 않지만 그때가 참 편안했고 행복했던 기억으로 백성들의 가슴속에 살아 있는 사람이 진정한 리더일 것입니다. 문학과 예술 작품들 중 영웅적 지도자에 대한 찬양을 주제로 한 것들이 많습니다. 왜냐하면 그렇게 해야 예술가와 문학가들이 밥 먹고 살 수 있었기 때문입니다. 그것은 지금도 여전합니다. 이제 영웅의 시대와 이별하고 싶습니다. 전설로 남는 영웅보다는 평범한 사람이 아름다울 수 있는 시대를 만나고 싶습니다. 슈퍼우먼 슈퍼맨이 아닌 영희와 철수가 주인이 되는 세상을 만나고 싶습니다. 《장자》〈내편〉 마지막에 나오는 혼돈渾沌의 이야기로 끝을 맺을까 합니다. 혼돈은 무질서chaos입니다. 그러나 질서order 보다 무질서disorder가 더 자유롭고 행복하고 여유로울 수 있다는 생각을 해봅니다. 잘 만들어진 법률과 사회적 규칙과 윤리가 세상을 질서 있게 하지만 그 질서의 대가는 존재의 자유를 저당 잡히는 것입니다. 인간은 어쩌면 어떤 질서를 가진 정합적整合的 존재가 아닌 부정합적 존재일 수 있다는 생각을 장자를 통해 느껴봅니다. 일정한 방향을 가진 축구공이 아닌 럭비공일 수 있다는 생각 말입니다. 무엇이든 이유가 있어야 하고, 질서가 있어야 하고, 원칙이 있어야 하는 세상도 좋지만 아무런 이유 없는 소요의 세상을 만날 수 있었으면 좋겠습니다. 세상의 모든 존재들이 자신들의 존재 방식으로 살아가며 어떤 그 무엇의 분별과 차별도 없는 세상이 장자가 꿈꾸었던 세상이 아니었을까 상상해봅니다. 혼돈의 이야기를 원문으로 보겠습니다.

> 남쪽 바다를 다스리는 제왕은 숙儵이었고
> 북쪽 바다를 다스리는 제왕은 홀忽이었다.
> 중앙을 다스리는 제왕은 혼돈渾沌이었다.
> 숙과 홀은 수시로 혼돈의 땅에서 만났는데
> 혼돈이 그들을 잘 대접해주었다.
> 숙과 홀은 혼돈의 대접에 보답하기 위해 의논하였다.
> "인간들은 모두 7개의 구멍이 있어서 보고, 듣고, 먹고, 숨을 쉬는데 혼돈은 이것들이 없으니 우리가 혼돈에게 구멍을 뚫어주자!"
> 그리고 날마다 1개의 구멍을 혼돈에게 뚫어주었는데
> 7일이 되던 날 7개의 구멍을 뚫자 혼돈은 죽고 말았다.

인간은 어쩌면 혼돈의 존재였을 수 있습니다. 그런데 사회가 생기고, 윤리가 만들어지고, 법이 제정되면서 그 인간다움을 잃어버리게 되었습니다. 그리고 인간에게서 혼돈의 본능이 사라지게 된 어느 날, 인간은 더 이상 자신의 영혼을 가질 수 없게 되었습니다. 이제 인간은 규정된 틀의 단순한 부속품일 뿐 자율과 자유의 존재가 아닌 것입니다. 4차 산업혁명 인공지능 시대, 더 이상 인간이 인간일 수 있는지 문

제를 제기해봅니다. 당나라 때 미상未詳의 시인인 한산寒山 선생의 시를
읽으며 장자 이야기를 마치겠습니다.

혼돈

혼돈의 몸이었을 때 정말 상쾌했지.

밥도 먹지 않고 소변도 보지 않았지.

누군가 이 혼돈의 몸에 구멍을 뚫어

그래서 이 몸에 아홉 개의 구멍이 만들어졌네.

아침마다 옷을 입고 밥을 먹으며

해마다 세금 낼 걱정에 한숨만 나오네.

천 명의 사람들이 돈 한 푼에 다투는 세상.

머리를 디밀고 목숨 걸고 아귀다툼!!

快哉混沌身 쾌재혼돈신

不飯復不尿 불반부불뇨

遭得誰鑽鑿 조득수찬착

因茲立九竅 인자입구규

朝朝爲衣食 조조위의식

歲歲愁租調 세세수조조

千箇爭一錢 천개쟁일전

聚頭亡命叫 취두망명규

네 번째 대문

《손자병법》과
전략적 사유

네 번째 대문

《손자병법》과
전략적 사유

손자와 오나라 왕 합려의 만남

《삼국지》가 재미있는 이유 중 하나는 영웅들의 만남에 있습니다. 유비
와 장비張飛, 관운장關雲長의 드라마틱한 도원결의, 그리고 제갈공명諸葛
孔明을 만나기 위한 삼고초려 같은 장면은《삼국지》의 재미를 더해주는
중요한 요소입니다. 아무리 능력이 출중한 사람이라도 혼자서 세상을
어찌할 수는 없는 법, 영웅은 호걸을 만나야 비로소 그 빛을 발한다는
관점에서 보면《손자병법》역시 영웅호걸의 만남으로부터 그 이야기
를 풀어나가야 할 것 같습니다.《손자병법》의 저자 손무孫武는 산동성
제齊나라 출신 용병이었으나 오吳나라 왕 합려闔閭와의 만남을 통해 그
의 능력을 마음껏 발휘할 수 있었습니다. 사마천의《사기》〈손자오기
열전孫子吳起列傳〉에 자세한 내용이 실려 있습니다. 그 만남 속으로 함께
들어가보시죠.

오나라 왕 합려는 당당하게 앞에 서 있는 병법 전문가로 알려진 손자에게 이렇게 말하였다.

"이미 그대의 이름은 들어서 알고 있었소. 그리고 당신이 저술했다고 하는 새로운 병법서 열세 권은 모두 감명 깊게 읽어보았소. 그런데 문제는 이론과 실제는 항상 차이가 난다는 것이오. 그대의 병법이 아무리 훌륭하다 한들 그것이 단순히 이론뿐이라면 무슨 의미가 있겠소? 내게 한번 그대의 병법을 이용한 군대 지휘 능력을 보여줄 수 있겠소?"

손자는 자신이 시험당하는 것이 못내 못마땅했지만 자신의 병법 이론으로 보면 더 큰 대의를 위하여 참을 줄도 아는 것이 당연한 자세라고 생각하였다.

"좋습니다. 어떤 병력이든 저한테 주시면 바로 이 자리에서 정예부대로 만들어놓겠습니다."

자신만만한 손자의 대답에 오나라 왕 합려는 주변에 있는 궁녀들을 정예부대로 만들 수 있는지 손자에게 물었다. 그 말 속에는 손자의 능력을 아직 못 믿고 시험하고자 하는 뜻과 손자를 기롱하려는 의도도 숨어 있었다. 평생 왕의 옆에서 시중을 들던 궁녀들을 정예병으로 훈련시키는 것은 아무리 병법에 능한 손자라고 해도 쉬운 일이 아니었다. 손자는 180명의 오나라 왕실 궁녀들을 모아 각각 90명씩 두 편으로 나누었다. 그리고 합려가 가장 총애하는 궁녀 두 명을 뽑아 각 부대의 대장으로 임명하고 모든 궁녀들에게 창을 들게 하고는 명령하였다.

"너희들은 이제 군인이 되었다. 나는 너희들의 생사를 결정하는 권한을 왕에게서 임명받았다. 그러니 이제 나의 명령에 따르도록 하라.

너희들은 가슴, 등, 오른손, 왼손을 모두 알고 있을 것이다. 이제부터 '앞으로!'라는 명령이 내려지면 가슴을 보고, '뒤로!'라는 명령에는 등을, '좌로!'라는 명령에는 왼손을, '우로!'라는 명령에는 오른손을 보도록 하라!"

이런 손자의 명령에 궁녀들은 다소 재미있다는 듯이 "예! 알겠습니다!"라고 대답하였다. 손자는 명령에 복종을 하지 않으면 바로 벌을 주는 병권의 상징인 도끼를 옆에 두고 여러 차례 설명한 후 명령을 내렸다. 북을 치면서 "우로!"라는 구령을 내렸지만 궁녀들은 모두 재미있다는 표정뿐이었다. 주변에 있던 신하들도 모두 불가능한 일이라는 표정이었다. 합려도 그저 보고만 있었다. 손자는 궁녀들에게 "군대의 명령이 불분명하고 전달 체계가 확실하지 않은 것은 장군인 내 책임이 크다"라고 말하면서 다시 여러 차례 반복해 설명한 후 북을 치면서 "좌로!"라는 구령을 내렸다. 하지만 여전히 궁녀들은 그저 재미있다는 듯 웃기만 하였다. 이에 손자는 다시 말하였다.

"군대의 명령이 불분명하고 전달 체계가 확실하지 않은 것은 장군인 내 책임이지만 이미 명령이 명확함에도 불구하고 너희들이 따르지 않는 것은 너희 부대장들의 책임이 크다."

그러고는 준비한 도끼로 각 부대의 부대장을 참수하려고 하였다. 모든 신하들이 당황하였고 합려도 자리에서 벌떡 일어났다. 합려는 자신이 가장 총애하는 궁녀 둘을 죽이려 하는 손자에게 전령을 보내 그 일을 중지하라고 하였다.

"과인은 이제 장군이 정말 용병술에 능하다는 것을 알았소. 그 두 명의 궁녀가 없으면 나는 음식을 먹어도 맛을 모르게 될 것이니 부디 죽이지 마시오!"

그러나 손자는 왕의 말에 상관하지 않고 두 궁녀를 참수해버렸다. 그러고는 그다음 총애하는 궁녀를 부대장으로 삼아 다시 명령을 내렸다. 이번에는 "좌로", "우로", "뒤로", "앞으로", "일어나", "앉아" 모든 명령에 궁녀들이 마치 기계처럼 정확하게 반응하여 아주 잘 훈련된 병사들과 같았다. 손자는 전령을 왕에게 보내어 이렇게 고하였다.

"왕이시여! 이제 부대는 이미 완전히 정비되었습니다. 한번 그곳에서 내려와 시험해보십시오. 만약 왕께서 물이나 불로 뛰어들라고 해도 뛰어들 것입니다."

합려는 얼굴이 하얗게 질려버렸다. 졸지에 자신이 가장 사랑하는 여인 둘이 죽어버렸으니 기분이 좋을 리 없었다.

"됐소. 당신의 용병술을 확인하였으니 이제 숙소로 돌아가서 쉬시오. 과인은 내려가서 그 끔찍한 현장을 보고 싶지 않소이다."

그러자 손자는 이렇게 왕에게 말하였다.

"왕이시여, 당신은 한낱 말로만 저의 병법을 좋아하신다는 것이었군요. 실제로는 제 병법을 써서 천하의 패자가 되고 싶은 생각이 전혀 없으셨던 것입니다."

정말 뼈 있는 말 한마디였다. 그러자 합려는 자신의 짧은 소견을 뉘우치고 손자를 오나라의 사령관으로 삼았다. 이들의 만남을 통해서 일어난 전쟁이 오나라와 초나라의 전쟁이고 그 전쟁에서 손자는 자신의 병법을 유감없이 활용하였다. 그리고 강대국 초나라에게 연전연승하여 끝내는 초나라 수도인 영郢까지 점령하였다. 아울러 오나라 북쪽에 있던 제나라를 제압하고 강대국 진晉나라까지 위협하여 오나라를 천하의 무적이 되게 하였다.

예. 어떻습니까? 마치 영화의 한 장면을 보는 것 같지 않습니까? 바람처럼 나타난 전쟁 전문가 손자와 오나라 왕 합려의 만남, 자신이 사랑하는 궁녀들을 훈련시켜보라고 제안했을 때 손자는 조직의 시스템과 원칙을 가지고 왕이 사랑하는 두 여인의 목을 과감하게 벰으로써 왕 앞에서 자신의 지휘 능력을 보여주었습니다. 두 여인의 죽음을 슬퍼하는 왕에게 세상을 얻으려면 작은 온정에 매여 있으면 안 된다고 충고하는 손자와 그를 믿고 병권을 준 합려의 결단이 결국 오나라를 천하의 패자로 만드는 계기가 되었습니다. 이런 사마천의 역사 서술은 너무 드라마틱하여 이런 일이 정말 있었나 의심이 들 정도입니다. 여기서 분명한 것은 손자의 조직에 관한 철학입니다. 조직에서는 개개인의 능력도 중요하지만 그보다 앞서 형세를 잘 만들면 개인의 능력이 강해질 수밖에 없다는 것입니다.

治亂數也 치란수야
勇怯勢也 용겁세야
强弱形也 강약형야

질서와 혼란은 부대의 편성에 달려 있고
용맹과 비겁함은 부대의 기세에 달려 있고
강함과 나약함은 부대의 진형에 달려 있다.

《손자병법》의 명구입니다. 개인은 조직의 구조에 영향을 받는다는 것입니다. 아무리 똑똑한 직원을 데려다 놓아도 조직의 구조가 엉망이면 바보가 될 것이고, 능력이 없는 직원이라도 탄탄한 구조를 가진 조직에서는 실력과 능력을 발휘할 것이란 의미입니다. 그러니 부하에게 능력이 없다고 윽박지를 것이 아니라 내가 만든 조직의 구조에 문제가 없는지를 먼저 돌아보아야 한다는 것입니다. 조직 편성〔數〕, 조직 문화〔勢〕, 조직 구조〔形〕는 손자가 고민했던 조직의 세 가지 요소입니다. 수〔數〕는 부대를 얼마나 규모에 맞게 편성하는가이고, 세〔勢〕는 조직의 문화로서 싸우려는 의지, 미션의 공유, 사명감 등입니다. 형〔形〕은 공격과 수비, 기다림과 후퇴 등의 상황에서 가장 적합한 조직 구조를 만드는 것입니다. 이런 자유자재의 구조를 만드는 것을 구조조정이라고 합니다. 아무리 창 한번 안 들어보고, 훈련 한번 받아본 적이 없는 궁녀라도 명령이 준엄하고, 상벌이 차별 없이 시행되고, 편성이 완벽하고, 지휘 체계가 잘 서 있으면 숙련된 병사로 변할 수 있다는 것을 손자는 보여주었습니다. 합려 왕이 훈련을 제안한 그룹은 궁중의 궁녀들이었습니다. 오로지 왕 옆에서 술이나 따르고 춤이나 추던 집단을 어떻게 고도로 훈련된 병력으로 바꿀 것인가? 이것이 합려가 손자에게 요구한 지휘 능력이었습니다. 손자는 180명의 궁녀를 90명씩 두 부대로 나누고, 두 여인을 선발하여 각 부대의 지휘를 맡깁니다. 그리고 명령을 내려 시행되지 않았을 때 책임을 엄중히 묻고, 군율에 따라 참수합니다. 아무리 인사권자가 만류해도 현장 책임자로서 흔들리지 않고 법을 원칙대로 집행합니다. 이순신 장군이 명량해전에서 탈영한 병사를 군율에 따라 참수했듯이 원칙이 흔들리지 않는 지휘관은 조직의 형세를 만들어낼 줄 압니다. 이런 일련의 과정은 조직 관리의 핵심이 결코 부대원에게 있지 않고, 조직의 형세에 있다는 것을 잘 보여주는 것입니다. 사마천은 확실히 《손자병법》을 다 읽어보고 손자의 전기를 쓴 것 같습니다.

백전백승은 없다!

역사적 인물 손자는 감과 신념보다는 전략과 전술을 중시하고, 객관적 전력 비교를 통한 전쟁의 내용에 대해 열세 권 분량의 병법서를 저술한 군사 전문가였습니다. 그래서 제후들이 앞다투어 그를 초빙하려 했습니다. 대규모 군대를 자유자재로 운용하려면 장군이 직접 모든 군사들을 지휘하는 중앙 통제 방식의 병력 운용 시스템에서 벗어나 작은 단위의 조직 편제로 세분화시켜 운영해야 한다는 분수分數 전략이나, 대규모 병력을 이끌고 전투를 할 때는 들판에서 길게 늘어서 싸우는 편전偏戰보다는 유연한 대형을 자유자재로 구사하는 진법陳法과 부대 간의 통일된 신호 전달 체계가 무엇보다 중요하다는 형명形名 이론은 전투의 새로운 전술적 측면이었습니다. 특히 전쟁은 원칙[正]뿐만 아니라 상황에 따른 다양한 변칙[奇]이 중요하며, 적의 허점과 나의 강점을 파악하여 나의 강점[實]으로 적의 허점[虛]을 공격해야 한다는 '이실격허以實擊虛'의 허실虛實 전략 이론은 손자 전쟁 철학의 백미입니다.

　손자는 또한 전쟁의 목표를 단순히 적과의 싸움에서 승리하는 것에 두지 않았습니다. 아군의 상처와 피해를 동반한 승리는 패배한 것만 못할 수 있다고 생각하였습니다. 그는 아군에게 얼마만큼 이익이 되는가 하는 이해利害의 입장에서 전쟁을 바라보아야 한다고 생각하였습니다. 상처뿐인 승리는 그에게 의미가 없는 승리였습니다. 손자의 이런 전쟁 철학은 이전까지는 볼 수 없었던 실리와 효율을 중시하는 새로운 전쟁 철학이었고, 승리를 통해 자신의 명분을 확립하려는 이전의 전쟁 목적과는 전혀 다른 논리였습니다.

손자는 '백 번 싸워 백 번 이기는 것'을 최고의 전쟁 목표로 생각하지 않았습니다. '백 번 싸워 백 번 손해 보지 않는 것'이 그의 최상의 가치였습니다. 실제로 그의 병법서 어디에도 '나를 알고 적을 알면 백 번 싸워 백 번 이긴다知彼知己 百戰百勝'는 말이 없습니다. '적의 객관적 전력을 완전히 파악하고 나의 전력을 완전히 파악하여 내가 적보다 우수할 때 전쟁을 하면 백 번 싸워도 백 번 위태롭지 않고 손해 보지 않는다知彼知己 百戰不殆'는 이야기만 있을 뿐입니다. 요즘으로 말하면 증권투자를 해서 아흔아홉 번 대박 이익을 보았다 하더라도 한 번의 쪽박으로 다 잃는다면 그것은 유능한 주식 투자라고 할 수 없는 것입니다. 망해도 어느 이상은 안 망한다는 상한선을 분명히 긋고 있어야 한다는 것입니다. 위기관리risk management의 전형을 보여주는 손자의 철학입니다.

원래 손자는 지금의 산동성 동부 지역에 자리 잡고 있던 제나라 사람이었습니다. 제나라는 원래 우리에게 잘 알려져 있는 강태공姜太公에게 분봉된 땅이었습니다. 제나라는 손자에게 태어난 고향이자 그가 성장한 곳이었습니다. 주나라 무왕武王이 은殷나라 폭군 주왕紂王을 토벌하고 쿠데타에 성공하면서 일급 참모이자 장군이었던 강태공에게 그 땅을 하사였습니다. 강태공은 주나라 무왕에게 그 땅을 받은 후 최선을 다하여 통치하였습니다. 물론 그 통치 이념은 주나라 황실의 예의 문화였습니다. 그러나 주나라 황실에서 가장 동쪽으로 떨어져 바다와 접하고 있는 제나라는 단순히 명분을 중요시하는 예의 문화만을 좇아서 통치할 수 없었습니다. 강태공은 토착 세력의 관습을 존중하면서 매우 탄력적인 실용주의 노선을 걸었습니다. 특히 주나라 쿠데타의 주역인 주공周公에게 주어진 노나라와 비교하면 제나라는 예의 문화와는 너무 거리가 멀었습니다. 공자의 고향이기도 한 노나라에서는 주나라 황실의 법제와 예의를 그대로 시행하였습니다. 그러니 노나라 출신 지식인인 공자의 눈으로 본 입장에서는 제나라가 한 번은 변해야 노나라 정도가 되고, 노나라가 한 번은 변해야 주나라의 정통성과 같아진다고 생각하게 된 것입니다. 노나라는 제나라에 비하면 주나라의 예의 문화를 지켜나가는 춘추시대의 마지막 보루였습니다. 그런 민족적인 감정이 공자가 예의 문화의 전도사로 자처하는 소명 의식 아래 깔려 있는 것입니다. 반면 제나라는 명분 중심의 예의 문화뿐만 아니라 실리와 경제를 중요시하는 실용주의 노선을 걸었습니다. 제나라의 총리이자 당시 제나라 제후를 천하의 패자로 올려놓은 개혁 정치가 관중管仲은 "창고에 먹을 곡식이 있어야 예의도 알게 되고, 등이 따습고 배가 불러야 부끄러움도 알게 된다"는 실용주의 노선을 견지하는 개혁 정치가였습니다. 그런 실용주의 정치가인 관중을 공자 같은 주나라 예의 문화 전도사가 좋아할 리 없었지만, 관중이 실용주의 노선을 통해 각 제후들을 규합하고 무너져가고 있는 중원 문화를 그나마 지켜나가는 모습에 대해 긍정적인 평가를 하기도 하였습니다. 공자는 관중에 대한 평가에서 비록 사치스럽다는 비판을 하고 있지만 그의 제자 자공子貢이 관중을 비판하며 관중의 인간 됨됨이를 물었을 때 이렇게 대답하였습니다.

"관중이 있어서 그나마 제나라 환공桓公을 도와 천하를 바로잡은 것이 아니냐? 지금 우리 중원의 사람들은 그 사람의 덕을 많이 본 것이야. 만약 그런 관중이 없었다면 우린 저 오랑캐들에게 다 먹혀서 지금쯤 너나 나나 머리를 삭발을 하고 완전히 오랑캐가 되어 있을 것이야!"

공자도 제나라 정치가 관중의 실용주의 노선에 대해서 긍정적인 평가를 하고 있습니다. 왜냐하면 그 실용주의 노선이 명분을 지키기 위한 최소한의 힘이기 때문입니다. 관중의 실용주의 노선이 없었다면 제나라가 강력한 국가가 못 되었을 것이고, 그러면 그나마 쓰러져가는 중원의 예의 문화를 누가 지켜줄 것인가? 공자는 비록 관중이 자신의 이상과 부합되는 인물은 아니었지만 중원의 흩어지는 결속력을 관중이 결속시켰다고 본 것입니다. 공자는 단순히 꽉 막힌 명분론자가 아니었습니다. 비록 그의 이상은 500년 전 주나라 건국 초기의 예의 문화로 돌아가는 일이었지만 그것이 실현되기 위해서는 강력한 힘이 필요하다는 사실을 인식하고 있었던 것입니다. 세상을 폼 나고 명분 있게 살아가려면 이상과 정신만 가지고는 안 되며, 힘이 있어야 하고 물질적 토대가 마련되어 있어야 합니다. 가난하면 지혜가 짧아지고 소견이 어두워진다는 속담이 있습니다. 이런 제나라의 실용주의적 분위기는 제나라에서 태어나고 성장한 손자에게 많은 영향을 미쳤습니다. 손자의 전쟁 철학은 기본 노선이 실용주의 철학에 기초합니다. 명분보다는 실리, 상처뿐인 승리보다는 상처 없는 이익, 원칙[正兵]보다는 변칙[奇兵]을 더욱 중요시 여깁니다. 이런 실용주의 전쟁 철학의 근저에는 '명분은 강할 때 지킬 수 있다'는 대의가 숨겨져 있습니다. 이 점이 바로 오늘날 우리가 손자에게 기대하는 바이기도 합니다. 《손자병법》이 단순히 적을 이기기 위한 사기와 속임수의 기술이라면 그런 일에 익숙해져 있는 오늘날 우리가 무엇 때문에 《손자병법》에서 지혜를 빌려야 하는지 의문입니다. 우리 대한민국은 강해져야 합니다. 국가도, 기업도, 개인도 모두 강해져야 합니다. 왜 강해져야 하는가? 대답은 간단합니다. 명분 있게 살기 위해서입니다. 폼 나게 살기 위해서입니다. 주변 강대국들의 눈치 안 보고, 그들을 제어할 힘과 전략을 가지고, 우리의 모습을 사랑하며 사는 세상을 만들기 위해서입니다. 금융권과 채권자의 눈치 안 보고 직원과 함께 아름다운 꿈을 꿀 수 있는 직장을 만들려면, 어느 누구도 간섭할 수 없는 강한 기업이 되어야 합니다. 그래야 그 꿈을 실현할 수 있는 직장이 됩니다. 남에게 손 벌리지 않고 비굴하지 않게 살려면 강해져야 합니다. 그래야 내 삶의 자존감이 높아지고 흥이 날 수 있습니다. 정말 눈만 뜨면 전쟁 같은 현실이 시작됩니다. 지하철을 탈 때도, 식당에서 밥을 먹을 때도 모두가 전쟁입니다. 인간의 전쟁은 태어나면서부터 시작됩니다. 친구들과의 경쟁에서 이겨야 하고 동료들과의 경쟁에서 살아남아야 합니다. 이런 치열한 경쟁 속에서 내 자존감은 무너지고 인생의 흥은 점점 없어집니다.

우리는 경쟁을 하지만 그 이유와 해법을 정확히 알고 해야 합니다. 2,500년 전 손자라고 불리던 전쟁철학자는 그 해답을 제시합니다. 상대방을 완전히 쓰러트리려고 하는 전쟁이 아닙니다. 상대방을 부수지 않고 이기는 것이 가장 최고의 승리〔全國上之〕라고 합니다. 백 번 싸워 백 번 이기는 전쟁이 가장 훌륭한 전쟁이 아니라 적과 싸우지 않고 굴복시키는 것이 최고의 전쟁이라고 합니다. 강한 명분은 강한 힘에서 나오며, 의미 있는 삶은 나를 의미 있게 만들 때 가능한 것입니다. 자존감과 흥의 인생을 만들려면 그만한 힘과 능력을 가지고 있어야 합니다. 이것이 우리가 《손자병법》의 철학을 이 시대에 빌리려 하는 까닭입니다.

싸우지 않고 이기는 법, 전략으로 승부하라!

《손자병법》은 서양인들이 가장 많이 읽고 인용한 동양 서적 중 하나입니다. 비록 2,500여 년 전 어느 병법 전문가에 의해서 편집된 책이지만 시간과 공간을 뛰어넘어 전쟁 교과서로 단연 최고의 인기를 누려왔습니다. 《손자병법》은 병법서로서의 지위를 누렸을 뿐만 아니라 외교학, 정치학, 스포츠학, 의학, 심리학, 경영학 등의 분야에서 많은 영감을 제공해왔습니다. 포르투갈의 스콜라리Felipão Luiz Felipe Scolari 축구 감독은 《손자병법》의 전략과 전술을 축구에 적용하여 승리를 얻어내는 감독으로 유명합니다. 《손자병법》은 특히 이 시대의 가장 뛰어난 경영학 교과서 중 하나로 많은 경영학자들에 의해 연구돼왔습니다. 제2차 세계대전이 끝난 후 미국의 장성과 고급 장교들이 동양의 병법서인 《손자병법》을 연구했습니다. 그리고 그것을 미국의 경영학자들이 이어받아 '경영학과 《손자병법》'을 연구하기 시작했습니다. 1950~1960년대에 경영학에서 주창되었던 전략strategy이란 개념이 《손자병법》에서 나왔습니다. 게리 하멜Gary Hamel과 마이클 포터Michael Eugene Porter가 '전략적 관점'을 가지고 연구해서 세계적인 경영학 이론가로 명성을 날렸고, 노벨상 분야에서도 이런 전략적 관점이 '게임이론'으로 발전하여 12명이 노벨상을 받았습니다. 게임이론에서는 전략이 매우 중요합니다. 1970~1980년대에는 일본에서 '《손자병법》과 경영'이라는 키워드가 유행했었는데 최근에는 중국에서 붐이 일어나고 있습니다. 이렇게 《손자병법》은 세계적인 동양 고전이 되어가고 있습니다. 한국에서도 무과 급제를 위해 반드시 읽어야 할 고전인 무경칠서武經七書 중 《손자병법》이 단연 중심에 있었습니다. 심지어 문인들에게도 《손자병법》은 누구나 한번쯤 읽어봐야 하는 필수 서적이었습니다.

6,600여 글자, 13개 장章으로 이루어진 《손자병법》에서 가장 중요하게 여기는 것이 무엇이냐고 묻는다면 저는 '전략strategy'이라는 용어를 제시하고 싶습니다. 전략은 《손자병법》의 핵심 철학이며 게임에서 이기는 가장 중요한 기반입니다. 그래서 《손자병법》에서는 직선적이고, 감정적이고, 근시안적인 사고에서 벗어나 우회적이고, 이성적이고, 원시안적인 사고로 전략적 전환을 할 것을 강조하고 있습니다. 전쟁을 하기 전에 미리 승산을 분석하여 상대방과 나의 전력의 우열을 따지고 이길 수 있는 상황을 만들어 전쟁을 해야 한다고 말하고 있습니다. '승산勝算'이라는 단어는 참 익숙한 단어입니다. 승산은 정확히 해석하면 '승리(勝)를 위한 계산(算)'을 해보는 것입니다. 병력과 물자도 부족하고 전략과 전술도 부재하다면 승산이 없는 것입니다.

승리의 계산에서 가장 중요한 것이 바로 전략입니다. 승리하는 군대와 패배하는 군대의 차이는 결국 전략을 가지고 싸우느냐, 아니면 아무런 전략 없이 싸우느냐에 있다고 할 수 있습니다. 어떤 분이 이순신 장군이 스물세 번 싸워서 스물세 번 모두 승리할 수 있었던 것은 질 싸움은 안 했기 때문이라고 말씀하시는 것을 들었습니다. 정확한 해석입니다. 승리하는 장군은 승산을 분석하여 이길 수 없는 싸움이라면 하지 않습니다. 그렇다고 도망가거나 포기하는 것이 아니라 승리할 수 있는 상황을 만들어놓고 싸웁니다. 《손자병법》에서는 이기는 군대 승병勝兵과 지는 군대 패병敗兵의 차이를 명확하게 정의하고 있습니다. '이기는 군대는 싸우기 전에 먼저 이길 수밖에 없는 승산을 만들어놓고 싸우러 들어가는 군대다.' 예, 싸우기 전에 이미 승리를 만들어놓고 전쟁은 확인하러 들어가는 행위라는 것입니다. 이것을 '선승구전先勝求戰'이라고 합니다. 먼저[先] 승리의 상황을 갖추고[勝] 전쟁[戰]을 결정하는[求] 군대이기에 이길 수밖에 없는 것입니다. 지는 군대는 일단 싸워놓고 그때부터 승리의 답을 찾기 시작하는 군대라고 합니다. '선전구승先戰求勝.' 아무런 대책 없이 먼저[先] 붙어놓고[戰] 그때부터 승리[勝]의 답을 찾기[求] 시작한다는 뜻입니다. 비록 한 글자가 앞에 있는가 뒤에 있는가의 작은 차이지만 그 결과는 너무나 차이가 큽니다. 게임을 잘하는 사람의 특징 중 하나는 승산이 없으면 과감하게 그 게임을 포기하는 것입니다. 감정이나 이기겠다는 주관적 판단, 신념 같은 것에 의존하여 함부로 전쟁을 결정한다면 패배의 결과가 자명하다는 것입니다.

전략의 사전적 의미를 여기서 설명하고 싶지는 않습니다. 서양에서는 주로 18세기 이후 전쟁의 승리를 위해 모든 가용한 자원을 이용해

장기적인 계획을 세우는 것으로부터 출발하지만, 동양에서는 이미 오래전부터 이런 개념이 있어왔습니다. 장기적인 안목으로 승부를 관찰하고, 시기와 장소를 선택하며, 가용한 자원을 총동원하여 할당하고 배분하는 일체의 전쟁 행위가 《손자병법》에 자세히 나와 있습니다. 예를 들어 아파트를 분양받는다고 가정해봅시다. 일단 어느 시기에 어떤 곳에서 아파트를 분양받아야 할지를 고민하고, 주변의 시세와 여건을 고려하며, 자금 계획을 정확히 세우고, 최악의 경우 어떤 대안이 있는지를 고민하여 합리적인 계획을 세우는 것이 전략적인 아파트 분양이라고 할 수 있을 것입니다. 반면 요즘 아파트 가격이 올라간다는 간단한 정보만 믿고, 남들이 줄 서는 곳에 가서 아무런 자금 준비도 없이 무작정 아파트를 분양받아서 최악의 경우 파산에 이른다면 이것은 전략적 행위라고 할 수 없을 것입니다. 전략은 상황 판단, 분석, 준비, 위기관리, 대안 마련, 성공 후 처리, 돌발 변수 대비 등 모든 분야에 걸쳐 고려되어야 합니다.

제가 농촌진흥청 간부들 강의를 나갔을 때 어느 분이 농업에도 전략이 도입되고 있다고 말씀하시더군요. 예를 들어 배추 농사를 잘 짓는 것도 중요하지만, 재배한 배추를 언제 출하하느냐에 따라 그 값이 달라진다고 합니다. 배추 농사를 잘 짓고도 갈아엎는 까닭이 바로 출하 시기의 전략을 맞추지 못했기 때문이라는 것입니다. 시장 상황을 정확히 파악하지 못하고 그저 열심히 하면 된다는 생각으로 배추를 길러서 악화된 시장 상황에서 터무니없는 가격을 받는다면 마음이 아플 것입니다. 내가 올해 왜 배추 농사를 지어야 하는가? 언제 수확할 것이며 어디에다 팔 것인가? 농사 방법은 어떤 방법을 선택할 것인가? 최악의 경우 배추를 어떻게 처리할 것인가? 등의 문제를 고민했다면 그 농부는 이미 전략적인 농업을 하는 분이라고 할 수 있을 것입니다. "하늘이 도와주겠지. 설마 어떻게 되기야 하겠어? 열심히만 하면 좋은 일이 있을 거야!" 이런 생각이 참 아름다운 생각이기는 하지만 전략적이지는 않습니다. 《삼국지》에 등장하는 제갈공명은 전략의 대가로 알려져 있습니다. 제갈공명은 적벽대전에서 2만 5,000명의 병력으로 70만 병력의 조조 군사와 싸워 이겼습니다. 무기도 열세였고, 병력도 적고, 후방 지원도 없었습니다. 적벽대전에서 이길 수 있었던 가장 큰 이유는 전략이었습니다. 바로 타이밍, 동남풍이라는 공격 시점을 찾아낸 것입니다. 바람의 방향이 동남풍으로 바뀌는 그 타이밍에 화공계火攻計, 연환계連環計, 반간계反間計, 미인계美人計를 동시에 엮어 전세를 역전시킬 수 있었습니다. 이순신 장군의 명량해전 역시 뛰어난 전략의 승리입니다. 단 열세 척의 배를 가지고 적의 배 300여 척과 싸워 이긴 가장 큰 이유는 울돌목이란 공간을 선점한 것이었습니다. 그곳에서 왜군을 기다려 싸웠기에 열세를 극복하고 대승을 거둘 수 있었습니다. 사회에서 성공한 분들을 보면 흔히 운이 좋았다는 말을 많이 합니다. 마침 그때, 그곳을 만났기에 성공할 수 있었다는 것입니다. 그런데 그것은 운이 아니라, 장기적인 안목으로 상황을 정확히 분석하고 그때time, 그곳space에서 기다렸기에 성공할 수 있었던 것입니다. 저는 《손자병법》을 읽으면서 손자가 말하는 전략에서 가장 중요한 요소가 무엇일까 고민해보았습니다. 가장 보편적이고 일반적인 요소로 전략을 정의할 수는 없을까? 저는 그래서 다음과 같은 세 가지 전략의 큰 축을 제시하고자 합니다.

언제 나갈 것인가? timing

어디로 갈 것인가? space direction

어떤 속도로 갈 것인가? speed

Timing : 출기불의出其不意, 상대방이 예상치 못한 시간에 나가라!

Space : 공기무비攻其無備, 상대방이 준비가 안 된 빈 곳으로 들어가라!

Speed : 병자귀속兵者貴速, 싸움에서는 속도가 가장 중요하다!

　단순하기는 하지만 전쟁을 하든, 사업을 하든, 인생을 살든 늘 고민
해야 할 항목입니다. 아파트를 하나 살 때도 언제 아파트를 살 것인
가? 어디에 있는 아파트를 살 것인가? 계약금과 중도금은 어떤 속도
로 준비할 것인가? 이런 고민을 하고 아파트를 산다면 그것은 전략적
인 아파트 구입이라고 할 수 있을 것입니다.

전략의 삼각축, Golden Triangle

손자의 전략적 사유를 '전략의 삼각축'이라고 정의하고 이것에 TSS라
는 이름을 붙여봤습니다. 첫 번째 축은 타이밍timing입니다.《손자병법》
에서는 항상 '언제'를 봅니다. 언제 나아갈 것인가? 가장 좋은 '언제'
는 상대가 의도하지 않았을 때 나아가는 것입니다(出其不意). 그것이
최고의 타이밍입니다. 요즘 골든 타임이라는 말이 유행하고 있습니다.
시간도 똑같은 시간이 아니라 어떤 한 시간은 다른 열 시간보다 더욱

중요하고 값어치 있는 시간이 있다는 것입니다. 응급 환자를 살릴 수 있는 골든 타임, 구조조정을 쉽게 할 수 있는 골든 타임, 적기에 내가 원하는 물건을 살 수 있는 골든 타임을 읽어내는 것은 전략의 중요한 과정입니다. 이것이 손자가 이야기하는 첫 번째 전략의 축입니다. 고등학교 농업 시험에 이런 문제가 나왔다고 합니다. 다음 중 배를 따는 데 가장 적합한 시기는 언제인가? 공부를 잘하는 학생들은 교과서에 나오는 대로 썼습니다. '배꽃이 핀 후 104일을 전후해서 딴다.' 그런데 공부를 못하는 학생이 이상한 답을 써냈다고 합니다. '주인이 안 볼 때 딴다.' 그 이상한 답을 쓴 학생이 지금은 사업에 성공했다고 합니다. 교과서에 나온 대로 하는 것이 반드시 맞는 답은 아닙니다. 매뉴얼대로 하는 것은 답 중 하나입니다. 세상은 살아 있는 유기체이기 때문에 답이 너무나 많고 다양합니다. 그 상황에 가장 적합한 답을 찾는 것이 가장 전략적입니다. 전략에는 정답도 원칙도 없습니다. 오로지 상황만 있습니다. 그래서 병법을 아무리 줄줄 외운다고 해도 실전에서 승리를 장담할 수는 없는 것입니다. 오마하의 현인이라고 불리는 투자의 귀재 워런 버핏Warren Edward Buffett은 타이밍에 늘 주목한다고 합니다. 남들이 가는 시간에 가지 않고 자신만의 시간을 만들어 투자하기에 그 투자의 결과가 늘 빛난다고 합니다. 사자가 먹잇감을 사냥할 때도 늘 골든 타임을 읽습니다. 조금만 시점을 잘못 읽어도 그 사냥은 실패하고 맙니다. 성공한 사람들에게 성공의 이유를 물어보면 늘 운 좋게 그때 그것을 하게 되었다는 대답을 하지만, 그것은 상황을 읽어내는 뛰어난 전략적 사고가 있었기에 가능한 것이었습니다.

두 번째로 고민해야 할 전략적 요소는 공간space입니다. '언제'가 결정되었으면 그다음에는 '어디로' 들어갈 것인가가 중요합니다. 골든 스페이스라는 말을 사용해도 될 것 같습니다. 골든 타임이 정해졌다면 이제는 방향direction을 결정해야 합니다. 물건을 잘 만드는 것도 중요하지만 어디에 가서 팔 것인가도 중요합니다.《손자병법》의 원문은 이렇습니다. '상대가 준비하지 못한 빈 곳을 찾아 들어가 공격하라(攻其無備).' 너무나 당연한 이야기이지만 참 중요한 전략적 사유입니다. 배추 농사를 잘 지어서 어디에 팔아야 하겠습니까? 여러 공간들이 있을 것입니다. 재래시장, 경매 시장, 김치 공장 등등. 그런데 그런 곳은 이미 다른 농부들도 팔려고 하는 곳입니다. 그래서 경쟁이 치열할 수밖에 없습니다. 그런데 새로운 장소에서 팔 생각을 한 사람이 있었습니다. 부유한 사람들이 살고 있는 강남의 아파트 단지에서 과일과 채소를 팔겠다는 생각을 한 것입니다. 문제는 비싼 임대료였습니다. 많은 사람들이 임대료를 낼 수 없다고 생각하였습니다. 그러나 임대료는 비싸지만 물건만 좋으면 값을 후하게 쳐주는 고객들이 존재할 것이라는 생각을 했습니다. 중년층 부유한 주부를 타깃으로 해서 과감하게 승부수를 던진 것입니다. 그 전략이 통해서 이제 그 야채 가게는 많은 곳에 점포를 가지고 있습니다. 가게 이름을 뭐로 지을까 고민하다가 타깃인 40~50대 주부들이 가장 좋아하는 단어인 '총각'으로 정했다고 합니다. 그곳에 오는 모든 손님들을 부르는 호칭이 누님입니다. 80대 할머니가 와도 누님입니다. "누님, 오늘 좋은 것이 들어왔는데요!"라고 하면 묻지도 따지지도 않고 산다고 합니다. 이런 전략으로 회사와 브랜드 가치를 키운 것입니다.

《마이클 포터의 경쟁전략Competitive Strategy》이라는 책에서는, 시장에서는 항상 먼저 진입한 사람이 새로운 전략을 가지고 우위에 선다고 합니다. 그다음 들어온 사람은 아류라고 부릅니다. 개척자와 아류의 차이는 엄청납니다. 선점은 예상치 못한 시기와 준비가 안 된 곳을 찾아내는 것입니다. 인터넷 상거래업체 알리바바를 세운 중국의 마윈馬雲은 제가 중국에서 유학할 때 인터넷 상거래 공간에 진입하였습니다. 저는 중국에서는 절대로 인터넷 상거래가 대중화되지 않을 것이며 심지어 근세기 이내에 절대로 발전하지 못할 것이라고 생각하였습니다. 당시 중국이 너무 열악한 환경에 놓여 있었기 때문입니다. 그러나 미래를 볼 수 있는 안목을 가진 사람은 남들이 생각지 못한 시간에 상상하지 못하는 공간으로 들어갑니다. 저와 같은 시대 같은 공간에 있었지만 마윈은 탁월한 전략을 가지고 세계적인 인물이 되었습니다. 저는 그저 고전을 공부하고 가르치는 훈장이 되었지요. 그래도 후회는 하지 않습니다. 제가 가지고 있는 꿈이 애초부터 그와 달랐기 때문입니다. 공간 싸움은 어디든 치열합니다. 프로 바둑 기사들을 대상으로《손자병법》 특강을 한 적이 있었습니다. 강의가 끝나자 기사들이《손자병법》과 바둑의 승부가 일치하는 점이 참 많다고 하였습니다. 상대방이 예상치 못한 시간에 준비하지 못한 곳으로 들어가 선점하는 순간, 승부가 결정된다는 것입니다. 실제로 바둑의 고전이라고 할 수 있는 송宋나라 때《기경棋經》은《손자병법》 열세 편의 편제를 그대로 따라 만든 책입니다. 판세를 읽어내고, 상대방의 의도를 파악하고, 시점과 공간을 찾아내는 것은 전쟁이나 바둑이나 다르지 않습니다. 만약《손자병법》이 단지 전쟁에서만 쓸 수 있는 내용이었다면 고전이 될 수 없었을 것입니다. 세상의 모든 것을 게임이라고 보면《손자병법》은 바둑, 스포츠, 경영학,

심리학 등 다양한 분야에서 적용될 수 있습니다. 게임이론에는 《손자병법》이 잘 들어맞습니다. 예상치 못한 시간에 준비가 안 된 곳을 찾아 들어가라. 공간과 시간을 축으로 하는 이런 전략은 전쟁터에 나서는 장군의 철학이기도 하지만 우리가 늘 고민하는 것들이기도 합니다.

　세 번째 전략의 요소는 스피드speed입니다. '전쟁에서는 속도가 가장 중요하다〔兵者貴速〕.' 여기에도 골든 스피드가 있습니다. 그 상황에 가장 적합한 속도를 골든 스피드라고 할 수 있을 것입니다. 속도는 빠른 것만이 좋은 것은 아닙니다. 빠를 수도 있고 느릴 수도 있습니다. 다른 사람들보다 반 박자 빠르게, 반 박자 느리게 할 수 있다면 그것이 최고일 것입니다. 《손자병법》에서는 속도를 네 가지로 구분하여 설명하고 있습니다.

> 기질여풍其疾如風, 빠를 때는 바람처럼 움직여라!
> 기서여림其徐如林, 느릴 때는 숲처럼 움직여라!
> 침략여화侵掠如火, 기습할 때는 불처럼 움직여라!
> 부동여산不動如山, 조용히 있을 때는 태산처럼 고요하라!

　'풍림화산風林火山.' 유명한 《손자병법》의 명구입니다. 사자가 사냥을 할 때 때로는 산처럼 미동도 하지 않고 기다리기도 하고, 때로는 숲처럼 천천히 움직이기도 합니다. 그러다가 바람처럼 다가가서 불처럼 기습하면서 사냥을 합니다. 중요한 것은 상대방이 내 속도를 알아차리지 못해야 한다는 것과, 속도는 상황에 따라 계속 변해야 한다는 것입니다. 차를 몰고 도로를 달릴 때 언덕에서는 저속으로 운전을 하고 평지에서는 고속으로 기어를 바꿔 운전합니다. 도로 사정과 주변 환경을 정확히 인지하고 변속하는 것은 운전의 기본입니다. 이순신 장군이 옥포해전에서 병사들에게 명령한 속도는 숲처럼 움직이는 저속이었습니다. "물령망동勿令妄動하라! 함부로 가벼이 움직이지 마라! 정중여산靜重如山하라! 산처럼 고요하고 신중하게 움직여라!"이 명령은 이순신 장군이 옥포만에 정박해 있던 왜선을 공격하기에 앞서 병사들에게 당부한 것이었습니다. 우리는 흔히 빠른 것만 속도라고 인식합니다. 그러나 때로는 움직이지 않는 것도 속도일 수 있습니다. 인생을 살면서 때로는 바람처럼 빨라야 할 필요도 있지만 때로는 산처럼 미동도 하지 않고 지켜보아야 할 때도 있습니다. 속도를 만들어내고 조정할 수만 있다면 승부에서 우위에 설 수 있을 것입니다.

전략은 어디에서 나오는가?

전략의 3대 축 TSS, 시간timing, 공간space, 속도speed는 승리를 위한 중요한 전략의 요소입니다. 유능한 장군은 늘 이 세 가지 축에서 최적의 답을 찾아냅니다. 그것이 안목입니다. 성공한 리더들이 갖추고 있는 능력입니다. 그런데 이런 전략적 능력은 선천적으로 타고나는 것일까요? 후천적으로 노력해서 얻어지는 것일까요? 서양의 《손자병법》이라 할 수 있는 클라우제비츠Karl von Clausewitz의 《전쟁론Vom Kriege》은 19세기에 쓰인 책입니다. 이 책에서 클라우제비츠는 이것을 '군사적 천재성

military genius'이라고 표현했습니다. 불확실한 전투 환경 속에서 판세를 읽어내고 최적의 전략을 설계하는 천재적인 능력입니다. 현장 감각이라고 표현해야 할까요? 한번 보면 단번에 전략을 찾아내는 능력입니다. 이런 능력들은 거의 동물적 감각에 가깝습니다. 이것이 후천적인 노력으로 가능할까요? 물론 경영자들이 이런 안목을 가지려면 그 분야의 경험도 많아야 하고, 정보나 데이터도 많아야 하며, 현장에 대해 정확히 알아야 한다고 합니다. 그러나 이런 것만으로 전략을 찾아내는 능력이 생긴다고 할 수는 없습니다. 《손자병법》에서는 절박감이 전략의 시작이라고 말합니다. 더 절박한 자가 더 최적의 전략을 찾아낸다는 것입니다. 2만 5,000의 병력을 이끄는 제갈공명은 절박했기에 동남풍이라는 타이밍을 찾아냈고, 70만 대군의 조조는 절박함이 덜했기에 그 바람의 타이밍을 놓쳤습니다. 이순신 장군은 열두 척 배로 싸울 수밖에 없다는 절박감 때문에 명량해전에서 울돌목이라는 공간을 찾아낼 수 있었습니다. 파부침주破釜沈舟라는 말이 있습니다. 전쟁터에 들어가기 전에 내가 밥해 먹을 솥[釜]을 깨트리고[破] 내가 타고 갈 배[舟]를 침몰시켜서[沈], 더 이상 밥해 먹을 솥도 없고 돌아갈 배도 없다는 절박감을 가진다는 것입니다. 이런 절박감이 있어야 다른 사람들이 보지 못하는 공간, 예상치 못하는 시간을 찾으려고 노력하고, 남들이 낼 수 없는 속도를 내려고 노력한다는 것입니다. 문제는 어떤 절박감인가 하는 것입니다. 세상에 절박한 사람은 많습니다. 그러나 그 절박감이 어떤 절박감인가 하는 문제가 매우 중요합니다. 자신의 이익이나 명예를 위한 절박감이라면 그것은 공적인 절박감이라고 부르기에는 부족합니다. 이번 전쟁에 이겨서 더 높은 계급을 달려는 절박감이라면 어디 가서 절박하다고 말해서는 안 됩니다.《손자병법》에서 말하는 절박감은 나가 아닌 우리를 위한 절박감입니다. 리더로서 가지고 있는 보민保民과 보국保國의 철학입니다. 나는 이 전쟁에서 무엇을 위해 싸우고 있는가? 일신의 영욕을 위해 싸우고 있는가? 아니면 내가 지켜야 할 사람들과 조직을 위해 싸우고 있는가? 내가 판단과 결정을 잘못하면 나와 함께 목숨을 걸고 있는 병사들의 운명이 여기서 끝날 것이다! 나를 믿고 의지하는 국민들의 목숨을 살려야 한다! 이런 절박감은 장군이 가져야 할 너무나 중요한 사명감이자 소명 의식입니다.《손자병법》 6,600 글자의 첫 구절은 이런 사명감의 내용으로 시작됩니다.

兵者 병자
國之大事 국지대사
死生之地 사생지지
存亡之道 존망지도
不可不察也 불가불찰야

전쟁은
나라의 큰일로서
사람이 죽고 사는 땅이며
나라의 존망이 결정되는 곳이니
어느 하나라도 제대로 살피지 않아서는 안 될 것이다!

짧은 글이지만 리더로서 어떤 사명감으로 현장에 나가야 하는지를 너무나 명확하게 설명해주는 글입니다. 리더는 내가 결정하고 판단하며 실행하는 일에 함께하는 자들의 생존과 조국의 운명이 걸려 있다는 것을 늘 염두에 두어야 합니다. 사생과 존망의 주체로서 모든 것을 명확하게 관찰하고 살펴서 최적의 승리 전략을 만들어야 합니다. 2008년 미국의 금융 위기를 부른 리먼 브라더스 사태를 보십시오. 왜 156년 역사의 유명한 투자 은행이 쓰러지고 메릴 린치를 포함한 은행들이 문을 닫았겠습니까? 스탠퍼드 대학 금융공학 박사들이 움직였고 아이비리그 출신 박사들이 즐비했는데 말입니다. 그들이 가지고 있는 능력도 중요하지만 실전은 교과서만 가지고 되는 것이 아닙니다. 그보다 더 중요한 절박감, 통찰력, 현장 경험, 이런 것들이 그들에게는 없었습니다. 그들은 특히 내가 무엇 때문에 이곳에 있는 것인지, 내 욕심을 채우려고 있는 것인지 아니면 나를 믿고 돈을 맡긴 고객을 지켜야 한다는 사명감을 가지고 있는 것인지를 고민해봤어야 합니다. 오로지 나의 이익을 위한 월가의 탐욕이 불행한 사태를 일으킨 것입니다. 머리가 좋고 똑똑한 사람들의 탐욕이 재앙을 불렀습니다. 배가 침몰하는데 먼저 도망갈 생각을 하는 선장이나, 조직이 어려운 상황에서 개인의 이익과 자리에 연연하는 사람이라면 리더로서 자격이 없습니다.

월가의 탐욕에는 윤리가 없었습니다. 사명감도 없었습니다. 이상한 파생상품들을 마구 만들어놓고 성과급을 챙기다가 사태가 벌어지자 모두 앞다투어 도망갔습니다. 속된 표현을 쓰자면 '먹튀'입니다. 버락 오바마Barack Hussein Obama는 취임사에서 도대체 미국이라는 나라의 책임감responsibility이 어디로 갔느냐고 열세 번이나 반복해서 말했습니다. 동부 아이비리그 총장들은 모여서 자신들이 학생들을 잘못 가르쳐서 내보냈다고 한탄했답니다. 머리는 가르쳤는데 기본을 가르치지 않았다는 것입니다. 기술은 가르쳤는데 사명감은 가르치지 않았다는 것입니다. 요즘 미국 사회가 이 부분에 대해 반성을 많이 합니다. 기본으로 돌아가자! Back to the basics! 머리 좋고 스펙 자랑하는 사람이 탐욕에 가득 차서 조직의 리더가 되어서는 안 됩니다. 능력이 있으면서도 사명감과 소명 의식으로 무장한 사람이 리더로서 자격이 있습니다.

임무는 너무나 중하고 갈 길은 너무나 멀다, 임중도원任重道遠

승리는 전략에서 나오고, 전략은 절박감에서 나오고, 절박감은 내가 아닌 우리를 위한 절박감이어야 한다는 것이 《손자병법》이 보여주는 승리의 프로세스입니다. 이런 유형에 가장 적합한 리더로는 이순신 장군을 꼽을 수 있습니다. 이순신 장군은 서른두 살에야 무과에 급제한 분입니다. 뛰어난 성적을 낸 것도 아니었습니다. 요즘으로 치면 오십이 넘어서야 가까스로 고시를 패스한 것입니다. 성적도 병과 12등이었습니다. 이런 면에서 보면 이순신 장군은 애초부터 출세와 거리가 멀었습니다. 이순신 장군에게는 다른 장군들과 분명한 차이점이 있었습니다. 내가 이곳에서 무엇을 해야 하는지에 대한 소명 의식이었습니다. 인사권자의 눈치나 보고 승진에 연연하며 출세에 눈이 먼 사람이 아니라, 백성과 나라를 보존하기 위한 사명감으로 전장에 나선 사람이었습니다. 이런 리더로서의 공적인 절박감을 《논어》에서는 이렇게 표현합니다. '임중도원任重道遠, 나에게 맡겨진 임무〔任〕는 너무나 무겁고

[重] 가야 할 길[道]은 너무나 멀다[遠].' 저는 이 말을 참 좋아합니다. 리더가 자신의 임무를 정확히 인식하고 조직을 이끄는 단단한 철학이 느껴지는 구절입니다. 나에게 맡겨진 임무는 너무나 중한데, 갈 길은 너무나 멀고 해야 할 일은 너무나 많습니다. 내가 전쟁에 이겨 별 하나를 더 달고자 함도 아니고, 내가 돈을 벌어 사치하고자 함도 아닙니다. 오직 나를 믿고 의지하는 백성들과 조국의 생존을 위해 일할 뿐이고, 기업을 일구고 돈을 벌어 더 의미 있는 곳에 쓰고자 함입니다. 이런 생각을 가지고 있지 않은 사람은 리더가 되면 안 된다고 생각합니다. 이것은 리더들이 가지고 있는 숙명적인 소명 의식입니다.

언젠가 통영에서 창원 소재 대기업 임원들을 대상으로 《손자병법》과 이순신 장군의 리더십을 비교하는 강의를 한 적이 있었습니다. 이순신 장군이 승리한 이유를 《손자병법》을 통해 일목요연하게 설명하고 추가 특강 요청이 있어, 통영에서 15분 정도 배를 타고 한산도로 갔습니다. 그곳에 제승당制勝堂이라는 이순신 장군의 유적지가 있습니다. 제승당制勝堂은 《손자병법》에 나오는 말인데, 승리[勝]를 만들어내기[制] 위해 작전을 짜는 집[堂]이라는 뜻입니다. 제승당 본청 위 언덕에는 망을 보는 수루가 있습니다. 그곳에 올랐더니 이순신 장군이 밤새 고민하면서 쓴 시가 바다를 배경으로 걸려 있었습니다. 어렸을 때 늘 외웠던 시 구절입니다.

한산섬 달 밝은 밤 수루에 홀로 앉아	閑山島月明夜上戍樓
긴 칼 옆에 차고 깊은 시름 하던 차에	撫大刀深愁時
어디선가 일성호가는 남의 애를 끊나니	何處一聲羌笛更添

평소에는 아무렇지 않게 외웠던 시인데 막상 현장에 가보니 가슴이 뭉클했습니다. 이순신 장군이 이곳에 앉아 밤새 무슨 절박감에 잠을 못 이루고 이런 시를 지었을까 싶었습니다. 그곳에서 기업 임원들과 이야기를 나누었습니다. 이순신 장군이 바다 찬바람이 들어오는 몇 평 안 되는 누각에서 무슨 고민을 했기에 밤새 잠을 이루지 못했을까? 여러분들은 무슨 고민을 하십니까?

불 꺼진 사무실에 홀로 앉아

컴퓨터 앞에 두고 깊은 시름 하던 차에

어디선가 울리는 전화벨 소리는 남의 애를 끊나니

모두 이런 경험이 있으실 것입니다. 제가 왜 이런 말씀을 드리는가 하면, '리더가 된다는 것이 참으로 중요한 일인데, 이순신 장군이 혼자 잘 먹고 잘 살면 된다고 생각했으면 무엇 때문에 밤새 고민했겠습니까?'라는 질문을 던지기 위해서입니다. 이순신 장군은 병사들을 살려야 되고 국민을 지켜야 하기 때문에 고민했습니다. 그래서 그분에게 성웅聖雄이라는 칭호가 주어질 수 있었습니다. 오늘날에는 리더의 능력도 중요하지만 철학과 소명 의식이 더욱 강조되고 있습니다. 오로지 지위에 연연하여 부정과 결탁하고, 내가 이 자리에서 무엇을 해야 하는지에 대한 성찰 없이 군림하고 지시하는 리더의 모습은 참으로 안타깝습니다.

장군이 갖춰야 할 다섯 가지 조건, 지신인용엄智信仁勇嚴

장군은 보민과 보국의 사명감으로 전장에 나서야 합니다. 일종의 소명 의식입니다. 나의 영욕과 안위에만 관심을 두고 자리에 연연하는 사람이라면 애초부터 장군이 될 자격이 없는 사람입니다. 나와 함께 전장에 나온 병사들을 끝까지 책임지고 무사히 고향으로 돌려보내는 것, 나를 믿고 의지하는 국민과 조국의 안위에 모든 초점을 맞춰야 합니다. 이런 책임감과 철학이 있어야 비로소 장군의 자격이 있다고 할 수 있습니다. 《손자병법》에서는 장군을 임명할 때 반드시 다섯 가지의 덕목을 살펴서 결정해야 한다고 하고 있습니다. '지신인용엄智信仁勇嚴.' 지혜, 소신, 사랑, 용기, 엄격함. 이 다섯 가지 덕목은 제가 육군사관학교 생도 교육을 갔을 때 학교 입구에서도 보았습니다. 현장을 정확히 읽어내고 전략을 세워 승리할 수 있는 실력, 상생의 소신을 통한 부하들과의 신뢰 구축, 따뜻한 사랑과 배려로 부하들의 충성심을 고취하는 것, 부하들의 열정을 끌어낼 수 있는 용기, 공과 사를 정확히 구분하고 원칙에 맞게 상벌을 적용하는 엄격함이 장군으로 반드시 갖춰야 할 다섯 가지 덕목입니다. 사실 이 다섯 가지 덕목을 모두 갖춘 장군이 있을까 하는 생각도 해봅니다. 실력과 인격을 고루 갖추고, 소신과 용기가 있고, 엄격한 조직 관리 능력마저 있다면 그 사람은 정말 대단한 리더라고 할 수 있을 것입니다. 《손자병법》에서 말하는 '장군감', 다섯 가지의 체크리스트를 자세히 살펴보도록 하겠습니다.

첫 번째 장군의 덕목은 실력(智)입니다. 여기서 실력은 병법이나 줄줄 외고 이론만 갖춘 실력이 아닙니다. 실력은 현장을 기반으로 합니다. 현장에서 최적의 전략으로 승리로 이끌 수 있는 것이 실력입니다. 특히 현장이 위기에 빠졌을 때 그 위기를 돌파할 수 있는 실력이 진짜 실력입니다. 박사 학위가 있다고 해서 그 분야에 실력이 있다고 할 수 없습니다. 오히려 학위는 없어도 누구보다 현장을 잘 알고 어려운 위기를 돌파할 수 있는 능력이 있다면 그것이 실력입니다. 《손자병법》에서 말하는 현장에는 네 가지가 있습니다. 험한 산에서 어려운 위기를 돌파할 수 있는 현장 장악력(산전山戰), 물에 빠져 조직이 허우적거릴 때 생존의 공간과 속도를 만들어낼 수 있는 능력(수전水戰), 늪에 빠져 아무도 답이 없다고 생각할 때 생존의 답을 찾아내는 능력(택전澤戰), 평평한 육지에서 고립무원의 처지에 빠져 어디에도 도움 청할 때가 없는 상황에서 생존의 답을 찾아내는 능력(육전陸戰). 이런 다양한 현장들에서 최적의 답을 찾아내는 능력이 실력입니다. '산전수전山戰水戰 다 겪었다'는 말이 바로 이 대목에서 나온 것입니다. 정말 능력 있는 리더의 실력은 어려운 현장에서 빛을 발휘합니다. 아무런 문제가 없는 곳에서는 대부분의 능력이 비슷합니다. 그러나 어렵고 힘든 상황이 닥치면 그 리더의 능력이 차별화됩니다. 《논어》에 '날씨가 추워져야 소나무와 잣나무가 늦게 시드는 나무라는 것을 알 수 있다(歲寒然後知松柏之不彫)'는 구절이 있습니다. 날씨가 좋고 비가 충분히 내리는 여름에는 모든 나무들이 푸릅니다. 그런데 추운 겨울이 되어보면 대부분의 나무들은 잎이 떨어지고 없는데 소나무와 잣나무만은 그 푸름을 잃지 않습니다. 그래서 춥고 어려운 환경이 되어봐야 그 진가를 비로소 알 수 있다는 것입니다. 기업도 경기가 좋을 때는 크게 차이가 나지 않습니다. 경기가 어렵고 소비가 위축되었을 때 비로소 옥석이 가려지는 것이지요. 사람도 힘든 상황에서 그 능력과 실력을 비로소 알 수 있습니다. 산전수전 어려운 현장에서 최적의 답을 찾아내는 사람이 진짜 실력 있는 사람입니다. 비록 남들이 가지고 있는 학벌은 없지만 현장에서 가장 현실적인 답을 찾아내는 사람을 무엇이라고 부를까요? 저는 학사 위에 석사, 석사 위에 박사, 박사 위에 도사道士가 있다고 표현하고 싶습니다. 비록 라이선스는 없지만 탁월한 실력을 가진 사람을 도사라고 합니다. 도사는 말 그대로 길(道)을 볼 줄 아는 사람입니다. 모두가 길이 없다고 포기할 때 남들이 보지 못하는 길(道)을 볼 줄 아는 도사가 진짜 실력 있는 장군감입니다.

두 번째 장군의 덕목은 소신(信)입니다. 장군이 어떤 소신을 가지고 있느냐에 따라 장군에 대한 병사들의 믿음이 달라집니다. 자기만 살려고 하고 자리에만 연연하는 소신을 가진 장군에게 신뢰를 줄 병사는 아무도 없습니다. 우리가 알고 있는 '지피지기知彼知己 백전백승百戰百勝'이라는 말은《손자병법》어디에도 없습니다. 백 번 싸워 백 번 모두 이기겠다는 소신을 가지고 있는 장군이라면 그 목표를 위해 해서는 안 될 행동도 할 것입니다. 내가 이기기 위해 부하들을 희생시키고 나를 도와준 사람에게 피해를 준다면 그것이 과연 진정한 승리일까요? 그리고 비록 승리를 거둔다고 해도 과연 그 승리가 오래갈 수 있을까요? 비즈니스에 비유하면 나와 함께하는 협력업체들은 모두 죽었는데 혼자만 승리를 거두는 것이 과연 지속적인 승리를 보장할 수 있는가 하는 문제 제기입니다. 우리는 상처뿐인 승리를 승리라고 착각하는 경우가 있습니다. 승리하겠다는 욕심에 사로잡혀 너무 많은 피해를 무시하는 것입니다. 그런 승리는 오래가지 못합니다. 단기간의 성과는 나오겠지만 장기적인 안목에서 볼 때는 진정한 승리가 되지 못합니다. 요즘 기업에서 동반 성장과 이익 공유제에 대한 이야기가 나오는 이유가 여기에 있습니다. 혼자만 승리해서는 그 성과가 오래 유지될 수 없기 때문입니다. 하청업체를 쥐어짜서 원가절감을 시키고 싸게 팔면 이익이 남긴 할 것입니다. 하지만 결국 제품의 질은 떨어지고 협력업체들은 어려운 상황에 빠지게 됩니다. 백 번 싸워서 백 번 이기는 것도 중요하지만 백 번 모두 다치지 않는 것이 더 중요합니다. 전쟁에 참여한 모든 구성원들이 다치지 않고 승리하는 방법은 없는가? 이것이 손자가 이야기하는 상생의 철학입니다. 그래서 정확한 원문은 '지피지기知彼知己 백전불태百戰不殆'입니다. '적을 알고 나를 알면 백 번 싸워서 백 번 모두 위태롭지 않다.' 여기서 '백전불태百戰不殆'는 백 번 싸워 백 번 모두 우리 모두가 위태롭지 말자, 다치지 않고 승리하자는 상생의 소신입니다. 이런 상생의 소신을 가지고 있는 장군이라면 그가 어떤 곳을 공격하자고 해도 부하들이 기꺼이 목숨을 내놓고 돌격할 것입니다. 그 장군이 평소 어떤 소신을 가지고 있는 리더인지 알기에 신뢰하는 것입니다. 적어도 나를 죽이고 혼자만 승리할 사람이 아니라고 확신하기에 따르는 것입니다. 이것이 손자가 말하는 신뢰를 만들어내는 방법입니다. 내가 하는 일에 남들이 함께하고자 하는 이유는 신뢰 때문입니다. 저 사람이 승리하면 나도 승리할 것이기에 믿음을 갖습니다.

세 번째 장군의 덕목은 따뜻한 인간미(仁)입니다. 인仁은 사랑이고 배려이며 존중입니다. 장군과 부하 간에 따뜻한 인간적 유대감이 인仁입니다. '인仁'이라는 글자는 사람 인人에 두 이二자가 붙은 것입니다. 세상에서는 무엇이든 혼자 할 수 있는 것은 없습니다. 수가 적더라도 함께 끈끈한 유대감으로 목표를 공유할 때 비로소 성과를 낼 수 있는 것입니다. 장군은 병사들을 먼저 먹이고 재우고 입히는 사람입니다. 병사를 수단으로 보는 것이 아니라 동료로 보아야 합니다. 그래서 병사들을 소중히 여기고 배려하며 존중함으로써 그들의 마음을 얻어내야 합니다. 병법에서 많이 쓰는 말 중에 '순망치한脣亡齒寒'이라는 말이 있습니다. '입술[脣]이 없으면[亡] 이[齒]가 시리다[寒]'는 뜻입니다. 입술이 없어도 이가 기능을 발휘할 것 같지만 입술이 없으면 이는 추워지고 기능할 수 없게 됩니다. 장군이 아무리 뛰어난 전략을 세워도 병사들이 없으면 그 전략은 실현될 수 없습니다. 의사가 아무리 능력이 탁월해도 간호사가 없으면 수술을 제대로 할 수 없습니다. 차가운 바람이 부는 날 입술을 벌리고 3분만 서 있어보면 이가 얼마나 시린지 깨닫게 될 것입니다. 당장은 없어도 될 것 같지만 없어져보면 그때 그것이 얼마나 소중한 존재인지 알게 됩니다. 순망치한脣亡齒寒은 동양적인 사고방식입니다. 세상은 그물망처럼 얽혀 있습니다. 전체론holism이라고도 표현하는데, 여러 사람과의 연관성 속에서 내가 규정되고 흥망이 결정된다는 것입니다. 나와 내 주변은 그물망처럼 얽혀 있어서 개인이 아무리 잘해도 반드시 좋은 성과가 나는 것이 아닙니다. 그러니 내가 만나는 모든 사람을 존중하고 배려해야 합니다. '순망치한脣亡齒寒', 바꿔 말하면 '당신이 없으면 내 인생은 춥다'는 것입니다. 오늘 만나는 모든 사람에게 당신이 없다면 내 인생은 추웠을 것이라고 말씀해보십시오. 제 곁에 있어주어서 고맙다고 해보십시오. 그것이 진정한 리더의 사랑[仁]입니다.

　네 번째 장군의 덕목은 용기[勇]입니다. 장군의 용기는 리더로서 모든 것을 책임지는 용기입니다. 남 탓을 하지 않고 모든 것을 "내 탓이오!"라고 외칠 수 있는 진정한 용기입니다. '용장 밑에 약졸 없다'는 말이 있습니다. 용기 있게 책임지겠다는 장군 밑에 겁쟁이 병사가 있을 수 없다는 것입니다. 앞에서 이끄는 리더가 책임지지 않기에 뒤에서 따르는 병사도 적극적으로 나서지 못하는 것입니다. 무슨 문제가 생길 때 밑에 있는 사람에게 책임을 전가하는 사람을 누가 목숨 걸고 따르겠습니까? 나폴레옹은 이렇게 말했습니다. "어느 부대든 문제 있는 사병은 없다. 있다면 문제 장교만 있을 뿐이다." 이 말 속에는 책임을 부하에게 돌리지 말고 리더가 모든 책임을 져야 한다는 의미가 담겨 있습니다. 병사들이 나약해지는 것은 결국 장군이 만든 것이라는 말입니다. 손자의 고민은 어떻게 병사들의 사기를 올려 적진을 향해 용기 있게 전진시킬 수 있을 것인가에 있었습니다. 결국 장군이 먼저 솔선수범하여 용기와 책임감을 가지고 임한다면 병사들의 사기가 높아져 싸우고자 하는 의지가 강해질 것이라고 본 것입니다.

다섯째 장군의 덕목은 엄격함〔嚴〕입니다. 엄격함은 공과 사를 구분하고 원칙으로 조직을 이끌 수 있는 능력입니다. 외국 감독을 초빙하여 한국 축구 대표 팀 감독 자리를 맡기는 이유 중 하나가 한국의 어느 학교에도 다녀본 적이 없기 때문이라고 합니다. 학연과 지연에 얽혀 조직이 라인과 줄에 의해 운영된다면, 조직의 역량은 저하될 수밖에 없습니다. 열심히 일한 사람에게 제대로 보상이 돌아갈 수 있다면 그 조직은 엄격하게 관리되고 있는 것입니다. 엄격함은 공사를 구분할 줄 아는 능력입니다. 《삼국지》에서 제갈공명이 부하 장군 마속馬謖을 엄격하게 벌하는 읍참마속泣斬馬謖의 고사는 잘 알려져 있습니다. 제갈공명이 부하인 마속에게 300명의 군사를 주어 보내면서 나아가 싸우지 말고 보급로를 지키라고 명했습니다. 그러나 마속은 군율과 조직의 시스템을 어기고 나아가 싸우다가 보급로를 빼앗겼습니다. 그리고 부하 300명이 모두 죽임을 당한 상황에서 혼자 살아 돌아왔습니다. 그때 제갈공명은 참 난감했을 것입니다. 아끼는 부하와 조직의 군율 사이에서 고민이 깊었을 것입니다. 자신이 아끼는 마속을 살리자니 조직의 군율이 무너지고, 조직의 군율을 살리자니 오른팔 마속을 벌해야 하는 상황이었습니다. 그러자 마속이 먼저 제갈공명에게 목을 내밉니다. "장군께서 저를 살려두시면 제 목숨은 부지하겠지만 군율이 무너집니다. 저를 죽이고 가십시오." 냉엄한 프로의 결정입니다. 목숨을 구걸하면 살 수 있었지만 조직의 생존을 위해 군율대로 자신을 죽여달라고 청한 마속은 진정한 프로페셔널이었습니다. 제갈공명은 소리 없이 흐느끼며 오른팔 마속을 참수합니다. 읍참마속泣斬馬謖, 울면서 아끼는 부하 마속을 참수하는 결단이 바로 엄격함[嚴]입니다.

《손자병법》에서는 장군의 다섯 가지 덕목을 이야기하면서, 이런 능력을 갖춘 장군을 임명하면 전쟁에서 승리할 수 있다고 강조하고 있습니다. 누구를 리더로 임명하느냐는 조직의 존망과 조직원의 생사가 걸린 일입니다. 그래서 인사가 만사라는 말이 있습니다. 내 말을 잘 듣고, 나와 연줄이 있다고 해서 그 사람을 리더로 임명한다면 그 재앙은 이루 말할 수 없을 것입니다. 작게는 동네 이장이 누가 되느냐에 따라 동네의 분위기와 주민들의 삶이 달라지는 것처럼 리더의 역할은 그 어떤 것보다도 중요합니다.

현장을 제대로 읽어내는 실력을 갖추었는가? 상생의 소신으로 주변의 신뢰를 얻고 있는가? 따뜻한 사랑으로 주변 사람의 마음을 얻고 있는가? 책임지겠다는 용기로 부하들의 용기를 끌어낼 수 있는가? 엄격한 조직 관리와 상벌 체계를 제대로 운용하고 있는가? 리더를 선발할 때 중요하게 보아야 할 체크리스트입니다.

승산을 만들어 승리하라!

《손자병법》은 6,600여 글자, 총 열세 편으로 이루어진 책입니다. 열세 편의 제목만 보아도 그 내용이 무엇인가는 대략 짐작할 수 있습니다. 1편의 제목은 시계始計입니다. 싸우기 전에 처음부터[始] 계산[計]하고 싸워야 한다는 것입니다. 여기서 나오는 중요한 단어가 '승산勝算'입니다. 이길 수 있는지 계산해보라는 것입니다. 전쟁은 단순히 감정이나 이길 수 있다는 신념만 가지고 하는 것이 아니라, 이길 수 있는 승산이 있어야 한다는 것입니다. 승산 없는 전쟁에 무모하게 끼어들었다가 나라가 망하고 사람들이 몰살당하는 참극을 부를 수도 있다는 것입니다. 승산이 많은지[多算], 승산이 적은지[少算], 승산이 없는지[無算]를 정확히 분석해 많다면 싸우고, 적다면 많게 만들어 싸우고, 없다면 승산이 있을 때까지 준비하라는 것입니다. 적과 싸워 이길 수 있는가에 대한 계산은 조상님의 위패가 모셔진 사당에서 해야 한다고 합니다. 그래야 더욱 객관적이고 이성적인 판단을 할 수 있다는 것입니다. 나라를 세우고 오늘날의 우리를 있게 한 조상의 영령 앞에서 주관적인 판단과 감정은 유보한 채 오로지 생사와 존망의 관점에서 승산을 분석해야 이기는 전쟁을 할 수 있다는 것입니다. 〈시계始計〉편 첫 구절이자《손자병법》첫 구절을 다시 한번 크게 읽어보겠습니다.

兵者 병자
國之大事 국지대사
死生之地 사생지지
存亡之道 존망지도
不可不察也 불가불찰야

전쟁은
나라의 큰일로서
사람이 죽고 사는 땅이며
나라의 존망이 결정되는 곳이니
어느 하나라도 제대로 살피지 않아서는 안 될 것이다!

　아무리 강조해도 지나치지 않은 구절입니다. 나는 지금 사람의 생사와 국가의 존망을 결정하는 전쟁터에 나서는 것이니 철저하게 승산을 분석해 싸움에 임해야 한다는 것입니다. 승산이 없는 곳에 무리하게 들어가서 조직을 망치고 조직원들을 길거리로 내모는 경우는 요즘도 허다합니다. 회사가 그 영역에 들어가면 안 되는데 오너의 잘못된 판단, 주관적 신념 등 때문에 잘못 들어가서는 발목 잡히고 결국 사운까지 기울어지는 경우도 많습니다. 잘못된 계산으로 무리하게 신사업에 끼어들었다가 회사 전체의 위기로 번지기도 하고, 정확히 계산도 안 하고 무리하게 수주 경쟁에 끼어들어 일단 따놓고 보자는 생각으로 맡은 프로젝트가 엄청난 손해가 되어 돌아오는 경우도 많습니다. 거듭 강조하지만 전쟁은 감정으로 해서는 안 됩니다. 철저하게 이익을 기반으로 해서 싸워야 생존이 보장될 수 있습니다. 상대방과 싸우기 전에 승산을 따지는 5계명이 있습니다. 승산을 분석하는 다섯 가지의 비교 틀입니다. 1. 도道 2. 천天 3. 지地 4. 장將 5. 법法입니다.

> ## 1. 도道: 전쟁에 임하는 모든 사람들의 싸우고자 하는 의지가 같은가?
>
> 道者 도자
> 令民與上同意也 영민여상동의야
> 故可與之死 고가여지사
> 可與之生 가여지생
> 而不畏危也 이불외위야
>
> 도道는 나와 함께 싸우는 병사들이 나와 같은 뜻을 가지고 있는가이다.
> 그리하여 죽어도 나와 함께 죽고, 살아도 같이 살고자 하여
> 어떤 위험도 두려워하지 않고 돌격하고자 하는 힘이다.

《손자병법》에서 도道는 전쟁에 임한 모든 구성원들이 싸워서 이기고자 하는 의지를 공유하고 있는가에 관한 질문입니다. 아무리 무기가 좋고 병력이 많고 물자가 풍부해도 함께 싸워 이기고자 하는 동의同意가 없다면 그 전쟁은 이미 승산이 없는 전쟁입니다. 비록 가진 것은 없지만 모두가 한마음 한뜻으로 목표와 꿈을 공유하고 있다면 그 조직은

승산이 있는 조직입니다. 같은 뜻을 가지고 있는 사람을 동지同志라고 합니다. 《주역周易》에서는 같은 소리를 가진 사람을 동성同聲이라고 합니다. 같은 기운을 가진 사람은 동기同氣라고 합니다. 같은 뜻, 같은 소리, 같은 기운을 공유하고 싸우는 조직은 반드시 승리합니다. 장교와 병사의 마음이 하나가 되어 있고, 전방과 후방이 한마음이 되어 있다면 그 조직은 이미 이길 승산이 높은 조직입니다. 경영에 적용하면 '비전의 공유와 확신'이라고 할 수 있습니다. 집안이 화목하면 모든 일이 잘된다는 가화만사성家和萬事成의 뜻도 집안의 구성원이 똘똘 뭉쳐 함께 하겠다는 도道가 있으면 그 집안의 모든 일은 잘 풀릴 수밖에 없다는 것입니다. 도道는 길way입니다. 모든 구성원이 한 방향, 한 길로 가고 있다면 그 조직은 도道가 있는 조직입니다. 아무리 외부적 환경[天時]이 좋고 내부적 역량[地利]이 뛰어나다 하더라도 결국 조직의 구성원이 똘똘 뭉쳐 함께하는 것[人和]이 무엇보다 우선입니다. 국가와 기업도 비전과 꿈의 공유가 제1의 목표여야 합니다. 국가의 모든 구성원이 통합되어 한마음이 되어 있고 기업의 모든 종사자가 싸워 이기고자 하는 의지를 공유한다면, 그 국가와 기업의 경쟁력은 더욱 올라가게 됩니다.

2. 천天: 이번 전쟁의 외부적·환경적 요인을 정확히 분석한 최적의 대안을 가지고 있는가?

天者 천자
陰陽寒暑時制也 음양한서시제야

> 외부적 조건, 즉 하늘(天)이라는 것은
> 어두운지 밝은지, 추운지 더운지, 요즘 때의 계절이 어떤지를 정확히
> 읽어내는 것이다.

전쟁에서는 외부적 환경의 변화에 따라 임기 변통하는 유연한 조직이 승리합니다. 날씨의 기상 조건을 정확히 읽어내고 외부적 환경 조건을 이해하여 그 속에서 최적의 승리 방법을 찾아낼 수 있다면 승리는 더욱 가까워지게 됩니다. 요즘으로 말하면 경기 상황이나 경제지표, 그리고 업계 동향 등을 정확히 분석하고 판단하여 승리의 전략을 도출해내는 것입니다.

> ### 3. 지地: 조직이 처한 지형의 환경을 정확히 분석했는가?
>
> **地者** 지자
> **遠近險易廣狹死生也** 원근험이광협사생야
>
> 지地라는 것은
> 먼지 가까운지, 험한지 평탄한지, 넓은지 좁은지, 죽을 곳인지 살 곳인지를 정확히 분석하는 것이다.

내가 싸우려고 하는 곳이 이동 거리가 얼마나 되는지, 가는 길에 험난하고 평탄한 곳은 어디에 있는지, 전장의 환경이 넓은 개활지인지 아니면 좁은 협곡인지, 갇히면 살 수 있는 곳인지 아니면 죽을 수밖에

없는 곳인지를 살피는 것이 지형적 분석입니다. 원거리 전쟁터에 가려면 군수물자의 이동을 늘 고려해야 하며, 험난한 지형에서는 늘 위기 대응 플랜이 있어야 합니다. 그리고 전쟁에서 위기에 처했을 때 내가 빠져나올 후퇴로가 확보되어 있는지도 고민해야 합니다. 전쟁은 반드시 이기는 것이 목표이지만 상황이 불리할 때 후퇴할 수 있는 경로는 확보되어 있어야 합니다. 들어가는 것보다 오히려 빠져나오는 것이 더욱 중요한 것입니다. 어떤 과정에서 가장 위기가 예상되는지도 분석하여 대안을 가지고 있어야 합니다. 이런 내부적 조건의 분석과 대안 도출 능력은 전쟁에서 이기기 위한 중요한 요소입니다.

---

4. 장將: 현장 책임자는 제대로 뽑아서 적재적소에 배치했는가?

將者장자

智信仁勇嚴也지신인용엄야

장군(將)이라는 사람은
능력과 소신과 사랑과 용기와 엄격한 조직 관리 능력을 가지고 있어야 한다.

전쟁에서 인재의 적재적소 배치는 무엇보다도 중요한 일입니다. 능력에 맞게 자리에 임명해야 그 조직이 원활하게 능력을 발휘할 수 있습니다. 한나라가 초나라를 이기고 승리한 이유 중에서 인재를 적재적소에 배치한 한고조 유방의 인사 능력을 빼놓을 수 없습니다. 작전에 장량張良, 전투에 한신, 군수에 소하蕭何를 뽑아 기용함으로써 최적

의 팀워크를 만들어낸 것입니다. 군수에 능력 있는 사람을 작전에 투입하고, 나와 가깝다는 이유로 능력도 안 되는 사람을 현장 책임자로 임명한다면 그것은 인사의 실패입니다. 상대방 장수를 대적하여 이길 수 있는 능력 있는 사람을 적소에 배치한다면 승산은 더욱 높아질 것입니다.

> 5. 법法: 조직의 지원 체계와 상벌의 시행, 부대 편성은 적절하게 이루어지고 있는가?
>
> **法者 법자**
> **曲制官道主用也 곡제관도주용야**
>
> 법法이라는 것은
> 부대의 편성 체계, 군수물자의 이동로 확보, 무기의 적절한 운영을 말한다.

곡제曲制라는 것은 부대의 편성 체계입니다. 부대 단위가 얼마나 적절하게 짜여 있는가를 고민하는 것입니다. 관도官道라는 것은 식량의 수송로입니다. 전방에 물자를 얼마나 안전하고 빠르게 지원할 수 있는가를 고민하는 것입니다. 주용主用은 무기 운영 체계입니다. 기병과 보병, 돌격대와 수비대, 선봉 부대와 측면 지원 부대 등 다양한 부대들의 무기 운용이 적절하게 이루어지고 있는가를 고민하는 것입니다.

승산을 분석하는 《손자병법》의 다섯 가지 분석 틀은 지금도 여전히 유효해 보입니다. 어떤 사업을 할 때 1. 목표에 대한 꿈과 비전이 공유

되어 있는가? 2. 외부적 환경을 정확히 분석한 대안을 가지고 있는가? 3. 내부적 역량을 정확히 분석한 대안을 가지고 있는가? 4. 책임자를 제대로 뽑아 적재적소에 배치하였는가? 5. 후방의 지원 체계는 제대로 갖추어져 시행되고 있는가? 이 다섯 가지의 틀로 분석하여 승산이 많으면 싸우고, 적으면 만들고, 없으면 충분히 기다려 확보한 후 싸우라는 것입니다. 간단히 말하면 승산 없는 싸움은 하지 말라는 역설이기도 합니다. 포커 게임에서 가장 하수가 불리한 패를 들고 열이 받아서 게임을 하는 사람입니다. 물론 가끔은 이길 수 있겠지만 평균적인 승리를 만들어낼 수는 없습니다. 전쟁은 이기는 것도 중요하지만 지지 않는 것이 더욱 중요합니다. 지지 않는 게임을 하기 위해서는 철저하게 승산을 분석하여 승리를 쟁취해야 합니다. 제가 《손자병법》에서 참 좋아하는 구절이 있습니다. 승리하는 군대(勝兵)와 지는 군대(敗兵)의 차이를 말하는 구절입니다.

勝兵 승병
先勝而后求戰 선승이후구전
敗兵 패병
先戰而后求勝 선전이후구승

이기는 군대는
먼저 승산을 만들어놓고 싸움에 나서는 군대이고
지는 군대는
승산을 분석하지 않고 무조건 싸움에 나서서 승리의 답을 찾는 군대
이다.

참으로 간단하지만 의미 있는 이기는 군대의 특징입니다.

'전쟁은 싸워서 이기는 것이 아니라, 승리를 만들어놓고 확인하러 들어가는 것'이라는 새로운 정의를 하고 싶습니다.

현장에서 병력과 식량을 만들어라

《손자병법》의 제2편은 〈작전作戰〉편입니다. 여기서 작전은 지금 사용하는 의미의 작전operation이 아니라 '준비한다'는 뜻의 작作에 '싸운다'는 뜻의 전戰으로 '전쟁 준비'입니다. 전쟁 준비의 핵심은 군수입니다. 물자를 어떻게 조달하여 적재적소에 보낼 수 있는가는 전쟁의 승패에 중요한 영향을 미칩니다. 아무리 병력이 많아도 결국 배를 채워야 군대를 움직일 수 있습니다. 창업을 할 때도 아무리 좋은 기술과 제품이 있어도 결국 돈이 있어야 기업이 성공할 수 있습니다. 은행에서 빌리든 주변에서 융통하든, 자금 조달이 원활치 않으면 실패로 끝나는 경우가 많습니다. 그래서 어떤 일을 시작하기 전에 충분한 자금 조달 계획을 확보해야 합니다. 《손자병법》에서 제2편에 물자 조달에 관한 내용을 실은 것은 그만큼 전쟁의 승패에 군수가 중요하다는 의미입니다. 한나라 고조 유방은 서초패왕西楚霸王 항우를 이기고 황제의 자리에 올랐을 때 신하들에게 연회를 베풀면서 자신의 승리 뒤에는 물자를 관리하고 조달하는 소하라는 군수 참모가 있었다고 말했습니다. 이것을 보면 요즘의 CFO 즉, 자금 관리 최고 책임자의 중요성은 아무리 강조해도 지나치지 않습니다. 좋은 기술, 아이디어, 열정과 신념, 모든 것들이 전쟁의 승패에 영향을 미치지만 결국 돈이 없으면 심각한 위기에 빠지게 됩니다. 전쟁에서 군수는 군량미, 무기, 더 나아가 병력 등을 말합니다. 병사들에게 먹일 곡식, 말에게 먹일 목초, 공격에 필요한 전차, 병사들에게 줄 창과 방패 등 군수의 확보와 운송은 손자가 매우 중요하게 여겼던 전쟁 요소였습니다. 손자의 군수 조달 계획의 결론은 현지 조달입니다. 물자의 수송이 어렵던 당시에는 원거리 수송에 드는 비용이 만만치 않았을 것입니다. 후방에서 쌀을 열 가마 실어 보내면 도착하는 것은 반도 안 되었을 것입니다. 수송 병사들이 양식으로 먹고, 수송 수단인 말과 소 등의 사료로 쓰고, 날씨에 따른 손상이 일어나는 등 다양한 손실 요소가 있었을 것입니다. 그래서 손자는 현지에서 군수를 조달하는 것이 가장 경제적이라고 결론을 내리고 있습니다. 병력도 군수의 일부입니다. 자꾸 후방에 병력을 보내달라고 하지 말고 현장에서 병력을 보충하여 전쟁을 하라고 제안합니다.

善用兵者 선용병자

役不再籍 역부재적

糧不三載 양불삼재

取用於國 취용어국

因糧於敵 인양어적

故軍食可足也 고군식가족야

전쟁을 잘하는 장군은

병사들을 거듭 보내달라고 후방에 요구하지 않고

양식을 계속 보내달라고 하지 않는다.
모든 병력과 물자는 현장에서 조달하여
가능하면 적의 것을 빼앗아 조달하여 사용한다.
그러면 군대의 식량이 늘 충분할 것이다.

　손자의 관점에서 보면 전쟁도 이익을 내기 위한 일종의 사업입니다. 전쟁이 벌어지면 사업이 하나 생긴 것이고, 군주는 누구를 CEO로 발탁할까 고민해서 전장에 장군을 내보내게 됩니다. 장군은 Chief-Executive-Officer, 장교들 중 최고 총사령관 CEO인 것입니다. 옛날에는 전쟁이 벌어지면 귀족들이 병사와 물자와 무기와 군량미를 댔습니다. 사업으로 치면 투자를 하는 것입니다. 귀족들은 자신들이 투자한 것만큼 배당을 기대했습니다. 장군의 역할은 땅과 전리품과 노예를 빼앗아 투자한 만큼 귀족들에게 배분해주는 것이었습니다. 지금의 CEO와 같습니다. 능력 있는 장군을 뽑아 승리하면 그만큼 투자에 대한 배당도 높아지게 됩니다. 《손자병법》에는 투자자에 대한 배려를 강조하는 대목이 나옵니다. 투자를 받아놓고 "쌀독이 모자라니 쌀을 더 보내라", "인력이 모자라니 사람을 더 보내라"고 말하는 장군이 가장 무능한 장군이라는 것입니다. 한 번 받은 것으로 끝내고 현지 조달을 하라는 것입니다. 물자는 병력과 식량입니다. 처음 투자받은 병력과 식량으로 전쟁을 수행하여 마무리하는 것이 능력 있는 장군이라는 것입니다.

　'역부재적役不再籍', 전방의 병력이 부족하다고 후방에게 병력을 보충

해달라고 해서는 안 된다.' 카르타고의 명장 한니발Hannibal은 로마와 전쟁을 치를 때 피레네산맥을 거쳐 마르세유로 나가 알프스산맥을 넘었습니다. 10만의 병력이 원정을 시작해 알프스산맥을 넘기 전에는 2만 5,000의 병력만 남은 상황이었습니다. 본국에 병력을 더 요청해야 되는데 오는 중간에 그만큼 손실이 예상되었습니다. 계속 싸우면서 와야 하기 때문이었습니다. 이에 한니발은 현지의 갈리아족과 연합해서 다시 10만의 병력을 만들었습니다. 그들에게 승리 후 배당을 약속하며 연합 세력을 구축하였던 것입니다. 어쩌면 이념이 같지 않은 사람들과 연합하여 공동의 전쟁을 수행한다는 것은 모험일 수 있습니다. 그러나 좀 더 열린 생각으로 바라보면 얼마든지 공동의 목표를 향해 전략적 제휴를 할 수 있는 것입니다. 선거전에서 다른 생각을 가진 후보와의 연합을 통해 승리하는 것도 이런 관점에서 볼 수 있습니다. 기업이 타국에서 활동을 할 때 반드시 본국 인원들로 사업을 할 필요는 없습니다. 현지 직원들을 선발하여 목표를 공유하고 소속감을 높여 능력을 발휘하게 한다면 이것이 열린 안목입니다. 동양에서는 《손자병법》 이전에는 이런 개념이 거의 없었습니다. 우리 편과 남의 편을 나누어 우리 편이 아니면 제거했습니다. 포로는 죽이는 것이 당연하다고 생각하던 시절에 《손자병법》에서는 포로를 왜 죽이느냐고 물었습니다. 그들에게 우리 군복을 입히고 양식을 나누어주면 우리와 함께 싸운다는 것입니다. 요즘 기업에서는 M&A 합병을 하면 네 편과 내 편이 없어집니다. 하나의 깃발 아래 뭉치면 같은 조직이 되는 것입니다. 출신을 가지고 편을 가르는 것은 정말 우매한 조직의 특성입니다.

'양불삼재糧不三載, 군량미를 연속해서 보내달라고 하지 마라.' 병력이나 물자를 두 번 세 번 요구하지 말라는 뜻입니다. 500킬로미터 떨어진 곳에 식량을 운송하면 1만 석 중 7,000석은 사라집니다. 가는 도중에 이동하는 병력이 먹고 식량이 썩게 됩니다. 그래서 손자가 제시하는 식량 조달 방법은 현지 조달입니다. 현장에서 식량을 구해 사용하면 많은 이익이 있다고 말합니다. 식량을 사더라도 운송비가 들지 않고, 짧은 시간 안에 식량을 조달할 수 있게 됩니다. 살 수 없다면 빼앗아서라도 내 식량으로 사용해야 합니다. 비즈니스에서도 마찬가지입니다. 외국에 법인을 만들면 처음에 투자금만 내고 나머지는 현지 조달하는 것입니다. 중국에 법인을 하나 만들었다고 가정합시다. 가장 중요한 것은 현지 사람들을 어떻게 우리 편으로 만들 것인가 하는 것입니다. 그곳에서 자금을 만들어 그곳에서 쓰는 것입니다. 이렇게 할 수 있어야 유능한 현장 책임자입니다. 매일 돈 없다고 자금 보내달라고 하면 무능한 리더입니다.

'모든 물자를 현지 나라에서 조달하여 사용하라(取用於國)!' 군량미와 함께 필요한 군대의 모든 물자, 예를 들면 무기, 공격용 전차, 성문돌파 무기, 성벽을 오르는 사다리 등을 현장에서 만들어 써야 한다는 것입니다. 2,500년이 지난 요즘에도 네 편, 내 편 하며 편을 가르고, 지역과 학벌의 출신을 따지고, 남이 쓰던 것을 어떻게 내가 쓰는가 하는 생각들이 만연합니다. 사업은 돈이 있어야 한다며 밑 빠진 독에 물 붓는 식으로 자꾸 투자자에게 자금을 요구한다면 그 사업은 이미 실패의 길을 걷고 있는 것입니다. 귀한 자금과 물자를 투자한 사람들의 입장에서 한 푼이라도 아끼고, 현장에서의 수익을 통해 사업을 늘려나간다는 생각으로 기업을 이끈다면《손자병법》에서 말하는 유능한 리더입니다.

최고의 승리는 남들이 쉽게 생각하는 승리

《손자병법》 열세 편 중 1편, 2편, 3편은 가장 중요한 전3편입니다. 1편이 전쟁의 승산 분석, 2편이 물자 및 병력 조달 계획을 말했다면 3편은 작전 계획을 말하고 있습니다. 3편의 제목 '모공謀攻'은 도모할 모謀에 공격할 공攻, 즉 어떻게 공격 작전 계획을 잘 짤 것인가에 대한 물음입니다. 공격 작전에서 가장 중요한 작전이 무엇일까요? 답은 싸우지 않고 이기는 작전입니다. 전쟁을 싸워서 이기면 피해가 너무 막심합니다. 내 병력과 물자의 손실 외에도 상대방의 병력과 물자 손실도 감안해야 합니다. 전쟁에서 이겼는데 남는 것이 없다면 진정한 승리라고 할 수 있을까요? 그래서 손자는 백 번 싸워서 백 번 이긴다고 해도 상처뿐인 승리라면 아름다운 승리는 아니라고 말합니다. 오히려 싸우지 않고 이기는 것이 정말 위대한 승리라는 것이지요.

百戰百勝 백전백승
非善之善者也 비선지선자야
不戰而屈人之兵 부전이굴인지병
善之善者也 선지선자야

많은 피해를 입고 백 번 싸워 백 번 이기는 것은

> 최고의 승리라고 할 수 없다.
> 피해 없이 싸우지 않고 상대방을 굴복시킬 수 있다면
> 최고의 승리라고 할 것이다!

　백 번 싸워 백 번 이긴다고 해도 우리 측의 손실이 너무 크면 그것은 승리가 아닙니다. 법정에서 승리했더라도 승리가 아닌 경우가 많습니다. 판결에서는 이겼는데 상대방과 원수가 되었고, 재판 비용을 제했을 때 성과도 그리 좋지 않다면 진정한 승리라고 할 수 없는 것입니다. 동네 축구에서 가장 최고의 승리가 무엇입니까? 부전승입니다. 선수들 힘도 안 들고 상대방과 원한 관계도 안 맺고 승리한 것이지요. 부부싸움에서 배우자의 가슴에 못을 박고 이기려고 하지 마십시오. 그 승리는 절대로 오래가지 못합니다. 백 번 이기는 것이 선善 중의 선善은 아니다. 싸우지 않고 상대를 굴복시킬 수 있다면 이것이 선 중의 선, 최선最善이다. 전쟁은 승부를 가리는 행위이지만 어떻게 이기느냐에 따라 승리의 가치가 달라집니다. 기업이 직원, 협력업체, 하청업체와 함께 상생을 통해 가치를 키우고 성과를 냈다면 정말 위대한 승리입니다. 그런데 승리를 위해 직원들의 노력을 갈취하고 협력업체의 희생을 강요했다면 그 승리는 위대한 승리라고 할 수 없습니다. 서양 병법서의 최고봉이라고 불리는 클라우제비츠의《전쟁론》과《손자병법》의 차이를 한마디로 말하면,《전쟁론》은 싸워서 이기라는 것이고《손자병법》은 싸우지 말고 이기라는 것입니다. 이것이 서양과 동양의 차이입니다. 싸우지 않고, 다치지 않고 이길 수 있는 방법이 무엇일까요? 이

방법을 찾아내는 것은 국제 외교전에서도 중요합니다. 주변 사람들과의 관계에서도 마찬가지입니다. 싸우지 않고 상대를 굴복시킬 수 있다면 이것이야말로 최선입니다.

손자는 전쟁의 네 가지 방법을 말하고 있습니다. 가장 최고의 전쟁은 상대방의 싸우려는 의지를 꺾어 싸우지 않고 이기는 것이고, 그다음은 상대방의 주변을 끊어 싸우지 않고 이기는 것이고, 그 밑이 싸워 이기는 것이고, 최악이 싸우지 않겠다고 성안에 틀어박혀 있는 적을 무모하게 공격하고자 성벽을 기어오르는 것입니다. 이것은 최악의 상황으로 이어질 수도 있습니다.

上兵伐謀 상병벌모
其次伐交 기차벌교
其次伐兵 기차벌병
其下攻城 기하공성

최고의 군대는 상대방의 싸우려는 의지를 꺾어 싸우지 않고 이긴다.
그 밑의 군대는 상대방의 주변을 차단하여 싸우지 않고 이긴다.
그 밑의 군대는 상대방과 직접적인 전면전을 벌인다.
최하의 군대는 병사들을 성에 기어오르게 하여 무리한 공격을 하는 군대다.

벌모伐謀는 상대방이 싸우려는 의도[謀]를 치는[伐] 것입니다. 이 방법은 상처 없이 깔끔하게 승리할 수 있습니다. 누가 이기고 졌는지는 보이지 않지만 주도권은 내가 쥐게 됩니다. 국방은 디펜스defense입니다. 무기를 만들고 엄청난 돈을 들여 구입하는 이유가 무엇입니까? 공격하려고 만드는 것이 아닙니다. 막으려고 만드는 것입니다. 막는다는 것은 상대방이 나와 싸우지 못하게 만드는 것입니다. "나에게 무기가 있으니 나를 건드리면 이것으로 공격하겠다." 그러니 함부로 덤비지 못하는 것입니다. 공격보다 중요한 것은 상대방이 공격하지 못하게 만들고, 내가 무기를 가져 주도권을 쥐는 것입니다. 애초부터 싸워봐야 게임이 되지 않는다고 생각하게 만들면 전쟁이 일어나지 않습니다. 어떤 분은 비싼 돈 주고 구입한 무기를 왜 제대로 쓰지 않느냐고 하면서, 여차하면 강한 화력으로 상대방에게 본때를 보여주어야 한다고 하시는 분이 계십니다. 그런데 지금 우리나라 입장에서 무기를 가장 잘 사용하는 것은 한 번도 안 쓰고 시간이 지나서 폐기하는 것입니다. 연한이 지나 폐기하는 것이 그 무기의 효율이 가장 높은 것입니다. 싸우지 않고 이기는 것이 승리의 상책입니다.

벌교伐交는 상대방의 주변을 정리하는 것입니다. 나를 도와주는 사람이 있다고 생각할 때 싸움을 하지 누구도 나를 돕지 않는다고 생각하면 절대 싸움을 하지 않습니다. 북한은 중국의 도움 없이는 전쟁을 일으키기가 쉽지 않습니다. 동맹국의 동의 없이 함부로 전쟁을 벌이는 것은 결국 자멸의 위험이 있기 때문입니다. 우리가 6자회담을 하는 이유는 우리에게는 북한도 중요하지만 관련된 국가들을 설득하는 것이 매우 중요하기 때문입니다. 싸움에 영향을 미치는 사람들을 설득해 싸움이 일어나지 못하게 만드는 것이 두 번째 상책입니다. 부부 싸움 할 때 배우자를 도울 수 있는 사람들을 먼저 찾아가 설득하는 것이 싸우지 않고 이기는 방법 중 하나입니다. 여기까지가 부전이승不戰而勝입니다. 싸우지 않고 이기는 방법입니다. 다음은 직접 싸우는 것으로 하수입니다.

벌병伐兵이라는 것은 직접적인 전면전입니다. 싸우지 않고 이기는 다양한 방법을 써도 도저히 답이 없다면 전면전이 벌어집니다. 이것은 이겨도 상처가 나고 손해가 납니다. 불가피한 상황에서 사용하는 카드입니다. 이미 상황이 벌어지면 불행한 결과를 막을 수 없습니다.

공성攻城은 싸우지 않겠다고 틀어박혀 있는 사람을 억지로 붙자고 공격하는 것입니다. 이것은 어마어마한 손실을 동반합니다. 성을 올라가서 상대방과 싸워 이기려면 상대방의 몇 배 전력을 가지고 있어도 쉽지 않은 일입니다. 손자는 무리한 공성이 얼마나 많은 피해를 동반하는지를 지적하고 있습니다.

將不勝其忿 장불승기분
而蟻附之 이의부지
殺士三分之一 살사삼분지일
而城不拔者 이성불발자
此攻之災 차공지재

장군이 자신의 분노를 이기지 못하고
병사들을 개미처럼 성벽에 붙어 기어오르게 만든다면
자기 병사 중 3분의 1을 죽이게 될 것이다.
그런 피해를 입고도 상대방의 성을 점령하지 못할 것이니
이것이 무리한 공격 중 최악의 재앙이다.

무리한 공격의 최악은 병사만 죽이고 성도 빼앗지 못하는 것입니다. 당나라 태종 이세민李世民의 안시성 전투가 그랬습니다. 무리한 성 공격으로 결국 엄청난 피해를 입고 3개월 만에 후퇴했습니다. 나는 상대방을 때리지 않고 막기만 하겠다고 생각하면 상대가 나보다 두세 배 강하더라도 막을 수 있습니다. 싸울 때 상대방의 주먹을 피할 가드만 잘하고 있으면 크게 다치지 않습니다. 싸우려고 무리하게 덤비면 그때 다치는 것입니다. 최상의 공격은 수비라는 말이 있습니다. 싸워서 상대방을 이기는 것은 어렵지만 상대방을 맞이하여 지지 않는 것은 오히려 쉽습니다.

손자가 가장 경멸하는 승리는 사람들이 박수를 쳐주는 승리입니다. 너무 잘했다는 반응이 나오면 훌륭한 승리가 아니라는 것입니다. 내가 해도 그 정도는 하겠다, 이런 반응이 나오는 승리가 최고의 승리라고 합니다. 누가 봐도 쉽게 싸워서 이길 수 있었겠다고 생각하게 만드는 장군이 최고의 장군입니다. 이길 준비를 모두 해놓고 툭 건드려 이겼기 때문에 다른 사람들이 보면 쉬운 싸움 같지만, 실제로는 장군의 능력이 만든 승리라는 것입니다. 경기에서 어렵게 이기는 것, 가령 붕대 투혼을 발휘해서 축구에서 이기는 것은 질 확률이 높았는데 억지로 이긴 것입니다. 칠전팔기도 질 사람이 억지로 이긴 것입니다. 어쩌면 우연히 한 번 운이 좋아서 이긴 것일 수도 있습니다. 요즘 기업에서 위험 관리risk management에 관한 이야기를 많이 하는데, 이것이 백 번 싸워서 지지 않을 궁리를 하는 것입니다. 투자의 기본은 어떻게 위험을 분산하는가라고 들었습니다. 이기는 것보다 지지 않는 것이 더 중요하다는 것입니다. 지지 않으려면 평균적인 승리가 나와야 합니다. 주식을 해서 크게 이겼다 하더라도 무슨 소용이 있겠습니까? 억지로 대박을 내놓고 그다음에 망하는 것이라면 아무 소용이 없습니다. 얼마나 평균적인 승리인가? 앞으로의 기업에는 이런 전략적인 시스템이 필요합니다. 다른 사람들이 볼 때는 평범하게 보일지 모르겠지만 훨씬 안정적이고 오래가는 방법입니다. 전쟁은 계속해야 할 것이기에, 한 번 해서 끝나는 것이 아니기에 리스크는 줄여야 한다는 것이 손자의 지론입니다.

지승지도知勝之道, 승리를 알 수 있는 방법

전쟁을 하기 전에 미리 승리를 알 수 있는 다섯 가지 방법이 있습니다. 이것을 지승지도知勝之道라고 합니다. 승리[勝]를 예측[知]하는 방법[道]이라는 것입니다. 전쟁에서 승리할지 패할지를 분석하는 방법입니다. 전쟁뿐만 아니라 다양한 조직의 경쟁에서 이 다섯 가지 조건을 기준으로 승리의 판세를 분석해보아도 될 것 같습니다.

知勝有五 지승유오
知可以戰與不可以戰者勝 지가이전여불가이전자승
識衆寡之用者勝 식중과지용자승
上下同欲者勝 상하동욕자승
以虞待不虞者勝 이우대불우자승
將能而君不御者勝 장능이군불어자승

此五者知勝之道也 차오자지승지도야

승리를 미리 예측할 수 있는 다섯 가지 방법이 있다.

첫째, 싸워야 할 상대인지 싸워서는 안 될 상대인지 정확히 알고 싸우는 자는 이긴다.

둘째, 가용한 자원을 적절하게 배분하여 운영할 줄 아는 자는 이긴다.

셋째, 조직의 모든 구성원이 같은 꿈과 목표를 공유하고 있으면 이긴다.

넷째, 정확하게 현장을 분석하고 준비한 자가 준비 없이 전쟁에 나오는 자를 맞이하여 싸우면 이긴다.

다섯째, 능력 있는 장군을 현장에 보내고 후방에서 간섭하지 않는 조직은 이긴다.

이 다섯 가지가 전쟁에 앞서 이길지 질지를 아는 방법이다.

아주 명쾌한 문장입니다. 이 다섯 가지 체크리스트를 통해 전쟁에서 이길지 질지를 정확히 알 수 있다는 것입니다. 반대로 말하면 이 다섯 가지에 부합되지 못한다면 승리에서 멀어진다는 뜻이기도 합니다.

첫째, 상대를 알고 싸우면 이긴다〔知可以戰 與不可以戰者勝〕.

대부분 싸움에서 지는 이유는 상대방을 몰라서 지는 경우가 많습니다. 한마디로 만만하게 본 것입니다. 나보다 더 강하고 센 상대임에도 불구하고 이길 수 있다는 주관적 판단만 가지고 무리하게 싸우면 결국 진다는 것입니다. 《손자병법》에서 거듭 강조하는 것이 전쟁에서 개인의 감정이 개입되면 최악의 상황이 된다는 것입니다. 객관적인 전력을 비교하고, 내가 압도적인 승리를 거둘 수 있는 조건을 만들어 싸워야 한다는 것입니다. 정말 이길 수 없는 상대라고 생각하면 전쟁을 하지 않는 편이 낫습니다. 기다리든, 도망가든, 아니면 승리의 힘을 축적하든 다양한 방법으로 전쟁에 끼어들지 않는 것입니다.《장자》에는 도척盜跖이라는 유명한 도둑이 등장합니다. 도척은 당시 최고의 도둑으로 그가 어디를 털자고 하면 그 무리들이 모두 따릅니다. 어느 부하 도둑이 도척에게 "두목님처럼 최고의 도둑이 되려면 무엇이 필요합니까?" 하고 묻자 도척은 도둑의 두목이 되는 다섯 가지 조건이 있다고 하면서 그중에서 중요한 것이 훔칠 물건과 훔쳐서는 안 될 물건을 정확히 판단하는 능력이라고 말합니다. 이것을 도둑의 지혜(知)라고 합니다. 앞에 탐나는 것이 있다고 아무런 생각 없이 덥석 훔쳤다가는 결국 잡혀서 감옥에 갈 수 있습니다. 아무리 가지고 싶은 것이 있어도 훔쳐서는 안 될 것은 훔치지 말아야 한다는 것입니다. 그것을 제대로 판단하지 못하면 도둑의 두목이 될 수 없다는 것이지요. 누가 나에게 돈을 아무리 갖다 준다고 해도 받아서는 안 될 돈이 있습니다. 그런데 판단을 잘못해서 그 돈을 받는다면 결국 결과는 자명합니다. 요즘 이것을 판단하지 못하는 사람들이 의외로 많습니다. 훔쳐도 되는지 안 되는지, 그것을 아는 것이 도둑의 지적 능력입니다.

둘째, 가용한 자원을 적절히 배분하면 이긴다〔識衆寡之用者勝〕.

싸움은 내가 가지고 있는 능력을 통해 상대방을 제압하는 것입니다. 그것이 돈일 수도 있고, 인적 자원, 기술, 전략일 수도 있습니다. 문제는 많이 가지고 있는 것도 중요하지만 어떻게 분배하여 사용하느냐도 매우 중요합니다. 때로는 공격에 많은 자원과 병력을 투입하기도 하고, 때로는 수비에 많은 자원을 할당하기도 합니다. 집중해야 할 곳의 자원을 빼내서 오히려 필요 없는 곳에 할당한다면 그 피해는 심각할 것입니다. 전쟁의 물자는 한정되어 있습니다. 그것을 어떻게 할당하고 배분하여 사용하느냐에 대한 고민은 소유보다 활용이 더 중요하다는 생각을 반영하고 있습니다.

셋째, 같은 꿈을 꾸는 조직이 이긴다(上下同欲者勝).

유명한 말입니다. 《손자병법》에 나오는 말 중에 오월동주吳越同舟라는 말이 있습니다. 전쟁은 서로 다른 사람들이 모여 하나의 목표를 공유하는 것입니다. 오나라와 월나라가 서로 얼굴도 안 볼 정도로 원수 지간이지만, 같은 배에 타는 순간 더 이상 원수가 아니라 형제가 된다는 것입니다. 조직의 리더는 자신과 같은 꿈을 꾸게 하는 사람입니다. 서로 다른 생각을 가진 사람들의 마음을 하나로 통합하고, 내가 원하는 목표로 목숨을 걸고 돌격할 수 있는 형세를 만들면 승리는 너무나 자명합니다.

넷째, 준비한 조직이 이긴다(以虞待不虞者勝).

항상 준비한 조직이 이기게 되어 있습니다. 현장 지형을 알고, 다가오는 날씨를 읽어내고, 적의 상황을 미리 헤아리고 있으면 승리는 더욱 가까워집니다. 현장 상황도 잘 모르고 허겁지겁 달려온 적을 준비된 상황에서 맞이하여 싸우면 이깁니다.

다섯째, 장군이 능력이 있고 군주가 간섭하지 않으면 이긴다(將能而君不御者勝).

재미있는 말입니다. 능력 있는 장군을 뽑아 현장에 임명하고 후방에 있는 군주가 간섭하지 않으면 이긴다는 것은 장군에게 힘을 실어주라는 것입니다. 맡겼으면 철저하게 믿고 맡기라는 것입니다. 권한의 위임empowerment이 제대로 된 군대는 승리할 것입니다. 전방에 군대를 보내놓고 후방에서 이래라저래라 간섭하는 군주가 되어서는 안 됩니다. 손자는 장군으로서 이 부분을 매우 강조합니다.

君之所以患于軍者三 군지소이환우군자삼

不知軍之不可以進而謂之進 부지군지불가이진이위지진

不知軍之不可以退而謂之退 부지군지불가이퇴이위지퇴

是爲縻軍 시위미군

不知三軍之事 부지삼군지사

而同三軍之政者 이동삼군지정자

則軍士惑矣 즉군사혹의

不知三軍之權 부지삼군지권

而同三軍之任 이동삼군지임

則軍士疑矣 즉군사의의

군주가 전방에 보낸 군대에 해를 끼치는 세 가지 경우가 있다.
전방이 공격하면 안 되는 상황인지도 모르면서 후방에서 무리하게
공격하라고 명령하는 군주,
전방이 후퇴하면 안 되는 상황인지도 모르면서 후방에서 무리하게
후퇴하라고 명령하는 군주,
이런 군주는 자신의 군대를 코 꿴 군주라고 한다.
전방 부대의 일도 모르면서
군주가 전방 군대의 행정에 간섭하면

> 전방의 병사들은 마음이 흔들릴 것이다.
> 전방 부대의 상황도 모르면서
> 군주가 전방 군대의 인사에 간섭하면
> 전방 병사들의 마음에 전쟁에 대한 의심이 생길 것이다.

　전방에 군대를 보내놓고 후방에 앉아 인사, 행정, 작전에 간섭하는 군주는 결국 전방 부대의 패배와 후방 국가의 멸망을 자초할 수밖에 없습니다. '의인불용疑人不用 용인불의用人不疑'라는 말이 있습니다. 사람이 의심이 가면 쓰지 말고 썼으면 의심하지 말라는 것입니다. 유명한 인사 원칙입니다. 한번 보냈으면 현장에서 답을 찾아내게 해야 한다고 말합니다. 그래서 《손자병법》에 이런 말이 있습니다. '군명유소불수君命有所不受라, 아무리 임금의 명령이라도 받지 않아야 할 때가 있다.' 이순신 장군은 선조가 명령을 내려도 현장에서 판단해 공격하지 말아야겠다고 생각해서 결국 직위에서 해제되었습니다. 무리하게 군사를 돌격시켜 자신의 자리를 지키려 하지 않았습니다. 인사권자의 명령에 휘둘려 자신의 임무를 망각한다면 결국 패배가 기다리고 있을 뿐입니다. 현장에 맡긴 권한은 확실하게 보장되어야 합니다. 현대 사회에도 권력이 현장을 간섭할 때 많은 문제점이 나타납니다. 인사와 재정의 권력을 가지고 현장 조직을 마음대로 쥐락펴락하면 결국 현장의 시스템과 독자적인 업무는 마비되게 됩니다. 특히 국민의 생사를 결정하는 국방, 검찰, 경찰 등의 권력이 독자적으로 보장되지 못하면 그 결과는 너무나 자명합니다.

온전하고 완벽한 승리를 위한 전략

손자가 꿈꾸던 위대한 승리는 완벽한 승리입니다. 모두 이기기보다는 한 번도 지지 않는 것이 손자의 목표였습니다. 그래서 상대방과 나에 대한 정확한 정보와 전력 분석이 선행되어야 합니다. 나와 상대방의 약점과 강점을 정확히 알고 전략을 수립하였을 때 완벽한 승리에 가까워질 수 있다고 강조하고 있습니다. 상대방과 나에 대한 분석에는 세 가지 유형이 있습니다.

첫 번째는 '지피지기知彼知己 백전불태百戰不殆'입니다. 상대방을 알고 나를 정확히 알면 백 번 싸워도 위태롭지 않다는 것입니다. 가장 최고의 경우입니다.

두 번째는 '부지피이지기不知彼而知己 일승일부一勝一負'입니다. 상대를 제대로 알지 못하고 나만 아는 사람은 한 번 이기고 한 번 질 것이라는 것입니다.

세 번째는 '부지피부지기不知彼不知己 매전필태每戰必殆'입니다. 상대도 제대로 알지 못하고 나도 알지 못하면 매번 싸움에 위태로워진다는 것입니다.

결국 완벽한 승리는 상대방과 나에 대한 정확한 전력 분석에서 시작된다는 것입니다.

《손자병법》13편 마지막 편은 〈용간用間〉입니다. 우리말로는 간첩[間]의 운용[用]에 관한 내용이라는 뜻입니다. 정보를 획득하는 데 있어서 가장 정확하고 확실한 방법은 결국 인적 정보입니다. 인적 정보를 통해 상대방에 대한 더욱 정확한 분석이 가능하다는 것입니다. 손자는 정보 획득을 위하여 다섯 종류의 인적 정보원을 활용하라고 제안하고 있습니다.

첫째는 향간鄕間입니다. 상대방 지역의 사람들을 포섭하여 정보를 획득하는 방법으로, 정보 획득의 비용은 싸지만 정보의 깊이는 깊지 않은 문제점이 있습니다. 그래도 이 향간이 전해주는 정보를 잘 모으면 좋은 정보로 바꾸어질 수 있습니다. 상대방 병사들의 사기는 어떤지, 군량미와 무기는 충분한지, 장교와 병사들의 친밀도는 어떤지 등의 정보를 통해 전략을 수립할 수 있습니다.

둘째는 내간內間입니다. 글자 그대로 상대방 측근[內]의 정보원을 통해 얻는 정보입니다. 정보의 질은 높지만 획득하는 데 많은 비용을 지불해야 합니다. 주로 상대편의 측근으로 능력은 있으나 인정받지 못하고 있는 사람, 또는 벌을 받고 근신하고 있는 자를 포섭하여 내간으로 이용하는 것이 좋습니다.

셋째는 반간反間입니다. 상대방의 정보원을 거꾸로 이용하여 내 편으로 만드는 경우입니다. 나에 대한 거짓된 정보를 상대방에게 전달하게 하여 판단의 오류를 이끌어내거나, 상대방 간첩을 포섭하여 역정보를 흘려 나에게 유리한 국면을 만들 수도 있습니다.

넷째는 사간死間입니다. 죽음을 각오하고 나를 위해 정보원이 되는 경우입니다. 자신의 신체를 훼손하거나, 심지어 목숨을 내놓고 상대방에게 거짓된 정보를 흘림으로써 결정적인 오류를 이끌어낼 수 있습니다.

다섯째는 생간生間입니다. 상대방 적진에 깊숙이 침투하여 정보를 얻어서 돌아와 보고하는 정보원입니다. 손자는 정보의 중요성을 강조하면서 좋은 정보를 얻기 위해서는 돈과 지위를 아끼지 말아야 한다고 강조하고 있습니다. 엄청난 돈과 시간을 들여 전쟁 준비를 해놓고 정보를 제대로 획득하지 못하여 전쟁에서 진다면 그것보다 우매한 것은 없다고 말하고 있습니다.

현대에도 정보는 모든 전략 수립에 가장 기본적인 데이터입니다. 인적, 기술적 정보를 넘어 상대방의 심리에 대한 정보까지 그 범위도 한정할 수 없을 정도로 넓습니다. 그래서 전쟁은 정보에서 이미 승패가 결정된다고까지 말하고 있습니다. 적의 움직임을 정확히 파악하기 위한 조기 경보기를 비롯하여 다양한 정보 획득 방법을 마련하고 있습니다. 이렇게 정보를 통한 손실 없는 승리를 완벽한 승리, '전승全勝'이라고 정의하고 있습니다. 전쟁은 이겨야 합니다. 그런데 어떻게 이겨야 할까요? 온전하게, 완벽한perfect 승리를 거둬야 합니다. '신전愼戰, 신중하게 싸워라.' '전승全勝, 온전하게 이겨라.' 이것이 《손자병법》의 핵심입니다. 상처뿐인 승리는 소용이 없습니다. 나는 상처를 입었고, 내 사람들은 피를 흘렸으며, 상대방에게 치유할 수 없는 상처를 입혔다면 그 승리는 완벽한 승리가 아닙니다. 저는 오늘날에도 이것이 승리에 대한 근본적인 철학이 되어야 한다고 생각합니다.

2,500년 전의 전쟁 철학서가 어떻게 지금까지 고전으로 남을 수 있었을까요? 단순히 싸워서 이기는 기술이었다면 당대의 베스트셀러로 끝났을 것입니다. 고전과 베스트셀러의 차이가 무엇입니까? 후자는 유행이 지나고 시간이 흐르면 폐기됩니다. 그러나 고전에는 시대를 넘는 보편성이 존재하고, 그래서 어느 시대에나 감동을 줍니다. 손자가 말하는 진정한 장군은 이런 리더입니다. 보민과 보국의 사명감을 가지고 전쟁에 임하며, 절박함으로 현장을 정확하게 읽어내어 탁월한 전략

을 수립하고, 어떠한 위기에서도 생존의 답을 찾아내고, 상생을 추구하여 조직원들의 신뢰를 높이고, 따뜻한 인간적 배려와 존중의 네트워킹을 통해 조직원의 충성심을 얻어냅니다. 어떤 문제든 책임지겠다는 솔선수범의 용기로 조직원들의 열정을 끌어내고, 공과 사를 구별하고 원칙에 근거한 상벌을 시행하여 싸우지 않고 온전히 이기는 완벽한 승리를 추구하는 것이 손자가 꿈꾸는 장군의 모습입니다.

형세와 허실로 승부하라!
《손자병법》2

다섯 번째 대문

형세와 허실로 승부하라!
《손자병법》2

형세를 만들어 승리를 확보하라!

《손자병법》열세 편 가운데 가장 중요한 개념 중 하나가 형(形, structure)
과 세(勢, culture)입니다. 전쟁에서 이길 수밖에 없는 구조(形)를 만들
고 이길 수밖에 없는 분위기(勢)를 만들면, 병사들의 사기는 올라가고
조직의 경쟁력은 강화되어 결국 승리를 얻을 수 있다는 것입니다. 그
래서 《손자병법》에서는 형形과 세勢를 4편과 5편에 배치시켜 《손자병
법》의 골격으로 삼았습니다. 1편 〈시계始計〉는 전쟁에 대한 승산 분석
이고, 2편 〈작전作戰〉은 전쟁에 필요한 인력과 물자를 조달하는 방법이
고, 3편 〈모공謀攻〉은 승리를 위해 싸우지 않고 이기는 전략입니다. 그
리고 4편 〈형形〉에서는 이길 수밖에 없는 구조의 설정, 5편 〈세勢〉에서
는 이기는 조직 문화 형성에 대해 쓰고 있습니다. 우리는 '형세가 좋
다!'라는 말을 자주 하고 삽니다. 상대방과의 경쟁에서 이길 형세를

가지고 있다는 뜻입니다. 우리가 무심코 쓰는 '형세形勢'라는 말의 개념을 제대로 알면 상대방과 싸워서 반드시 이기는 게임을 할 수 있습니다. 병사들의 에너지, 즉 사기士氣는 형세에서 나오며, 형세가 좋은 조직은 병사들의 사기가 높아져 조직의 경쟁력이 강해집니다. 병사들이 용감하든 겁쟁이든 그것보다 더 중요한 것이 그 병사들이 속해 있는 조직의 형세입니다. 형세가 좋은 조직은 겁쟁이 병사가 들어와도 형세를 타고 용감한 자로 바뀌고, 형세가 나쁜 조직은 용감한 병사가 들어와도 겁쟁이 병사로 바뀝니다. 물론 구성원의 능력과 역량이 전적으로 조직의 형세에 의존한다고는 할 수 없지만, 좋은 조직의 형세를 만들어 구성원의 역량을 키우고 경쟁력 있는 조직으로 만드는 것이 리더의 역할입니다. 히딩크 감독은 한국 축구 국가 대표 감독으로 와서 좋은 조직의 형세를 만들고 23명 선수들의 역량을 키워 1년 9개월 만에 세계 4강에 이르는 성과를 낼 수 있었습니다. 일명 '기세등등氣勢騰騰'한 조직의 모습입니다. 그러나 어떤 감독이 오면 똑같은 선수들이라도 기세가 떨어져 무능력한 구성원이 속출하고 감독과 선수들의 마음이 멀어지는 최악의 형세가 만들어질 수도 있습니다. 가정에서 가세家勢가 기울면 아이들의 눈빛도 시들해지고, 가세가 펴지면 아이들의 눈빛은 더욱 밝아질 수 있습니다. 여기서 가세란 집안 형편하고도 비슷한 말입니다. 다만 집에 돈이 많고 좋은 집에 산다고 반드시 가세가 좋아지는 것은 아닙니다. 부모는 자식이 존경할 만하고, 가족 간에 화목하며, 형제들은 우애 있는 아름다운 가풍이 바로 좋은 집안의 형세입니다. 기업에도 기업의 형세가 있고, 국가에도 국가의 형세가 있습니다. 좋은 기업은 형세가 좋은 기업이며, 어떤 직원이 입사하든 그 기업의 형세를 타고 능력 있는 조직원으로 변화할 수 있습니다. 국가의 형세가 좋으면 국민들 역시 그 형세를 타게 됩니다. 구조와 문화, 이 형세를 잘 만드는 것이 진정 이기는 자의 특징이라는 것입니다. 바둑에서도 형세는 승패에 중요한 영향을 미치고, 선거에서도 이기는 형세를 만들어내면 승리에 더욱 가까워지게 됩니다. 사람들은 형세에 문제가 있음을 인지하지 못하고, 장군은 오로지 병사들이 무능하다고 소리를 질러대고 부모는 아이가 문제가 많다고 윽박지르기도 합니다. 국가의 지도자들은 국민성 운운하며 자신들이 만든 형편없는 형세에 대하여 책임지려 하지 않고, 오로지 국민들에게 모든 문제를 뒤집어씌우기도 합니다. 형세를 볼 줄 아는 지혜, 형세를 읽어내는 혜안, 형세를 만들 줄 아는 능력이 있다면, 그 사람은 어떤 조직에서도 승리를 만들어낼 것입니다. 그래서 유능한 리더가 조직의 성패에 결정적인 영향을 끼친다고 하는 것입니다. 나폴레옹은 "어느 군대든 문제 사병은 없고, 있다면 문제 장교만 있을 뿐이다"라고 하였습니다. 이 말은 병사들의 문제를 따지기 전에, 문제가 생길 수밖에 없는 문제 있는 형세를 만든 장교가 먼저 있음을 잊지 말라는 것입니다. 《손자병법》에서 말하는 이기는 조직의 형세 속으로 들어가보도록 하겠습니다.

형形이 좋으면 승리는 너무나 쉽게 다가온다

형形은 조직의 구조structure입니다. 구조가 튼튼하면 그 건축물이 오래가듯이 조직도 구조가 좋으면 경쟁력 있는 조직이 될 수 있습니다. 구조는 언제나 일정한 것은 아닙니다. 상황에 따라 구조는 계속 바뀝니다. 이렇게 기존의 구조를 부수고 새로운 구조로 조직을 재편하는 것을 경영학에서는 구조조정restructure이라고 합니다. 이 말은 조직의 구조는 상황에 따라 가장 최적의 모습으로 변화해야 한다는 것입니다. 형形에 대한《손자병법》의 정의는 간단합니다.

勝者之戰民也 승자지전민야

若決積水於千仞之溪者 약결적수어천인지계자

形也 형야

승리하는 조직의 병사들은

마치 천 길 계곡 꼭대기에 물을 축적하였다가 일시에 한 방향으로 그

막힌 둑을 텄을 때 쓸려 내려가는 사기를 갖고 있으니

그것이 형形이다.

형形이라는 개념을 참 잘 표현하고 있는 문장입니다. 이기는 조직의 병사들은 천 길 높은 계곡 위에서 축적된 물을 터트렸을 때 쏟아져내리는 물과 같으니, 그것은 형形이 그렇게 만든다는 것입니다. 소양강 댐에 물을 가둬놓았다가 일시에 천 길 높은 곳에서 수문을 열었을 때, 그때 쏟아져내리는 물을 상상해보십시오. 그냥 물이 아니라 엄청난 에너지를 가지고 있는 물입니다. 정말 물을 물로 볼 수 없는 물입니다. 일명 질량에너지에 의해 생긴 엄청난 물이라고 할까요? 이미 물은 그 구조 속에서 엄청난 에너지를 낼 수밖에 없습니다. 댐에서 쏟아져내리

는 물은 터빈을 돌려 전기를 생산하기도 하고 집채만 한 바위를 띄워 올리기도 합니다. 여름철 지리산 계곡에 가득 차 흐르는 물은 평상시의 물이 더 이상 아닙니다. 바위든, 나무든, 그 앞에 있는 어떤 것도 삼켜버립니다. 물의 능력이 그런 것이 아니라 물이 있는 구조〔形〕가 그렇게 만든 것입니다. 그냥 평평한 곳에 흐르는 물에는 에너지가 깃들 수 없습니다. 낮은 높이에서 얼마 안 되는 양의 물을 터트린다면 힘이 없을 것입니다. 저 높은 데까지 물을 끌어올려서 엄청나게 깊게 담아놓고 일시에 터트릴 때, 엄청난 굉음을 내며 그 앞에 어떤 것도 집어삼키는 물의 모습 뒤에는 형形이 있다는 것입니다. 이것이 싸움에서 이기는 군대의 병사들의 모습입니다. 이런 형形에 들어가면 능력이 있든 없든 상관없이 나도 모르게 힘을 발휘할 수밖에 없습니다. 그래서 《손자병법》에서는 병사 개인의 능력보다는 그를 어떤 구조에서 싸우게 만드는가를 중요하게 봅니다. 어떤 형形에 있는가에 따라 물의 가속도와 위력이 달라집니다. 형形이 좋다는 이야기는 물이 가진 질량에너지를 극대화시킬 수 있다는 말이기도 합니다. 그래서 전쟁을 잘하는 사람은 애초부터 지지 않는 조직의 형形을 만들어, 질 수밖에 없는 상대의 형形을 깨고 들어가서 승리를 얻어냅니다.

善戰者 선전자

立於不敗之地 입어불패지지

而不失敵之敗也 이불실적지패야

전쟁을 잘하는 사람은

> 절대로 질 수 없는 곳에서 형形을 만들어
> 이미 질 수밖에 없는 상대의 형形을 깨며 치고 들어간다.

참 쉬운 이야기입니다. 전쟁을 잘하는 자는 항상 지지 않는 곳에 서 있습니다. 형形 자체가 이길 수밖에 없는 곳에서 싸운다는 것입니다. 그리고 나서는 적이 질 수밖에 없는 곳을 절대 놓치지 않습니다. 전쟁은 힘이 세다고 이기는 것이 아닙니다. 이기는 상황의 형形을 만들어놓고 그 형形 속에서 병사들의 역량을 극대화하여 공격시키는 것입니다. 그러니 어떤 적이 있더라도 이미 이길 수밖에 없는 형形을 만들었기에 싸우기 전에 승리는 결정된 것입니다. 이순신 장군이 스물세 번 싸워서 스물세 번 모두 이긴 이유가 있다고 말하는 분이 있었습니다. 대답은 간단했습니다. 질 싸움은 애초부터 안 했다는 것입니다. 결국 싸우기 전에 승패를 알았고, 질 수밖에 없는 구조면 애초부터 싸우지 않았다는 것입니다. 전쟁은 싸워서 이기러 들어가는 것이 아니라, 이미 승리의 형세를 만들어놓고 그 승리를 확인하러 들어가는 것이라는 정의입니다. 승리하는 군대와 지는 군대의 아주 간단한 차이, 제가 《손자병법》에서 참 좋아하는 구절입니다. 그런데 실천은 어렵습니다.

> 勝兵先勝而後求戰 승병선승이후구전
> 敗兵先戰而後求勝 패병선전이후구승
>
> 이기는 군대는 먼저 승리의 상황을 만들어놓고 그 후에 싸움에 들어

간다.

지는 군대는 일단 싸움을 붙어놓고 그다음에 어떻게 하면 승리할까를 고민한다.

여기서 나온 유명한 구절이 '선승구전先勝求戰'입니다. 먼저(先) 승리(勝)를 만들어놓고 싸움(戰)에 들어간다(求). 기업에서 성공한 사람에게는 여러 가지 이유가 있겠지만, 그들의 공통적인 특징은 철저한 준비를 통해 이길 수밖에 없는 요건을 갖추어놓고 사업을 한다는 것입니다. 제품을 출시하기 전에, 살 수밖에 없는 제품을 개발하고 준비하여 출시한다면 이미 성공에 반은 가까이 가 있는 것입니다. 가장 위험한 것이 일단 일부터 벌이는 것입니다. 감이 좋다느니, 이길 수 있는 자신이 있다느니 하면서 주관적인 판단을 기초로 새로운 시도를 한다면 그 승리는 장담할 수 없습니다. 물론 그렇게 해서 성공을 할 수도 있겠지만 평균적인 승리는 나올 수 없습니다. 손자가 꿈꾸었던 승리는 어쩌다 이기는 막연한 승리가 아니라 반드시 이기는 승리였습니다. 그래서 이길 수밖에 없는 형形을 만들어 싸우는 것이 지혜로운 자들의 게임 방식이라는 것입니다.

고대 풍수지리에서는 햇볕이 잘 드는 남향에, 뒤에는 북풍을 막아주는 산이 있고 앞에는 물이 있어서 선선한 계곡 바람이 들어오는 형形을 선호했습니다. 이런 형形에서 살아야 사람이 건강할 수 있습니다. 그런데 일단 살고 나서 그 형形을 만들려고 하면 이것은 불가능합니다. 어찌 보면 풍수지리는 자연과의 게임이라고도 할 수 있습니다. 바람과 물에 대한 지피지기知彼知己를 통해 어떻게 그곳에 나라는 존재를 안착시킬 수 있는지를 고민하는 것입니다. 손자는 형形을 말하면서 정말 잘 싸워 이기는 사람의 특징은 멋있어 보이지 않는 것이라고 말합니다. 당연히 이길 수밖에 없는 형形을 이미 만들어놓고 싸웠기에 승리가 그리 멋있어 보이지 않는다는 것입니다. 보기에 멋지고, 대단하고, 훌륭하게 이긴 싸움은 하수들의 승리 방식이라는 것입니다. 옛날 중학교 시절 학교에서 공부를 제일 잘하는 친구는 매일 놀면서 어떻게 시험만 보면 저렇게 잘 보나 의심한 적이 있습니다. 평소에는 설렁설렁 노는 것 같은데 시험만 보면 1등이니 참으로 쉽게 우등생이 되는 모습이 부러우면서 얄미웠습니다. 《손자병법》의 관점에서 보면 이런 학생이 진짜 고수입니다. 멋있어 보이지는 않지만 시험을 잘 볼 수밖에 없는 구조를 만들고 시험을 보았기에 쉽게 우등생이 될 수 있는 것입니다. 직장에서 땀 흘리고 끙끙거리며 일하는 사람이 능력 있는 직원이라고 할 수는 없습니다. 어쩌면 정말 유능한 직원은 할 일을 제대로 다 해놓고 정시에 퇴근하기 때문에 보기에는 그리 열심히 일하지 않는 것처럼 보일 수도 있습니다. 무협지를 보면 정말 고수는 싱겁게 승리합니다. 휘리릭! 눈 깜짝할 사이에 승부는 이미 끝나 있습니다. 축구 국가 대표가 외국에 가서 힘들게 머리에 피까지 흘려가며 승리했다면 정말 대단한 승리이지만, 《손자병법》의 관점에서 보면 능력 있는 자의 승리는 아닙니다. 이미 훈련과 연습이 잘 되어 있고, 선수들이 축구를 잘하면 그렇게 애쓰지 않아도 쉽게 승리할 수 있다는 것입니다. 원문을 통해 이 내용을 느껴보도록 하죠.

戰勝而天下曰善 전승이천하왈선

非善之善者也 비선지선자야

擧秋毫不爲多力 거추호불위다력

見日月不爲明目 견일월불위명목

聞雷霆不爲聰耳 문뢰정불위총이

古之所謂善戰者 고지소위선전자

勝于易勝者也 승우이승자야

전쟁에서 이겼는데 세상의 모든 사람들이 "정말 훌륭하게 잘 싸웠
다!"라고 한다면

그것은 최고의 승리는 아니다.

가을 털갈이하는 짐승의 털 한 올을 든다고 힘이 세다고 하지 않고

하늘의 해와 달을 볼 수 있다고 해서 눈이 밝다고 하지 않으며

우레와 천둥소리를 들을 수 있다고 해서 귀가 밝다고 하지 않기 때문
이다.

그래서 소위 잘 싸우는 자의 특징은

쉽게 이길 수밖에 없는 적을 맞이하여 쉽게 싸워 이기는 자이다.

故善戰之勝也 고선전지승야

無智名 무지명

無勇功 무용공

故其戰勝不忒 고기전승불특

不忒者 불특자

其所措必勝 기소조필승

勝已敗者也 승이패자야

그러므로 잘 싸우는 조직의 승리는

특별한 지혜나 이름이 있어 보이지 않고

특별한 용맹과 성공도 있어 보이지 않는다.

그러므로 그들의 전쟁 승리는 한 치의 어긋남도 없는 승리의 방법으로 이긴 것이니

한 치의 어긋남도 없다는 것은

그들의 승리를 위한 사전 조치가 반드시 이길 수밖에 없는 형세를 만들어서

이미 패할 수밖에 없는 형세를 가진 상대를 맞이하여 싸워 승리하였기 때문이다.

《손자병법》에 빠질 수밖에 없는 이유가 이런 승리에 대한 관점이 있기 때문입니다. 멋있어 보이고, 대단해 보이는 승리는 정말 위대한 승리가 아니라는 것입니다. 왜냐하면 잘못하면 질 수도 있는 상황에서 어렵게 이겼기 때문입니다. 어쩌면 정말 위대한 승리는 너무나 쉽게 이긴 승리일 수 있다는 것입니다. 이 부분은 노자의 철학적 배경과 유사합니다. '대지약우大智若愚, 정말 지혜로운 사람은 겉으로 보기에는 바보처럼 보인다!' 이 말은 겉으로 볼 때 똑똑해 보이는 사람 중에 오히려 바보가 더 많다는 뜻입니다. 고수는 고수처럼 안 보이고 어쩌면 바보처럼 보입니다. 그래서 상대방은 방심하게 되고, 그 방심을 틈타 단 한 수에 승부를 가른다는 것입니다. 어느 분이 그러더군요. 사기꾼

은 사기꾼처럼 안 보인다고. 그래서 사기를 당한답니다. 전쟁에서 승리는 반드시 이뤄야 하는 목표이고, 그 목표 달성을 위해서는 이기는 구조를 먼저 만들어야 합니다. 그래서 승리를 얻을 때는 이미 이길 수밖에 없는 구조가 있었기에 너무나 쉽게 승리할 수 있습니다.

세勢를 만들어 승리를 얻어라!

이번에는 세勢에 대해 살펴보겠습니다. 세勢는 요즘에도 자주 사용하는 단어입니다. '선거전에서 세勢를 불려라! 승세勝勢가 굳혀졌다!' 이렇게 사용하기도 하고, '가세家勢가 기울었다. 국세國勢가 저물고 있다' 이렇게 사용하기도 합니다. 세勢를 한마디로 정의하면 조직의 분위기입니다. 판도입니다. 문화입니다. 그래서 세勢가 좋으면 경쟁력이 강화되기도 하고 세勢가 안 좋으면 조직의 역량이 저하되기도 합니다. 먼저 세勢에 대한《손자병법》의 정의를 읽어보도록 하겠습니다.

> 勇怯 용겁
> 勢也 세야
> 如轉圓石于千仞之山者 여전원석우천인지산자
> 勢也 세야
>
> 병사들이 용감한가 겁쟁이인가는
> 그들이 몸담고 있는 조직의 세勢에 달려 있다.

> 마치 둥근 돌이 천 길 꼭대기 산에서 굴러내리는 것 같은 힘이
> 세勢다.

　세상에 어떤 겁쟁이 병사라도 좋은 세勢를 타면 용감한 자로 변하고, 용감하고 똑똑한 병사라도 세勢가 없는 조직에서는 자기 능력을 발휘하지 못하고 겁쟁이로 변합니다. 경영학에서 이것을 기업 문화corporate culture라고 이야기하는데, 이 기업 문화가 손자가 이야기하는 세勢입니다. 이미 세勢가 좋으면 조직의 구성원의 에너지〔士氣〕는 올라갑니다. 자기도 모르게 조직의 문화에 자신의 에너지가 영향을 받는 것입니다. 그래서 리더가 어떤 세勢를 만들었느냐가 굉장히 중요합니다. 리더에 의해 형세가 바뀌고, 형세가 바뀌면서 병사들의 에너지와 능력이 천차만별로 바뀝니다. 앞에서 묘사한 형形의 모습, 천 길 낭떠러지에서 갇혔던 물이 쏟아져내리는 에너지의 근원이 형形이고, 천 길 낭떠러지 기울기가 가파른 곳에서 둥근 돌멩이가 굴러내리는 에너지의 근원이 세勢입니다. 돌멩이가 갖고 있는 에너지의 양이 100이라면 어떤 형세에서 구르느냐에 따라 150이 될 수도 있고 50도 안 될 수도 있습니다. 그 돌멩이의 에너지를 병사들의 에너지에 비유하여 그것을 기氣라고 합니다. 병사들의 에너지, 사기士氣라고 하죠. 형形과 세勢가 좋으면 사기가 올라가서 기세가 등등한 조직을 만들 수 있습니다.

　세勢와 더불어 중요한 조직의 경쟁력이 절節입니다. 절節은 세勢에 의해 굴러내려온 돌이 상대방과 부딪히는 순간을 말합니다. 가파른 기울기에서 굴러내려온 돌이 상대방과 접전을 벌였을 때 얼마나 임팩트

impact가 있느냐가 바로 절節입니다. 이 두 가지 요소가 잘 갖추어져 있으면 엄청난 에너지가 나오게 되고, 그 에너지는 승리의 결과를 가져오게 됩니다. 가파른 골짜기에서 흘러내리는 물은 바위를 삼켜버리고, 독수리가 속도를 내서 사냥감에게 다가가 한 번에 낚아채는 순간 사냥감은 흔적도 없이 찢겨지게 됩니다. 골프에 비유하면 스윙이 세勢고 임팩트가 절節입니다. 스윙의 각도가 가파르고 임팩트가 좋으면 공은 내가 원하는 방향과 거리로 날아가게 됩니다. 그러니 공이 제대로 안 가는 것은 내 스윙의 각도와 임팩트의 문제라는 것입니다. 간단히 말하면 공 탓하지 말고 자기 스윙과 임팩트를 먼저 돌아보라는 것입니다. 물 젖은 공이든 싸구려 공이든 좋은 골퍼를 만나 좋은 스윙과 임팩트를 거치면 탁월한 거리를 날아갈 수 있고, 아무리 비싼 공이라도 골퍼가 형편없으면 결국 오비를 낼 수밖에 없습니다. 물론 이왕이면 다 홍치마라고 스윙도 좋고, 임팩트도 좋고, 공까지 좋으면 금상첨화지요. 그러나 공의 본질이 크게 작용하지는 않는다는 것입니다. 물론 깨지거나 정말 문제 있는 골프공은 예외입니다. 《손자병법》에서는 계곡에서 흘러내리는 물과 독수리가 먹이를 잡아채는 것으로 세勢와 절節을 설명하고 있습니다.

激水之疾 격수지질
至于漂石者 지우표석자
勢也 세야
鷙鳥之疾 지조지질

至于毁折者 지우훼절자

節也 절야

是故善戰者 시고선전자

其勢險 기세험

其節短 기절단

솟구치는 빠른 물살이

계곡의 바위를 띄워올리는 힘은

세勢가 그렇게 만든 것이다.

독수리가 빠른 스피드로 사냥감에게 다가가

단번에 먹이를 낚아채서 꺾어버리는 힘은

절節이 그렇게 만든 것이다.

그래서 싸움을 잘하는 사람은

세勢는 가파르게 만들고

절節은 짧게 만들어 단박에 승리를 거머쥔다.

　　이 부분을 이해하면 《손자병법》의 조직론에 눈이 떠집니다. 계곡의 빠른 물살이 커다란 바위를 삼켜버리고, 독수리가 사냥감을 한 번에 낚아채는 힘은 세勢와 절節에서 나온다는 것입니다. 이것은 조직의 파워가 어디에서 근원하는지를 잘 설명해주는 글입니다. 조직의 세勢를 높이고, 타이밍을 놓치지 않고 짧은 시간에 정확히 타깃을 향해 강한 임팩트를 준다면, 강력한 조직의 파워가 나올 수 있는 것입니다. 〈동물의 왕국〉을 보면 사자나 독수리가 사냥할 때 이런 장면을 볼 수 있습니다. 먹잇감을 일단 선정하여 방향을 정하고 정확한 타이밍에 가파르게 가속도를 올려 먹잇감이 전혀 알지 못하게 단박에 충격을 가하는 장면을 보면, 자연계의 사냥에서도 보이지 않는 전략이 존재한다는 것을 느낍니다. 이순신 장군의 명량해전에 비유해봅니다. 적의 배는 133척이고 나에게는 열세 척의 배밖에 없는데 어떻게 이길 수 있겠습니까? 우리는 《손자병법》에서 이기는 형形을 만들어야 된다고 배웠습니다. 그런데 적의 배가 133척이면 질 수밖에 없는 형形입니다. 이 형形을 내가 이길 수밖에 없도록 바꾸려면 어떻게 해야 할까요? 133척의 배가 한꺼번에 횡으로 들어오지 못하고 종으로 들어오게 만들면 됩니다. 그래서 그런 곳을 찾아냈습니다. 양쪽에 섬이 있는 곳입니다. 바로 울돌목이었죠. 그런 곳에 적의 배가 한 척씩 들어왔을 때 열세 척의 배를 학의 날개처럼 펴고 한 번에 치고 나가면 세勢를 만들게 됩니다. 133대13에서 1대13이 되는 것입니다. 이것이 울돌목 전투의 상황이었습니다. 133대13으로 싸웠으면 지는 형세였습니다. 하지만 이기는 형세를 만들고 들어오는 배마다 1대13으로 싸우게 해서 결국 승리를 거둘 수 있었습니다. 이순신 장군은 어떻게 지리적 조건을 이용해 형세를 바꿀 것인지, 그리고 누구에게 양쪽 섬의 현장을 맡길 것인지 등을 입체적으로 그리고 있었습니다. 적의 강점과 약점, 아군의 강점과 약점, 현장 데이터 등을 분석하고 형세를 어떻게 만들어낼 것인지, 기세를 어떻게 하여 병사들의 에너지를 끌어낼 것인지를 입체적으로 고민했습니다. 이것들이 《손자병법》에서 리더에게 요구하는 덕목입니다.

善戰者 선전자

求之於勢 구지어세

不責於人 불책어인

故能擇人而任勢 고능택인이임세

任勢者 임세자

其戰人也 기전인야

如轉木石 여전목석

잘 싸우는 자는

전쟁의 승리를 세勢를 통해 획득하지

밑의 사람에게 책임을 묻지 않는다.

그러므로 사람들을 잘 선발하여 자신이 만든 세勢에 타게 하니

세를 잘 타면

그 싸우는 자들이

마치 나무와 돌이 구르는 것처럼 강해진다.

이 문장은 《손자병법》의 핵심이라고 할 수 있습니다. 부하에게 능력이 없다고 욕하는 리더는 무능한 리더입니다. 부하들이 그렇게 될 수밖에 없는 형세를 만들어놓고 왜 그들을 비난하는 것입니까? 그들의 능력을 발휘할 수 있는 형세를 만들어놓고, 그 형세 속에서 적을 향해 돌격하는 길을 만들어줘야 합니다. 리더는 병사들의 열정을 끌어내고, 병사들의 능력을 발휘하게 만드는 사람입니다. 세勢를 잘 만들어 병사들을 태우면 구르는 나무와 돌처럼 막강한 존재로 변화할 수 있습니

다. 내 부하를 돌같이 강한 존재로 만들 것인가 아니면 솜처럼 약한 존재로 만들 것인가는 결국 리더가 만든 세勢에 따라 결정되는 것입니다. 그래서 똑같은 사람이라도 누구의 아래에 있느냐에 따라 능력이 달라집니다. 축구의 경우 감독이 형세를 살펴 선수를 교체하고, 그것이 적중하여 골을 넣고 역전하는 경우가 많습니다. 명장 밑에 명선수가 나오는 것입니다. 이런 것들을 모두 고려할 줄 아는 감독이 명장입니다.

형세를 만드는 네 가지 방법

지금까지 형세 이야기를 하였습니다. 형세는 조직의 승패를 결정하는 중요한 요소로서 병사들의 능력을 좌우합니다. 형세를 잘 만들면 조직원의 능력이 극대화되고 그 결과는 조직의 경쟁력으로 나타난다는 것인데, 구체적으로 좋은 형세를 만드는 방법이 궁금합니다. 《손자병법》에서는 형세를 만들어내는 네 가지 방법을 제시하고 있습니다. 첫째, 조직을 나누어 운영하라! 분수론分數論. 둘째, 의사소통 수단을 마련하라! 형명론形名論. 셋째, 원칙과 변칙을 잘 섞어 사용하라! 기정론奇正論. 넷째, 허실을 분석하여 핵심을 찾아내라! 허실론虛實論. 이 네 가지가 형세를 만들어내는 방법입니다. 물론 《손자병법》에 '형세를 만들어내는 네 가지 방법' 이렇게 명문화되어서 나온 구절은 없습니다. 그러나 이 네 가지 수단을 잘 이용하면 좋은 형세가 만들어질 수 있습니다. 구체적으로 한번 들어가보도록 하죠.

첫 번째는 분수론分數論입니다. 나눌 분分에 숫자 수數입니다. 일단 조직은 작은 단위로 나누고 쪼갭니다. 그래서 각 나눈 단위가 자율적으로 운영될 수 있도록 권한을 부여합니다. 한 사람이 대규모 병력을 운영하는 것은 쉬운 일이 아닙니다. 조직을 나눠서 운영할 때 어떤 효과가 기대되는지《손자병법》의 원문을 보겠습니다.

治衆如治寡 치중여치과
分數是也 분수시야

수많은 병사들을 관리하는 것을 마치 적은 병력을 관리하는 것과 같이 하려면
수를 나누는 것이 방법이다.

조직을 작은 단위로 나누는 것은 어쩌면 권력을 분산시키는 것입니다. 내가 1,000명을 혼자 이끌고 조직을 운영한다면 내 권력은 강해질 것입니다. 그런데 이것을 부서별로 나누어 각 부서별로 운영될 수 있도록 한다면, 내 권력은 작아지는 것 같지만 오히려 조직의 경쟁력은 높이는 길일 수도 있습니다. 경영학에서는 권한 부여empowerment라고 표현합니다. 조직을 나누어 책임자를 세우고 권력을 주어라. 내 권력은 분산되지만 많은 수를 적은 수 부리듯 할 수 있는 가장 효율적인 방법입니다. 최고 경영자가 말단의 일까지 간섭하고 다니면 안 됩니다. 시스템을 만들고 각자에게 역할과 과업을 주어서 엉키지 않도록 조정하면, 수만 명을 이끌지만 마치 몇 명만 끌고 다니는 것 같은 효율을

낼 수 있습니다.

두 번째는 형명론形名論입니다. 형形은 눈에 보이는visual 것이고 명名은 귀에 들리는audible 것입니다. 이름 명名자이지만 여기서는 '듣는다'는 뜻입니다. 이것은 눈과 귀를 통일하라, 즉 의사소통 수단을 만들라는 뜻입니다. 원문을 살펴보죠.

鬪衆如鬪寡 투중여투과
形名是也 형명시야

대규모 병력과 싸울 때 소규모 병력과 싸우듯이 하려면
눈과 귀를 통일하는 것이 방법이다.

이기는 형세의 두 번째는 의사소통입니다. 의사소통이 잘되는 조직은 일사불란하게 움직입니다. 기업 경영에서는 용어terminology와 비전vision을 통일하고 회사의 가치를 공유합니다. 옛날 전쟁에서는 주로 깃발로 의사소통을 했는데 이것이 바로 形입니다. 다음에는 소리, 귀로 듣는 것이 중요했습니다. 예를 들어 공격할 때 마음을 가장 고양시키는 소리는 북소리입니다. 둥둥둥 하는 소리가 심장 박동과 비슷해 사람들로 하여금 에너지를 내게 합니다. 후퇴하라고 하고 싶으면 깨깨깽하고 쇳소리를 냅니다. 치고 들어갈 때 가장 좋은 소리는 북소리이고 도망칠 때 가장 좋은 소리는 쇳소리입니다. 조직의 모든 구성원이 동일한 신호 체계하에서 움직이고 명령 전달이 정확하게 이루어진다면 조직의 형세는 좋아질 수밖에 없습니다. 여기서는 비록 시각과 청각의 통일을 이야기했지만 더 나아가 생각과 목표의 공유 역시 의사소통의 중요한 요소입니다.

세 번째는 기정론奇正論입니다. 기奇는 특별하다special는 뜻이고 정正은 평범하다normal는 뜻입니다. 저는 이것을 변칙과 원칙이라고 해석하는데, 전쟁에서는 이 두 가지를 잘 써야 됩니다. 원칙만으로 이기는 것이 아닙니다. 원칙이 기반이 되어서 변칙의 한 방으로 승리를 얻을 수도 있습니다. 단, 원칙 없는 변칙은 오래가지 못합니다. 그래서 군대에도 정병正兵 즉 정규군이 있고, 기병奇兵 즉 특수 임무를 수행하는 특수부대가 있습니다. 승리는 특수부대들에 의해 만들어지는 경우가 많습니다. 그런데 특수부대들이 잘 활동하려면 정규군이 튼튼해야 합니다. 비유하자면 중국집도 장사가 잘되려면 자장면만 팔아서는 되지 않고, 팔보채라든가 좀 특별한 요리를 많이 팔아야 돈을 벌 수 있습니다. 그런데 중요한 것은 일단 자장면이 맛있어야 사람들이 찾아온다는 것입니다. 이것이 참 딜레마입니다. 야구에 비유하자면, 투수의 기본인 직구도 갖추어야 하고 상대 타자를 요리할 수 있는 변화구도 갖추어야 하는 것입니다. 손자는 기본(正)에 충실하면서 상황의 변칙(奇)으로 승리를 얻을 수 있다고 말하고 있습니다. 원문을 볼까요.

必受敵而無敗者 필수적이무패자
奇正是也 기정시야

반드시 적을 맞이하여 싸워 지지 않는 것은
변칙과 원칙을 잘 구사하는 것이 방법이다.

원칙은 좋은데 전쟁에서 패배하는 이유는 무엇일까요? 원론으로만 싸우기 때문에 그런 것입니다. 부대 편성도 잘되어 있고, 작전 계획도 완벽합니다. 후방의 지원 체계도 원활하고 리더의 스펙도 좋습니다. 그런데 오로지 원칙으로만 상대를 맞이하여 싸운다면 승리를 얻기는 어렵습니다. 신의 한 수인 변칙이 따라줘야 승리할 수 있는 것입니다. 권투 시합에서 기본기가 충실한 선수가 이길 확률이 높지만 변칙을 자유자재로 쓸 수 있는 선수가 챔피언이 됩니다. 오로지 원칙에 갇혀 있으면 전쟁에서 집니다. 상대방을 정확히 분석하고 내가 가진 장점을 활용해 상대방이 예측할 수 없는 한 방, 이것이 기론奇論입니다. 교과서에 나오고 예상되는 것이 원칙이라면 상대방이 예상하지 못하는 것이 변칙입니다.

네 번째는 허실론虛實論입니다. 허虛는 약한 곳weakness이고 실實은 강한 곳strength입니다. 허실론虛實論의 극점은 '피실격허避實擊虛'입니다. 상대방의 실하고 강한 곳은 피하고, 상대방의 허하고 약한 곳을 집중 공격하는 전략입니다. 이 전략을 제대로 사용하려면 상대의 빈 곳이 어딘지 단단한 곳은 어딘지를 정확히 분석해야 하고, 아울러 나의 강한 곳과 약한 곳을 정확히 알고 있어야 합니다. 그래야 나의 가장 강한 것을 집중하여 상대방의 가장 약한 곳을 향해 공격할 수 있습니다. 나의 강한 것으로 상대방의 약한 곳을 공격할 때 마치 바위를 들어 계란을 내리치는 효과를 얻을 수 있습니다. 일명 바위로 계란 치기입니다. 원문을 한번 읽어보겠습니다.

兵之所加 병지소가

如以破投卵者 여이단투란자

虛實是也 허실시야

군대가 적을 향해 돌격할 때

숫돌을 들어 계란을 향해 내리치는 효과를 얻기 위해서는

허와 실을 정확히 알고 공격하는 것이 방법이다.

군대가 공격할 때 숫돌로 계란을 때리듯 하라는 것입니다. 숫돌로 계란을 치면 어떻게 될까요? 계란이 박살날 것입니다. 《손자병법》에 바위로 계란 치기라는 표현이 나옵니다. 그런 효과를 내려면 어떻게 해야 할까요? 상대방의 가장 약한 곳을 찾아서 내가 가진 가장 강한 힘을 집중하면 바위로 계란을 치는 효과가 나올 것입니다. 상대방도 힘이 10이고 나도 10입니다. 그런데 상대방의 10 중 두 번째가 약합니다. 그러면 나는 10을 모아 상대방의 두 번째를 치고 들어가는 것입니다. 병력이 훨씬 많았던 장제스蔣介石가 무기와 병력에서 뒤졌던 마오쩌둥毛澤東에게 진 이유가 이것입니다. 마오쩌둥은 적의 가장 약한 곳에 자신의 힘을 집중하여 공격하는 허실 전략의 대가였습니다. 선택과 집중을 통해 상대의 가장 약한 곳을 바위로 계란을 툭툭 때리듯이 공격하는 것, 이것이 형세와 기세를 만들어내는 리더의 모습입니다.

이상 네 가지 방법론이 이기는 형세를 만들어내는 조직의 모습입니다. 부대의 숫자를 나눠서 권력을 이양하라! 분수론分數論. 귀와 눈을 통일하여 의사소통이 원활한 조직을 만들어라! 형명론形名論. 원칙에

기초하여 변칙으로 승리를 얻어내라! 기정론奇正論. 허와 실을 정확히 파악하여 실로 허를 쳐서 파격적인 승리를 얻어라! 허실론虛實論. 이 네 가지 방법을 통해 싸우기 전에 이미 이기는 형세인지 지는 형세인지를 알 수 있는 것입니다.

주도권을 잡아라!

허실은 《손자병법》에서 중요하게 여기는 전략의 기초입니다. 허실을 정확히 파악하였을 때 내가 어디를 공격하고 어디를 수비해야 할지를 정확히 알 수 있습니다. 어떤 존재든 허虛와 실實은 동시에 공존합니다. 어떤 존재도 강한 곳만 있을 수는 없고, 어떤 존재도 약한 곳만 있을 수는 없습니다. 존재의 양측면, 허虛와 실實을 동시에 꿰뚫는 것은 전쟁에서 주도권을 잡고 승리를 얻을 수 있는 기반이 됩니다. 그래서 《손자병법》6편에서는 허실에 대하여 집중적으로 설명하고 있습니다. 허실을 장악하면 주도권을 쥘 수 있습니다. 주도권은 병법에서 아주 중요합니다. 주도권을 쥐려면 어떻게 해야 할까요? 《손자병법》에서는 이 대목에서 굉장히 재밌는 말을 합니다. 원문을 읽어보겠습니다.

善戰者 선전자
致人而不致於人 치인이불치어인
能使敵人自至者 능사적인자지자

利之也이지야

能使敵人不得至者능사적인부득지자

害之也해지야

전쟁을 잘하는 사람은

내가 상대방을 끌고 다니지 상대방에게 끌려다니지 않는다.

상대방으로 하여금 내가 원하는 곳으로 오게 하려면

그가 원하는 이익을 주면 온다.

상대방으로 하여금 오지 않게 하려면

그가 생각하는 손해를 주면 오지 않는다.

상대방의 이익과 손해를 파악하면 주도권을 쥐는 것이 가능하다는 것입니다. 너무나 간단하지만 현대 사회에서도 여전히 유효한 이야기입니다. 상대방을 오게 하려면, 오는 게 이익이라고 생각하게 하면 오라고 하지 않아도 올 것입니다. 오지 않게 하려면, 오는 게 손해라고 생각하게 하면 오라고 해도 오지 않을 것입니다. 어떤 기업이 제조한 물건을 사는 것이 이익이라고 생각하면 사지 말라고 해도 살 것이고, 그 물건을 사는 것이 손해라고 생각하면 사라고 해도 사지 않을 것입니다. 결국 고객의 이익과 손해에 대한 생각을 읽어낼 수만 있다면 기업은 고객에 대해 주도권을 쥘 수 있습니다. 문제는 상대방이 무엇을 이익이라고 여기고 무엇을 손해라고 생각하는지 정확히 분석하는 것입니다. 어떤 손님은 가격을 이익이라고 생각하고 어떤 고객은 품질을 이익이라고 생각할 수 있습니다. 또 어떤 사람은 브랜드를 더욱 중요하게 생각할 수 있습니다. 어떤 제품을 만들어 파느냐를 기반으로 그 물건을 사는 사람들의 이해를 정확히 파악하는 것이 중요합니다.《손자병법》에서는 전쟁은 살아 있는 유기체들의 승부라고 강조합니다. 상황에 따라 상대방의 이해에 대한 관점이 달라지기 때문입니다. 모든 관계에서 주도권은 중요합니다. 노사 관계, 정부와 국민, 심지어는 부부 관계에 이르기까지 늘 주도권은 보이지 않는 팽팽한 쟁탈의 항목입니다. 대부분 갑이 주도권을 쥔다고 생각합니다. 결정권자, 돈을 가진 자, 권력을 지닌 자가 주도권을 쥔다는 것입니다. 그러나 때로는 전혀 생각지 못한 상대에게 주도권을 뺏길 수도 있습니다. 그래서《손자병법》에서는 '지피지기知彼知己'가 중요합니다. 상대방의 생각을 읽어내야 하고 내 생각 역시 정확히 읽어야 합니다. 부모와 자식 간에도 눈에 보이지는 않지만 여전히 주도권이 존재합니다. 어떤 부모는 재산을 가지고 주도권을 쥐고 자식을 좌지우지하기도 합니다. 권위와 서열 역시 주도권의 향방에 중요한 영향을 끼칩니다.《손자병법》은 유교적 사고 방식과는 다릅니다.《대학》,《논어》,《맹자》,《중용》에서는 도道, 덕德, 인仁, 의義, 예禮, 지智를 말합니다. 이익과 손해에 연연하지 않는 사회적 원칙과 도덕적 규율이 존재합니다. 하지만《손자병법》은 생사와 존망을 가르는 전쟁터의 철학입니다.《손자병법》에서는 주도권이 이해 관계에 의해 결정된다고 보고 있습니다. 만약 유가의 지식인이《손자병법》을 본다면 화를 낼 것입니다. 덕德이 있으면 오지 말라고 해도 오고, 인仁을 베풀면 모든 사람이 나를 따라올 것이라고 할 것입니다. 그러나 병가兵家는 다릅니다. 전쟁은 사람이 죽고 사는 곳이요 한 나라의 존망이 바뀌는 곳이기에, 단순히 도덕과 인의로 상대방을 감동시키거나 따르게 할 수 없다는 것입니다. 병가에서는 주도권을 쥔 군대가 상대방과 대적하여 완벽한 승리를 거두는 것을 목표로 합니다. 그런 군대를 귀신같은 군대라고 합니다. 도무지 상대방이 나의 정체를 알아차리지 못하기 때문입니다. 원문을 보겠습니다.

故善攻者 고선공자
敵不知其所守 적부지기소수
善守者 선수자
敵不知其所攻 적부지기소공
微乎微乎 미호미호
至於無形 지어무형
神乎神乎 신호신호
至於無聲 지어무성
故能爲敵之司命 고능위적지사명

그러므로 정말 잘 공격하는 군대는
적이 도저히 어디를 지켜야 될지 모른다.
정말 잘 수비하는 군대는
적이 도저히 어디를 공격해야 될지 모른다.
살금살금 형체도 없구나!
귀신같이 소리도 없구나!
이 정도는 되어야 적의 목숨을 좌우할 수 있는 것이다.

세상에서 가장 무서운 상대는 어떤 상대일까요? 힘이 세거나 숫자가 많은 군대가 아닙니다. 군량미가 많거나 무기가 좋은 군대도 아닙니다. 가장 무서운 상대는 상대방에 대해서 아무것도 모를 때 가장 무서운 상대가 됩니다. 도무지 몇 명이나 되는지, 전력은 어느 정도인지, 어떤 성향인지도 모를 때 가장 무서운 존재가 됩니다. 낮에 산에 가면 아름다운 산이지만 밤에 산에 가면 공포감이 몰려옵니다. 그 공포감의 본질은 무지에서 비롯합니다. 도대체 산에 대하여 아무런 정보도 없을 때 공포감은 극대화됩니다. 현대전에서도 상대방에게 내가 가지고 있는 전력을 노출하는 것은 제한적입니다. 적당하게 노출하여 상대방이 내 전력을 정확히 알 수 없게 만들 때 내 힘은 극대화됩니다. 전쟁에서는 솔직한 것이 좋은 것이 아닙니다. 도무지 알 수 없는 상태가 가장 최적의 상태입니다. 내가 아는 어떤 분은 돈이 많다고 늘 자랑하십니다. 그리고 정확하게 돈이 얼마 있는지도 밝히십니다. 이런 분들은 큰 매력이 없습니다. 오히려 돈이 얼마 있는지 전혀 짐작할 수 없게 만드는 것이 진정한 부자의 전략입니다. 내가 어디로 공격할지, 어디에서 수비할지 도저히 알 수 없게 만들 때 그 부대는 전장의 주도권을 쥔 최고의 군대가 될 수 있습니다. 북한이 핵 개발을 통하여 외교 협상에 있어서 주도권을 쥐려 하고 있습니다. 그런데 핵과 미사일 개발이 어느 정도에 왔는지는 정확히 알려주지 않습니다. 다만 미사일을 적시에 발사함으로써 상대방으로 하여금 내 전력을 짐작은 하되 확신은 하지 못하게 하여 주도권을 쥐는 전략을 사용하고 있는 것입니다. 주도권은 전쟁뿐만 아니라 외교, 경제 모든 분야에서 중요한 요소입니다.

분산과 집중의 미학

상대방과 싸울 때 나의 전력은 집중되어 있고 상대방의 전력은 분산되어 있다면, 상황은 나에게 유리하게 전개됩니다. 처음에는 10대10 똑같은 상황이지만 상대방이 분산되면 1이 되고, 내가 집중하면 그대로 10을 유지할 수 있습니다. 그러니 집중된 10으로 분산된 1을 치면 승리를 얻을 수 있습니다. 문제는 적을 분산시키는 방법입니다. 방법은 간단합니다. 상대방은 나를 모르게 하고 나는 상대방을 알고 있으면, 상대방은 분산되고 나는 집중할 수 있습니다. 이것을 《손자병법》에서는 '시형법示形法'이라고 합니다. 즉 내 모습(形)을 자유자재로 상대방에게 보이는(示) 방법입니다. 상대방에게 내가 원하는 모습으로 보이면 상대방은 나를 잘못 인식하게 되고, 잘못된 판단을 하게 됩니다. 따라서 적은 나의 의도와 허실을 모르기 때문에 분산될 수밖에 없습니다. 결국 적의 부대는 분산된 만큼 전력이 약화됩니다. 적은 나누어져 분산되어 있고 나는 모아져 집중되어 있으면, 아군에게 우세한 상황이 주어집니다. 이것이 《손자병법》 허실론의 본질입니다. 농구 경기를 보면 선수의 진행 방향과 의도를 숨기는 것이 승패의 관건입니다. 누구에게 공을 줄지 모르기 때문에 적은 분산될 수밖에 없습니다. 그 분산된 틈을 이용하여 집중적으로 한 방향을 공격하면 골을 넣을 수 있습니다. 간단히 말하면 상대방 전선은 넓게 펼쳐지게 만들고, 나는 한 곳으로 집중하는 것이 분산과 집중의 전략입니다. 《삼국지》에서 조조와 원소袁紹가 관도라는 곳에서 대치하고 있었습니다. 원소는 부하들로 하여금 조조의 부장인 유연劉延을 공격하게 하여 포위하였습니다. 그리고 원소 자신은 여양에서 강을 건널 준비를 하였습니다. 조조는 군사를 이끌고 부장인 유연을 도와주려고 하였는데 그때 책사인 순유荀攸가 이렇게 말렸습니다.

"적은 우리보다 숫자가 많으니 직접 구원해주는 것은 불리합니다. 원소의 병력을 분산시켜야 우리에게 승산이 있습니다. 일부 병력을 파견하여 원소의 뒤쪽으로 강을 건너 접근시키면 원소는 뒤쪽을 대비할 것입니다. 이렇게 원소의 병력을 분산시켜놓고 틈을 타서 유연을 도우러 가면 됩니다."

조조는 이 계획을 받아들였습니다. 원소는 조조가 강을 건넌다는 소식을 접하고 병사들을 분산시켰습니다. 이때 조조는 공격하여 원소의 군대를 격파하고 포위를 풀었습니다. 집중과 분산의 전략, 원문을 보겠습니다.

形人而 형인이
我無形 아무형
我專 아전
敵分 적분
我專爲一 아전위일
敵分爲十 적분위십
是以十攻其一也 시이십공기일야
則我衆而敵寡 즉아중이적과
能以衆擊寡者 능이중격과자

則吾之所與戰者約矣 즉오지소여전자약의

상대방의 의도와 실정은 드러나게 하되

나의 의도나 실정은 드러나지 않게 한다.

이러면 나는 한 곳으로 병력을 집중할 수 있지만

적은 나의 의도를 모르기에 분산될 수밖에 없다.

나는 한 곳으로 집중하고

적은 열 곳으로 분산되기에

열 개의 힘으로 한 개의 힘을 공격하는 것이 된다.

그렇다면 나는 다수고 적은 소수가 된다.

이렇게 다수로 소수를 공격하게 되면

아군이 싸워야 할 적은 곤궁에 빠지고 만다.

너무나 간단하지만 재미있는 게임 논리입니다. 과정별로 보면

1. 상대방은 노출시켜라!

2. 나는 감추어라!

3. 상대방은 분산된다.

4. 나는 집중된다.

5. 집중된 내가 분산된 상대방을 공격한다.

6. 상대방은 불리해진다.

이런 게임 논리는 다양한 분야에 적용될 수 있습니다. 이순신 장군

이 열세 척의 배를 집중하면 열세 척이 되고, 상대방은 300척의 배가 있더라도 분산되면 한 척이 됩니다. 13대1로 공격을 거듭한다면 13대300이 아니라 13대1의 전력 재편성이 이루어집니다. 이것이 작은 내가 큰 상대를 맞이하여 싸워 이기는 방법입니다. 여기서 가장 중요한 것은 나에 대하여 상대방이 몰라야 한다는 것입니다. 노자의《도덕경》에서는 상대방이 나를 모르게 하려면 말을 많이 해서는 안 된다고 강조합니다. '다언삭궁多言數窮, 말이 너무 많으면〔多言〕 자주〔數〕 궁지〔窮〕에 몰린다.'《도덕경》5장에 나오는 명구입니다. 말이 많으면 나의 의도를 적에게 알리게 되고 나의 운신 폭은 그만큼 적어집니다. 군주가 너무 말이 많으면 신하들이 그 의도를 쉽게 눈치챕니다. 그래서 자신의 의도가 공개된 군주는 자주 곤란한 상황에 빠지게 됩니다. 전쟁에서 장군도 마찬가지입니다. 너무 많은 말을 해서 참모들에게 의도를 알아차리게 하고, 적의 간첩을 통하여 정보가 유출되면 전 부대가 곤경에 빠지게 됩니다. 내가 공격하려고 하는 곳을 적이 모르게 하여야 적이 지켜야 할 곳이 많게 됩니다. 적이 지켜야 할 곳이 많아야 내가 맞이해서 싸울 적이 적어집니다. 사람들은 가끔 자신도 모르는 사이에 너무 많은 말을 하게 됩니다. 결국 그 말은 상대방에게 정보가 되고 상황 판단의 근거를 마련해주게 됩니다. 내 의도가 적에게 보이지 않았을 때 조직의 전력은 상승합니다. 전력은 상대적인 것입니다. 내가 가지고 있는 힘의 합은 상대방이 누구냐에 따라 변합니다. 상대방이 나의 의도를 전혀 모를 때 나의 힘은 무한 상승합니다. 반면 상대방이 나의 의도를 알면 나의 힘은 떨어지게 됩니다. 함부로 남에게 내 속의 말을 하지 말라는 경구가《명심보감明心寶鑑》에 나옵니다.

사람을 만날 때 나의 생각을 30퍼센트만 이야기하고 완전히 내 마음을 다 보여주지 말라. 호랑이가 세 번 입을 벌리고 위협하는 것은 두렵지 않다. 다만 인간의 시시각각 바뀌는 두 마음이 더욱 무섭다(逢人且說三分話, 未可 全抛一片心, 不怕虎生三個口, 只恐人情兩樣心).

아무리 친한 사이라도 나의 마음을 모두 보여서는 안 된다는 생각입니다. 상대방이 나의 생각을 읽고 어떻게 행동할지 모르기 때문입니다. 특히 조직을 이끌고 가는 리더는 더욱 입을 조심해야 합니다. 그 화가 단순히 자기 혼자에게 미치는 것이 아니라 조직 전체에게 미치기 때문입니다. 무심코 던진 한마디 말이 조직을 망치고 조직원들의 생사를 결정하는 위협으로 다가올 수 있다는 사실을 명심해야 합니다.

상황이 변하면 전략도 변한다

전쟁에서 허실은 일정하지 않습니다. 지금은 허약한 곳이 가장 강한 곳이 될 수 있고, 지금 강한 곳이 가장 약한 곳이 될 수도 있습니다. 그래서 허虛와 실實은 일정하지 않고 늘 변합니다. 인간의 몸도 허한 곳과 실한 곳이 늘 변합니다. 의사는 환자의 몸 상태를 잘 살펴서 허虛와 실實을 계산하여 치료의 전략을 선택해야 합니다. 이런 유연성이야말로 병법에서 가장 중요하게 여기는 철학입니다. 손자는 이기는 군대의 유연성을 물(水)에 비유합니다. 물처럼 유연한 조직이 되었을 때 강한 군대가 될 수 있다는 것입니다. 원문을 읽어보겠습니다.

兵形象水 병형상수

水之形 수지형

避高而趨下 피고이추하

兵之形 병지형

避實而擊虛 피실이격허

水因地而制流 수인지이제류

兵因敵而制勝 병인적이제승

무릇 군대의 모습은 물과 같아야 한다.

물의 모습은

높은 곳을 피하여 아래로 흘러내린다.

군대의 모습도

적의 강한 곳을 피하고 약한 곳을 공격해야 한다.

물이 지형에 따라 물줄기를 이루듯이

군대도 적의 상황에 따라 승리의 방법을 찾아야 한다.

군대는 물과 같아야 한다는 손자의 생각은 노자의 《도덕경》에서도 보입니다. 노자는 세상에서 가장 위대한 것은 물과 같은 것이라고 역설합니다. 손자가 말하는 물과 같은 조직은 상황의 변화에 따라 유연하게 대처하는 조직입니다. 군대의 모습은 물이 지형에 따라 자신의 모습을 유연하게 바꾸듯이 언제나 상황 변화에 열려 있어야 합니다. 변하지 않는 조직은 오래가지 못합니다. 물이 변하지 않으려고 하면 썩어들어 가듯이 조직도 원칙만 고수하며 상황 변화에 부정적으로 대처하면 패배하는 조직이 되고 맙니다. 노자가 말하는 유연한 물의 철학을 들어보겠습니다.

"가장 위대한 존재는 물과 같이 하는 것입니다. 물은 온 세상 만물에게 이로움을 주지만 결코 그들과 자리를 다투며 자신의 공을 내세우려 하지 않습니다. 모든 사람이 싫어하는 낮은 곳에 처하기 때문에 우리는 진정 물을 도道의 원리에 가깝다고 하는 것입니다. 물의 거처는 낮은 땅에 있고, 물의 마음은 연못과 같이 깊고, 물의 짝은 사랑이며, 물의 이야기에는 믿음이 있으며, 물의 정치는 안정되며, 물이 하는 일에는 능력이 있으며, 물의 움직임은 늘 적시에 들어맞습니다. 이렇게 물은 모든 존재와 다투지 않으니 근심도 없습니다."

손자가 살던 농업 중심의 시대에 물은 인간이 가장 주의 깊게 보아야 할 대상이었습니다. 물은 때로는 두려움의 대상이었지만 언제나 인간에게 도움을 주는 존재로 인식되었습니다. 공자도, 노자도, 손자도 물을 보면서 자신들 생각의 단서로 사용하였습니다. 손자는 물을 유연한 조직의 모습에 비유하였습니다. 적이 실할 때는 피하고 허할 때 공격하는 것을 물이 높은 곳에서 낮은 곳으로 흘러가는 성질에 비유하였습니다. 물이 땅의 지형에 따라 자신의 모습을 바꾸는 것을 군대가 상황에 따라 전술과 전략을 바꾸어 승리를 쟁취하는 모습에 비유하였습니다. '상황에 따라 조직의 이익에 기초하여 끊임없는 변화의 답을 찾아라(因利而制權)!'《손자병법》의 구절 중 압권입니다. 《손자병법》 6편 〈허실虛失〉의 마지막 구절로 이 글을 마무리합니다.

兵無常勢 병무상세

水無常形 수무상형

能因敵變化而取勝者 능인적변화이취승자

謂之神 위지신

군대는 일정한 형세가 없다.

물이 일정한 형태가 없는 것과 같은 이치다.

적의 변화에 따라 나를 변화시켜 승리를 쟁취하는 것을

귀신같은 군대라고 이른다.

손자가 꿈꾸었던 가장 강한 군대는 귀신같은 군대, 신병神兵입니다. 적의 변화를 빨리 파악하여 그 데이터를 기초로 가장 적합한 승리의 방법을 찾아내는 군대를 신병이라고 합니다.

프로이센의 전쟁철학자 클라우제비츠는 그의 《전쟁론》에서 이것을 military genius, 전쟁 환경 변화를 읽어내는 천재성이라고 표현했습니다. 리더는 이런 천재성에 가까운 상황 파악 능력이 있어야 하며, 현재에서 가장 최적의 답을 찾아낼 수 있는 판단력이 있어야 합니다. 오늘날 원칙만 고수하고 변화를 거부하며 개혁을 도외시하는 집단은 생존할 수 없습니다.

국가의 리더는 변화하는 국제 정세를 빨리 읽어내고 적절한 미래 전략을 내놓을 수 있어야 합니다. 기업의 리더는 시장 상황을 읽어내고 빨리 생존의 해답을 찾을 수 있어야 합니다. 리더가 그저 지나간 과거의 상황에만 집착하고, 알고 있는 지식의 그물에 걸려 새로운 변화의 상황을 읽어내지 않는다면 *그*가 이끄는 조직은 결국 생존에 실패할 것임에 분명합니다.

여섯 번째 대문

때로는 돌아가는 것도 방법이다!
《손자병법》3

여섯 번째 대문

때로는 돌아가는 것도 방법이다!
《손자병법》 3

빨리 가는 것만이 능사는 아니다, 우직지계迂直之計

《손자병법》은 총 열세 편 6,600여 글자로 이루어진 병법서입니다.《손자병법》1편 〈모공謀攻〉부터 6편 〈허실虛失〉까지가《손자병법》의 군사 철학을 담은 것이라면, 나머지 7편 〈군쟁軍爭〉부터 13편 〈용간用間〉까지는 구체적이고 전술적인 내용을 주로 다루고 있습니다. 즉 전편이 전쟁에 대한 인문학적 군사 철학이라고 한다면, 후편에서는 전술적인 군사 전략이 더욱 강조되어 있다고 할 수 있습니다. 이번에는《손자병법》후편에 나오는 다양한 전략과 전술을 살펴보도록 하겠습니다.

《손자병법》에 나오는 중요한 단락 중 하나가 〈군쟁軍爭〉입니다. 세계적인 경영전략학자인 마이클 포터는 이것을 '경쟁 전략competitive strategy' 이라고 불렀습니다. 커피업계에서는 다양한 업체들이 서로 치열한 생존경쟁을 하고 있습니다. 스타벅스, 커피빈, 네로, 일리 등 세계적인 커피업체들이 누가 먼저 중심적인 자리를 차지할 것인가 경쟁을 하고 있습니다. 누가 마켓의 주도권을 잡고 나아갈 것인가? 중심의 자리에 도달하는 데는 여러 방식이 있습니다. 《손자병법》에서는 다분히 동양적인 경쟁 전략을 제시합니다. 곧장 가는 것보다 돌아가는 것이 더욱 빠를 것이란 기발한 경쟁 철학입니다. 일반적으로 경쟁에서는 빨리 가는 것이 좋다고 생각하는 상식을 깨는 전략입니다. 이것을 '우직지계 迂直之計'라고 합니다. 우회하고 돌아가는 것(迂)이 곧바로(直) 가는 것보다 때로는 훨씬 빠를 수 있다는 계산(計)이 우직지계迂直之計입니다. 세상일이라는 것이 곧바로 간다고 해서 반드시 먼저 도착하는 것은 아닙니다. 오히려 돌아가는 것이 나중에는 경쟁에서 훨씬 더 우위를 점할 수도 있습니다. '큰 배는 깊은 물에 띄워라.' 당장 이익을 내는 것도 중요하지만 물을 담아놓고 형세를 쌓아놓아야 큰 배를 띄울 수 있다는 것, 이것이 우직지계迂直之計입니다. 속담에 '소년등과少年登科는 인생의 불행'이라는 말이 있습니다. 너무 빨리 가다 보면 결국 문제가 생겨서 인생 후반에 불행으로 바뀔 수 있다는 뜻입니다. 비록 남보다 한 발 느리더라도 원칙과 상식을 존중하며 정도를 지키며 가는 것이 긴 안목에서 보면 더 멀리 가고 더 빨리 가는 결과를 가져올 수 있다는 생각이 우직지계迂直之計입니다. 빠른 길은 반드시 문제가 있습니다. 곳곳에 위험이 도사리고 있기도 하고 원칙을 어긴 결과로 크나큰 대가를 치르기도 합니다. 군대를 인솔하는 장군은 상대방과 경쟁하여 누가 먼저 땅을 선점할 것인가를 겨룰 때 우직지계迂直之計의 원칙을 잊지 말아야 한다고 강조합니다. 원문을 보겠습니다.

軍爭之難者 군쟁지난자

以迂爲直 이우위직

以患爲利 이환위리

故迂其途 고우기도

而誘之以利 이유지이리

後人發 후인발

先人至 선인지

此知迂直之計者也 차지우직지계자야

적과 경쟁에서 어려운 것은

우회하는 것이 곧장 가는 것이며

우회의 어려움이 결국 이익이 되게 하는 데 있다.

아무리 내 눈앞에 이익이 있더라도 흔들리지 말고

비록 늦게 출발해도

먼저 도착할 수 있다.

이것이 우직지계迂直之計를 아는 장군이다.

우迂는 우회한다는 뜻이고 직直은 직선거리로 간다는 뜻입니다. 직
선거리로 기동하는 것이 단기적으로는 빠를 수 있지만 그만큼 위험 부
담도 큽니다. 상대방도 아군이 빠른 길을 선택할 것이라는 것을 짐작
하고 매복하거나 장애물을 설치할 수도 있기 때문입니다. 이런 이유
때문에 직선거리보다는 우회하는 방법이 안전하고 빨리 부대를 이동
시키는 방법일 수 있다는 것입니다. 인생을 산다는 것도 어쩌면 직선

거리로 출세하는 것보다 우회하는 것이 더 의미가 있을 수 있다는 생각을 해봅니다. 남보다 빨리 출세하고 승진하면 그만큼 중간에 어려움이 도사리고 있기 마련입니다. 인생이란 거대한 회계장부를 마지막으로 결산해보면 남보다 우회하고 늦은 사람이 의외로 직선거리로 산 사람보다 여러 면에서 남는 인생을 산 경우를 보게 됩니다. 손자는 졸속拙速에도 아름다움이 있다고 강조하고 있습니다. 비록 못나지만[拙] 빨리[速] 전쟁을 끝내는 것이 좋다는 것이 손자의 생각입니다. 못남[拙]은 잘남[巧]보다 고생하지 않을 수 있습니다. 바느질 잘하는 어머니는 절대로 딸에게 바느질 잘하라고 가르치지 않습니다. 바느질을 잘한다는 것이 어쩌면 그 어머니에게는 평생 고생한 원인일 수도 있기 때문입니다. 가끔은 못나고 능력 없음이 그의 인생을 더욱 아름답게 해주는 경우가 있습니다.

지금 돌아가는 것이 곧게 가는 효과를 만들고, 지금 돌아가는 고통이 훗날 이익이 될 것이라는 생각을 설득시키기는 참으로 어려운 것 같습니다. 참모로서 주군에게 지금 돌아가는 것이 곧게 가는 것보다 훨씬 빨리 가는 길이고, 지금 돌아가는 근심이 훗날 이익이 되리라는 것을 설득하는 일이 쉽겠습니까? 이런 말을 하는 사람을 믿고 일을 맡길 오너는 그리 많지 않을 것입니다. 당장 매출이 오르고 점유율이 높아지는 것이 중요하지, 나중은 생각하지 말라는 오너가 대부분일 것입니다. 내가 모시는 주군이 가서는 안 될 길을 선택하고, 원칙과 상식에 맞지 않는 결정을 하려 할 때 우직지계迂直之計의 교훈을 일깨워줄 수 있는 참모를 만나는 것은 조직과 오너의 복이라는 생각을 해봅니다. '길을 우회해 다른 사람보다 늦게 출발했지만 결국 먼저 도착할 것이다.' '돌아가는 길이니 다른 사람들보다 늦을 것 같지만 먼저 그 자리에 도착해 있다.' 이것이 가장 동양적인 경쟁 전략의 철학입니다.

풍림화산風林火山! 다양한 속도 변화로 경쟁하라!

일본 전국시대(1467년~1573년) 100여 년 동안 지속된 혼란과 통합의 전쟁 시대에 다케다 신겐武田信玄이란 최강의 무사가 있었습니다. 〈가케무샤影武者〉라는 영화로 소개된 적이 있는 이 사람은 열세 살 때 전쟁에 처음 출전하였으며 열여섯 살 때 군사 300명을 이끌고 적의 큰 성을 점령하는 전공을 세운 뛰어난 무장이었습니다. 21세 때 자신의 아버지를 축출하고 가이甲斐 지방의 성주가 된 이래로 꾸준히 영토를 확장하여 끝내 일본 동쪽 지방을 장악한 명장입니다. 일본은 관서와 관동 지역으로 나누는데 예로부터 관동 지역의 무사가 용맹하고 싸움도 잘하기로 유명합니다. 가이라는 지역의 다케다武田 가문도 여기에 해당합니다. 구로사와 아키라黑澤明 감독의 영화 〈가케무샤〉에서 《손자병법》의 유명한 명구가 나옵니다. 병사들을 지휘하는 다케다가 앉은 장군의 자리 뒤에 깃발로 등장하는 명구들이 바로 이 구절들입니다. 다케다 신겐 부대의 이름도 바로 이 구절들에서 유래하였습니다. 풍림화산風林火山! 원문을 읽어보겠습니다.

其疾如風 기질여풍

其徐如林 기서여림

侵掠如火 침략여화

不動如山 부동여산

難知如陰 난지여음

動如雷霆 동여뢰정

빠를 때는 바람처럼 움직여라!

느릴 때는 숲처럼 움직여라!

침략할 때는 불처럼 치고 들어가라!

움직이지 않을 때는 산처럼 고요하라!

숨을 때는 어둠 속에 숨는 것과 같고

움직일 때는 우레처럼 기동하라!

정말 읽으면 읽을수록 멋있는《손자병법》의 시 구절입니다. 이 구절을 읽으면 〈동물의 왕국〉에 나오는 사자의 사냥 모습이 떠오릅니다. 먹잇감을 발견하면 몇 시간이고 산처럼 미동도 하지 않은 채 기다리다가, 먹잇감이 다가오면 숲처럼 조심스럽게 다가가서, 잡아채려는 순간 바람처럼 기동하고 불처럼 기습하여 결국 먹잇감을 획득하는 모습이 교차합니다. 숨을 때는 전혀 보이지 않고, 나타나면 우레처럼 공격하는 사자는 비록《손자병법》을 읽지는 않았지만 풍림화산風林火山의 속도 조절 전략을 유전적으로 물려받았다는 생각을 해봅니다.

인생에도 이런 속도 조절이 필요합니다. 때로는 기다릴 줄도 알고, 때로는 그물에 걸리지 않는 바람처럼 앞을 향해 돌진할 때도 있어야 합니다. 힘들면 숲처럼 쉬어가기도 하고, 집중하면 불같은 열정으로 몰입하는 인생, 참으로 손자가 꿈꾸는 경쟁의 달인입니다. 경쟁의 본질은 빨리 가는 것이 아닙니다. 안전하게 빨리 가는 것이 경쟁의 목표가 되어야 합니다. 어쩌면 빨리 가는 것이 목표가 아니라 내 페이스를 유지하며 흔들리지 않고 가는 것이 경쟁의 목표라는 생각도 해봅니다. 경쟁이 치열한 시대에 우리는 살고 있습니다. 그동안 빨리 가는 것이 결국 경쟁에서 승리하는 것이라는 패러다임이 주류였습니다. 이제 많은 사람들의 경쟁에 대한 생각이 바뀌고 있습니다. 자신의 영혼을 존중하고, 남과의 경쟁보다는 자신과의 경쟁에 더욱 주안점을 두고 있습니다. 사회가 만든 규칙에 순응하기보다는 내가 만든 규칙을 더욱 사랑하는 사람이 점점 많아지고 있습니다. 빠른 것만이 아름다움이 아니라는 《손자병법》의 생각에 전적으로 동의합니다.

사기는 변한다!

경쟁을 하다 보면 병사들의 사기는 계속해서 변화합니다. 직원들이 처음 경쟁을 시작할 때는 에너지가 충만하고 의욕이 넘치다가도 시간이 지나면 사기가 떨어지고 에너지가 고갈될 수도 있습니다. 그래서 조직의 리더는 조직 구성원의 사기와 에너지 상태를 빨리 파악하여 적절하게 보충해주어야 합니다. 의욕이 떨어져 고민하고 있는 직원에게 소리만 지를 것이 아니라 왜 그 직원의 의욕이 떨어졌는지 먼저 원인을 찾아 해결하는 것이 유능한 리더의 경쟁 전략 철학입니다. 병사들의 사기에는 사이클이 있다는 원문을 보겠습니다.

朝氣銳 조기예
晝氣惰 주기타
暮氣歸 모기귀

아침의 사기는 정예병이지만
낮의 사기는 게을러지고
저녁의 사기는 집에 돌아갈 생각만 한다.

재미있는 문장입니다. 병사들은 하루에도 세 번 사기가 변한다는 것입니다. 이것은 병사들의 사기가 언제나 좋을 수는 없다는 것입니다. 우리가 어떤 일을 할 때 처음에는 참으로 열정에 가득 차서 시작하는 경우가 많습니다. 그러나 시간이 지나면서 열정은 점점 사라지고 결국 그만두고 포기하고 싶은 생각이 들게 됩니다. 이때 누군가 나의 떨어진 사기를 높여줄 수만 있다면 따르고 싶은 리더입니다. 손자는 하루의 변화를 군대의 기세 변화에 비유하고 있습니다. 아침의 기운인 조기朝氣는 군대가 출정할 때 사기가 왕성한 모습에 비유하고, 낮의 기운인 주기晝氣는 그 기세가 점점 나른해지고 쇠퇴하는 군대의 모습에 비유하고 있습니다. 저녁의 기운인 모기暮氣는 출정한 지 오래된 군대가 집으로 돌아갈 생각만 하는 기세로 비유하고 있습니다. 《손자병법》의 명주석가인 매요신梅堯臣은 조朝를 시始로, 주晝를 중中으로, 모暮를 종終으로 주를 달았습니다. 전쟁을 오래 끌면 끌수록 군대는 무뎌지고 병사들의 사기는 꺾인다는 것입니다. 여기서 나온 손자의 생각이 속전速戰 사상입니다. 전쟁을 일단 시작하면 빨리 끝내야 합니다. 장군은 왕의 명을 받들어 부대를 합하고 병사들을 징집하여 원정을 떠나면서 가졌던 초심을 언제나 잊지 말아야 합니다. 또한 병사들이 환송을 받으며 전쟁터로 나갈 때 가졌던 승전의 의지를 늘 유지시켜주어야 합니다. 이것은 비단 전쟁 상황뿐만 아니라 현대 조직 상황에서도 마찬가지입니다. 손자가 어떻게 하면 부대원의 사기를 유지시킬 것인가 고민했던 문제는 오늘날 리더들이 고민하는 문제와 같습니다. 자신이 통솔하는 조직 구성원들의 사기를 어떻게 최상의 상태로 유지시킬 것인가? 회식 몇 번 하는 것 가지고는 사기가 유지될 수 없습니다. 고전적인 방법으로는 당근과 채찍의 적절한 사용을 들 수 있습니다. 비전을 제시하고 가능성을 확신시켜주며 성과에 따른 적절한 물질적 보상과 신뢰를 주는 것 등은 사기를 유지시키는 중요한 토대입니다. 이런 몇 가지 원칙들을 상황에 따라 적용하였을 때 그 조직의 전력은 상승합니다. 한나라 무제 때 서역을 정벌하러 떠난 장군이 병사들의 사기를 높이기 위해 했던 고민과 해답에 대한 이야기가 있습니다. 주천酒泉이라는 서역 도시 이름의 유래가 된 이야기입니다. 한무제 때 곽거병霍去病이란 장군이 황제의 명을 받아 병사들을 이끌고 기약 없는 서역 정벌에 나섰습니다. 처음 정벌에 나섰던 군사들의 사기는 자못 높았습니다. 그러나 시간이 지날수록 언제 돌아갈지 모를 고향 생각에 병사들의 사기는 하루가 다르게 꺾여갔고, 심지어 탈영하는 병사까지 속출하게 되었습니다. 장군은 이런 상황에 대해 고민하였고 어떤 리더십으로 군사들의 사기를 높일 것인가 방법을 찾고 있었습니다. 이때 황제에게서 술이 한 병 내려왔습니다. 황제가 서역 정벌에 나선 곽장군의 노고를 치하하며 보내온 술이었습니다. 황제도 서역 정벌을 보낸 장군의 사기를 높일 방법을 고민했고 술을 장군에게 보내 사기를 높이는 리더십을 발휘하였던 것입니다. 그러나 그 술은 장군의 사기는 높였는지 모르지만 병사들의 사기를 높이는 데는 효과를 발휘하지 못했습니다. 병사들의 사기를 고민하던 장군은 황제가 내린 술을 어떻게 할 것인가 고민하였고, 그 술을 병사들의 사기를 높이는 데 쓰기로 하였습니다. 장군은 전령에게 모든 군사들을 집합시키라고 명하였습니다. 장군은 병사들을 사막의 오아시스 주위로 모아놓고 말하였습니다.

"병사들이여! 우린 황제의 명을 받들고 한 제국의 명예를 높이기 위하여 서역 정벌에 나섰다. 우리의 길은 험난하였지만 불굴의 투지와 용기가 우리를 더욱 강하게 하였다. 이에 황제 폐하께서 우리의 노고를 치하하시기 위해 술을 하사하셨다. 이제 황제 폐하께서 내리신 술을 마시자!"

장군의 연설은 훌륭하였지만 술 한 병 가지고는 그 많은 병사들이 모두 마실 수 없다는 것을 잘 알고 있었습니다. 그때 장군은 술을 가지고 오아시스로 가서 그 술을 모두 부어버렸습니다. 순간 병사들의 눈은 휘둥그레졌습니다. 장군은 병사들에게 이렇게 말하였습니다.

"병사들이여! 황제가 내리신 술은 저 오아시스의 물이 되었다. 모두 잔을 들어 황제가 하사한 술을 마시자!"

기막힌 발상의 전환이었습니다. 병사들은 오아시스의 물을 마시면서 눈물을 흘리고 있었습니다. 그것은 더 이상 맹물이 아니었습니다. 황제 폐하께서 병사들에게 내리신 한 잔 한 잔의 술이었습니다. 병사들의 사기는 충천하였고 장군이 고민하였던 리더로서의 역할도 충분히 수행하게 되었습니다. 그때부터 역사가들은 그 도시를 '술의 샘'이란 뜻의 주천酒泉이라고 불렀습니다. 지금은 중국 감숙성 실크로드로 들어가는 첫 길목에 있는 인구 30만의 도시가 되었습니다. 사랑과 인정이 넘치는 아름다운 도시의 명칭입니다. 이태백李太白은 그의 시 〈독작獨酌〉에서 이 아름다운 도시를 등장시켜 노래하고 있습니다.

독작獨酌

하늘이 술을 사랑하지 않았다면
주성酒星이란 별 이름이 하늘에 있지 않았을 것이고
땅이 술을 사랑하지 않았다면
땅에도 주천酒泉이란 마을 이름이 없었을 것이다.
하늘과 땅이 이미 이렇듯 술을 사랑하는데
내가 술을 사랑하는 것은 하늘에 부끄럽지 않은 일이다.
이미 청주를 성인에 비유한다고 들었고
탁주를 현인과 같다고 말하였다.
내가 성현(청주와 탁주)을 이미 조금 전에 마셨으니
어찌 다른 곳에서 신선 되는 방법을 구하려 하겠는가?
세 잔 술에 대도에 통하고
한 말 술에 자연에 합하니
이런 흥취는 취한 가운데서 얻는 것이니
술 깬 사람을 위하여 이 이야기를 전하지 말라!

재미있는 시입니다. 이태백이 술을 사랑하는 것이 결국 하늘과 땅이 술을 사랑하는 것과 견주어 부끄러운 일이 아니라는 유머 섞인 시입니다. 살다 보면 의욕이 떨어질 때가 있습니다. 초심은 무뎌지고, 열정은 꺼지고, 신념은 약해질 때 그대로 주저앉으면 결국 실패로 끝나게 됩니다. 이렇게 열정과 의욕이 떨어질 때는 그 상태를 그대로 인정해야 합니다. 언제나 열정이 충만할 수는 없기 때문입니다. 문제는 어떻게 그 슬럼프에서 빨리 벗어날 것인가입니다. 혹시 주변 사람들 중에 슬럼프에 빠진 사람이 있다면 욕을 하거나 문책하지 마십시오. 충분히 그럴 수 있다고 인정하고 기다려주는 것도 다시 일어설 수 있는 기회를 주는 방법입니다. 하늘이 늘 맑을 수 없고, 계절이 늘 따뜻할 수 없듯이 인생사도 궂은 날, 맑은 날, 참 다양한 날을 만나게 됩니다. 힘들고 어려울 때 따뜻한 격려와 진정한 배려로 서로에게 용기를 줄 수 있다면 참 아름다운 세상이 될 것 같습니다.

임금의 명령도 NO라고 할 수 있다

전쟁은 살아 있는 유기체들의 유기적인 게임입니다. 상황과 환경이 변하고, 천시天時와 지리地利가 변하고, 적의 상황과 나의 상황이 변하는 전쟁터에서 변화는 필수적인 생존의 조건입니다. 이런 다양한 변화에 대응하는 전략을 《손자병법》에서는 '구변九變'이라고 정의합니다. 아홉 가지(九) 다양한 변화(變)에 유연하게 대처하라는 것입니다. 구변九變은 《손자병법》 8편의 제목이기도 합니다. 아무리 내 눈앞에 편하게 보이는 길이라도 때로는 그 길로 안 가고 다른 길을 선택해야 할 때가 있습니다. 아무리 인사권자인 임금의 명령이라도 상황의 변화에 따라 NO!라고 대답할 수 있어야 합니다. 현장의 변화에 따라 장군의 판단을 기준으로 유연한 전략이 현장에서 나와야 한다는 것입니다. 원문을 좀 읽어보겠습니다.

塗有所不由 도유소불유
軍有所不擊 군유소불격
城有所不攻 성유소불공
地有所不爭 지유소부쟁
君命有所不受 군명유소불수

상황에 따라
길 중엔 가서는 안 될 길이 있다.
적의 군대 중엔 공격해선 안 될 군대가 있다.
적의 성 중엔 공격해선 안 될 성이 있다.
적의 땅 중엔 다투어선 안 될 땅이 있다.
임금의 명령이라도 때로는 받아들이지 못할 명령이 있다.

가장 눈에 들어오는 것이 임금의 명령을 거부할 수 있다는 구절입니다. 인사권자의 엄중한 명령에도 불구하고 현장의 변화를 고려하여 그 명령을 따르지 않아도 된다는 이 구절은 《손자병법》의 명구 중 하나입니다. 한번 군주에게 장군으로 임명받으면 군영의 일은 모두 장군이 판단하고 결정합니다. 이미 군주는 병권을 장군에게 주었기 때문에 군주가 참견하면 군대 내부에 분열이 생기기 시작합니다. 그래서 장군을 임명할 때 도끼나 칼을 상징적으로 수여합니다. 생사여탈에 대한 모든 권한을 준다는 의미이며 요즘도 장군을 임명할 때 임명권자가 칼을 줍니다. 임명된 장군을 믿지 못하면 임명하기 전에 등용하지 말아야 합니다. 모든 현장 권한을 맡겼으면 끝까지 믿고 기다리는 자세가 필요합니다. 후방의 군주가 정벌 나간 군대에 방해가 되는 세 가지 경우를 앞에서 이미 지적하였습니다. 첫째, 현장 상황도 모르고 공격과 후퇴를 본국에 있는 군주가 명령하면 그 군대는 자유롭게 작전 활동을 전개할 수 없습니다. 둘째, 부대 일도 잘 모르면서 본국에 있는 군주가 부대 업무에 간섭하려고 하면 부대의 장교들은 김이 빠집니다. 셋째, 본국의 군주가 군대의 임무에 간섭하면 그 군대는 사기가 떨어집니다. 철저하게 현장을 책임진 장군에게 모든 권한을 위임하라는 것입니다.

제나라 경공景公 때의 일입니다. 서쪽의 진晉나라와 북쪽의 연燕나라가 연합하여 제나라로 쳐들어왔습니다. 이때 제나라 경공은 사마양저司馬穰苴를 대장으로 임명하여 침략군을 막게 하였습니다. 사마양저는 병법에도 능하였고 《사마법司馬法》이라고 하는 병법서도 지은 유능한 장군이었습니다. 이때 경공은 장가莊賈라는 총애하는 신하를 감군監軍으로 임명하였습니다. 감군은 군대의 제반 업무를 감시하는 임무를 갖는 자리이며 군주의 가장 측근을 임명하는 것이 관례였습니다. 사마양저는 장가를 군문軍門에서 맞이하여 함께 출정하기로 약속하였습니다. 그런데 장가는 약속한 시간을 훨씬 넘겨 저녁때가 되어서야 어슬렁거리며 나타났습니다. 군주의 총애를 받고 있다는 자만에 빠져 군법의 엄숙함을 잃어버린 처사였습니다. 장군인 양저는 장가에게 죄를 묻고 목을 베어 참수하였습니다. 모든 부장들이 만류하였지만 군법의 엄정함을 보이지 않고는 승리할 수 없다는 양저의 냉철한 판단에 의한 결정이었습니다. 권력기관의 총애를 받는 사람이라도 과감하게 벨 수 있는 시스템이 그 조직을 더욱 강하게 만듭니다. 때로는 아무리 엄한 군주의 명령이라도 받아들이지 못할 상황이 있는 것입니다. 그것이 조직의 힘을 높이기 위한 것이라면 인정주의가 끼어들지 못하게 하는 것이 최상의 방법입니다.

앞의 문장에선 장군이 하지 않아야 할 다섯 가지가 있다고 합니다. 가서는 안 될 길, 공격해서는 안 될 적, 공격해서는 안 될 성, 빼앗아서는 안 될 땅, 받아서는 안 될 군주의 명령이 그것입니다. 장군은 전장을 책임지고 상황을 판단하며 변화에 맞는 행동을 과감하게 결정하는 사람입니다. 그의 판단 여하에 수많은 사람들의 목숨이 달려 있기 때문에 장군은 소신과 책임감을 가지고 판단하고 행동하여야 합니다. 단순한 주관적인 감과 분노로 상황에 대처하면 그 군대는 패배를 면치 못할 것이기 때문입니다.

저는 이 다섯 가지 변화의 원칙을 우리 인생에 적용해봅니다. 내 앞에 아주 편안한 길이 있는데 가서는 안 될 길일 수도 있습니다. 내가 이 길을 선택한다면 지금은 편안한 것 같지만 결국 잘못된 길로 접어들어 후회할 수도 있습니다. 또 내가 공격해서는 안 될 사람이 있을 수 있습니다. 비록 나보다 약하고 보잘것없다고 해도 함부로 공격했다가는 결국 내 피해만 예상된다면 피하는 편이 낫습니다. 남들은 겁쟁이라고 놀릴지라도 그것은 남의 시선과 관점일 뿐 나의 관점에서 싸워서 안 될 상대라면 피하는 것이 유연한 삶의 모습입니다. 내가 가지고 싶은 것이 있더라도 빼앗아서는 안 될 것도 있습니다. 잘못 그것을 가지려고 했을 때 나중에 그것 때문에 큰 화를 입을 수도 있기 때문입니다. 아무리 좋은 땅이라도 내가 가져서는 안 될 땅이라면 애초부터 마음을 두지 않는 것이 좋습니다. 부모님의 문전옥답을 팔면 내 사업에 도움이 된다고 해도 그것만큼은 욕심내지 않는 것이 자식의 도리일 수도 있습니다. 부당한 명령에 대하여 거부할 수 있는 용기도 필요합니다. 아무리 내 상사고 인사권자라고 해도 원칙을 깨고 상식에 맞지 않는 부당한 명령이라면 지금은 힘들더라도 NO!라고 말할 수 있어야 합니다. 무조건 복종이 좋은 것은 아닙니다. "나는 사람에게 충성하지 않는다. 국민에게 충성한다"는 어느 검사의 말이 떠오르는 대목입니다. 누구의 밑에서 그 사람의 줄에 서서 오로지 예스로만 일관한다면 인생에서 큰 화를 면할 수 없을 것입니다. 구변九變, 다양한 변화를 읽어내고 때로는 남들이 이해할 수 없는 판단을 내릴 수 있는 용기가 필요합니다.

장군으로서 해서는 안 될 다섯 가지 행동

몇 번이고 강조하지만 전쟁에는 고정된 전략이 없습니다. 그때 상황 변화에 따른 정확한 판단과 결단, 그리고 실행만이 있을 뿐입니다. 상황 판단과 결단의 중심에는 다른 무엇보다 장군의 능력이 있습니다. 그래서 전쟁을 수행하는 장군에게는 상황을 인지하고 판단하는 천재성이 요구됩니다. 전쟁학자인 클라우제비츠가 말한 '전쟁의 천재military genius' 개념입니다. 그 천재성은 어디에서 나오는가? 그것은 철저한 준비 속에서 나온다고 합니다. 준비한 자만이 그의 천재성을 무한히 발휘할 수 있습니다. 용병의 천재는 하루아침에 만들어지지 않습니다. 원칙을 단순히 암기하고 적용하는 모범생은 장군으로서의 자질이 부족한 것이고 전쟁의 천재가 될 수도 없습니다. 완벽한 준비 위에 더해진 임기응변의 능력, 이 두 가지가 서로 영향을 주고받는 것입니다. 누구보다 상황을 빨리 이해하고, 대책을 강구하고 결단할 수 있는 능력은 장군의 어떤 능력보다 중요합니다. 그래서 장군은 자신이 만든 틀에 빠지면 안 됩니다. 죽기만을 각오하고, 살기만을 바라고, 자신의 주관적 판단만 믿고, 자기 혼자 깨끗하다고 착각하고, 자신이 아끼는 사람만 끼고도는 꽉 막힌 장군은 반드시 자신은 물론 병사들을 위험에 빠트리고 나라를 멸망의 길로 인도합니다. 그래서 장군으로서 해서는 안 될 다섯 가지의 꽉 막힌 행동이 있다고 말합니다. 원문을 읽어보죠.

將有五危 장유오위
必死可殺也 필사가살야
必生可虜也 필생가로야
忿速可侮也 분속가모야
廉潔可辱也 염결가욕야
愛民可煩也 애민가번야

그러므로 장군에게는 해서는 안 될 다섯 가지 위험한 행동이 있다.

상황에 상관없이
죽기만을 각오하는 장군은 모두 죽임을 당하게 할 수 있다.
살기만을 생각하는 장군은 모두 포로로 사로잡히게 할 수 있다.
분노와 빠른 것만을 고집하는 장군은 모두 수모를 당하게 할 수 있다.
절개와 고귀함만을 고집하는 장군은 모두 치욕을 당하게 할 수 있다.
병사들을 너무 아끼는 장군은 모두 곤란에 처하게 할 수 있다.

손자는 장군이었습니다. 제나라에서 오나라로 와서 오왕 합려에게 발탁되어 최고사령관의 지위에 오른 인물이었습니다. 따라서《손자병법》전편에 흐르는 분위기는 장군의 능력과 역할의 중요성을 강조하고 있습니다. 용병用兵과 선전善戰의 주체를 늘 장군이라고 가정하고 이야기하고 있으며, 장군은 나라의 중요한 역할을 담당하는[國之輔] 군대조직의 책임자이자 결정권자라고 강조합니다. 특히 장군의 능력에 대하여 〈시계始計〉편에서 다음과 같은 다섯 가지로 예를 들고 있습니다.

1. 지적 능력[智]
2. 부하들의 신뢰[信]
3. 병사들에 대한 배려[仁]
4. 두려움 없는 용기[勇]
5. 규율의 엄격한 시행[嚴]

이와 대비하여 장군이 버려야 될 다섯 가지 항목이 앞에서 말한 오위퓌危입니다.

1. 죽을 각오로 무작정 돌격하는 감정적 대응
2. 싸움에서 살기만을 바라고 일신의 안위만을 걱정하는 비겁함
3. 자신의 분노를 제어하지 못하는 다혈질의 성격
4. 오직 청렴함과 고귀함이 제일이라며 조직의 이익보다는 자신의 명예를 더 소중히 여기는 원칙주의
5. 조직과 인간을 구별 못 하는 인정주의

이런 다섯 가지 항목은 장군이 극복해야 할 내용입니다. 결국 손자는 한 개인의 감정보다는 조직을 먼저 생각했던 사람이었습니다. 손자의 관심은 조직의 생존에 있었습니다. 조직은 개인과 여러 가지 다양한 요소가 모여서 만들어진 유기체임을 강조합니다. 개별의 합이 조직의 전부가 아닙니다. 이미 조직은 나름대로 생명을 가지고 있고, 자기 운동성을 가지고 있습니다. 조직이라는 새로운 유기체 속에서 개인의 감정과 인간을 평가하는 주관적 인식이 개입될 때 그 조직은 이미 생명을 잃어가고 있는 것입니다. 손자는 조직을 중시하였습니다. 다른 동시대의 지식인들이 세상을 구원하고 태평 시대를 구현하는 해답을 군주와 같은 개인의 변화에서 찾았던 반면, 손자는 조직이라는 새로운 측면에서 찾으려고 시도하였습니다. 이는 춘추시대 말기에서 전국 시대 초기로 넘어가는 과도기에 새로운 인식의 지평을 연 발전된 사유 형태라고 볼 수 있습니다. 조직의 시스템을 깨고 변화의 상황을 인정하지 않으며 장군의 독단과 고집에 의해 조직이 운영되었을 때, 그 재

앙을 손자는 이렇게 경고합니다.

凡此五者 범차오자
將之過也 장지과야
用兵之災也 용병지재야
覆軍殺將 복군살장
必以五危 필이오위
不可不察也 불가불찰야

이상과 같은 다섯 가지는
장군에 의해서 벌어지는 잘못이며
용병에 재앙이다.
군대가 전멸되고 장군이 죽는 것은
반드시 이 다섯 가지 위험 때문에 일어날 수 있는 일이니
장군이라면 잘 살피지 않을 수 없을 것이다.

손자가 장군이 갖추어야 할 다섯 가지 능력을 강조하면서 첫 번째로 제시한 것이 지智라는 사실을 다시 한번 상기할 필요가 있습니다. 지智는 냉철한 이성, 분석적 사고, 객관적 사유 등을 포괄하는 개념입니다. 끊임없이 평형balance을 추구하고 중용의 미덕을 관철하려는 노력의 결과가 지智입니다. 평형성은 어디에서 오는가? 상황의 속도를 인정하는 데서 시작됩니다. 상황의 변화와 속도에 대하여 아무런 의심과 회의 없이 현실을 맞추어나갈 때 완벽한 균형을 잡을 수 있습니다.《손자병

법》이 제시하는 이 시대 지도자의 모습과 관련하여 저는 이 부분을 주목하고 싶습니다. 지도자(기업의 경영자, 정치적 지도자 등을 포함한 조직의 리더)들은 자신이 이끄는 조직을 하나의 새로운 생명체로 바라보는 눈을 가지고 있어야 합니다. 이 조직체는 인간과 마찬가지로 평형이 깨질 때 정지하고 말 것이며, 지나치게 넘치거나 모자랄 때 조직에 빨간 불이 켜질 수 있다는 생각을 가지고 있어야 합니다. 그런 위기에 빠진 조직을 살려나가는 사람이 조직의 리더입니다. 그래서 리더는 조직의 움직임을 주의 깊게 바라보아야 합니다.

요즘 리더의 모습 중에 이런 독단에 빠진 리더는 없는가를 돌아봅니다. 자신의 용기와 능력만 믿고 조직을 마음대로 몰아붙이는 사람, 자신의 명예와 청렴에 대한 평판을 조직의 생존보다도 더 소중하게 여기며 사는 사람, 자신이 아끼는 사람이라고 끼고돌며 조직을 위험에 빠트리는 사람, 자신의 영욕과 이익만을 추구하며 이리저리 빠져나갈 생각만 하는 사람, 이런 사람이 조직의 리더가 되면 조직의 미래는 참으로 암담해집니다.

마지막으로 합심合心에 대해 말씀드리겠습니다. 같은 꿈을 꾸는 사람들이 승리한다는 것입니다. 원문이 아주 유명한데 읽어보겠습니다.

> 上下同欲者勝 상하동욕자승
> 吳越同舟 오월동주
> 率然 솔연
> 常山之蛇也 상산지사야

擊其首則尾至 격기수즉미지

擊其尾則首至 격기미즉수지

擊其中則首尾俱至 격기중즉수미구지

조직의 상하가 같은 욕구, 꿈, 비전을 갖는 자들은 승리하리라.

오나라와 월나라는 같은 배를 타고 있다.

솔연이라는 뱀

상산에 사는 뱀이 있다.

그 머리를 치면 꼬리가 달려들고

그 꼬리를 치면 머리가 달려들고

그 몸뚱이를 치면 꼬리와 머리가 달려들어 동시에 구해준다.

그러므로 솔연이라는 뱀은 영원히 죽지 않는 것입니다. 조직이 영원히 죽지 않으려면, 머리를 때리면 꼬리가, 꼬리를 때리면 머리가 달려드는, 같은 배를 타고 생사를 함께하면서 비바람을 건너가는 조직이 되어야 한다는 이야기입니다.

전쟁은 속이는 게임이다〔詭道也〕. 능력이 있으면 상대방에게 능력이 없는 것처럼 보여라〔能而示之不能〕. 전쟁할 의도가 있다면 전쟁하지 않을 것처럼 보여라〔用而示之不用〕. 가까운 데 목표가 있으면 멀리 목표가 있는 것처럼 보여라〔近而示之遠〕. 멀리 목표가 있으면 가까운 데 있는 것처럼 보여라〔遠而示之近〕. 상대방에게 미끼를 던져 유혹하라〔利而誘之〕. 상대가 어려운 혼란에 빠지면 얼른 가서 취하라〔亂而取之〕. 상대방이 튼튼하면 무조건 준비 태세에 들어가라〔實而備之〕. 강하면 도망쳐라

〔强而避之〕. 분노하면 부추겨라〔怒而撓之〕. 나를 깔보면 교만하게 만들어라〔卑而驕之〕. 상대방이 편하면 고생시켜라〔佚而勞之〕. 너무 친하면 이간질시켜라〔親而離之〕. 생사가 엇갈리고 존망이 엇갈리는 상황에서 상대방을 속이고 내 실체를 숨기려면 이런 전략들을 써야 한다는 것입니다.

파부침주破釜沈舟, 솥을 깨고 배를 침몰시키라는 말이 있습니다. 배수의 진이라고도 합니다. 밥을 해 먹을 솥이 없고 돌아갈 배가 없으면 목숨을 걸고 싸워 이길 수밖에 없습니다. 상옥거제上屋去梯, 옥상에 올려놓고 사다리를 치워버리면 그곳에서 살아남을 수밖에 없습니다. 이렇듯 전술의 개념보다는 조직을 이해하고 상황을 파악하며 큰 틀에서 살피면서 주도권을 쟁취하는 전쟁의 철학서로《손자병법》을 본다면 이 시대에도 그 가치가 여전히 유효하리라고 생각합니다.

명령은 부드럽게, 처벌은 강력하게

《손자병법》9편은 〈행군行軍〉입니다. 여기서 행군行軍은 오늘날 '행군하다march'만의 뜻이 아닙니다. 여기서 말하는 행군行軍은 부대를 이동하고, 전투하고, 주둔하는 제반 사항을 말합니다. 이런 제반 사항의 적절한 수행을 위하여 적의 상황에 따른 빠른 결단과 조치를 행하여야 한다는 것입니다. 특히 지형에 대한 판단과 행동이 무엇보다도 중요하다고 말합니다. 손자는 전투 지형을 산전山戰, 수전水戰, 택전澤戰, 육전陸戰의 네 가지로 나누어 군대의 운용을 설명하고, 상황을 서른두 가지로 분류하여 작전 계획을 논하고 있습니다. 이런 지형과 주변 상황에 더

하여 장군에 대한 병사들의 신뢰의 중요성도 말미에 함께 강조하고 있습니다. 특히 병사들을 어떻게 관리하고 그들의 신뢰를 얻을 것인가에 대하여 탁월한 답을 제시하고 있습니다. 원문을 보시죠.

卒未親附而罰之 졸미친부이벌지

則不服 즉불복

不服則難用也 불복즉난용야

卒已親附而罰不行 졸이친부이벌불행

則不可用也 즉불가용야

故令之以文 고령지이문

齊之以武 제지이무

是謂必取 시위필취

병졸이 아직 장군과 친숙해지지 않았는데 벌을 주면

병사들이 복종하지 않을 것이다.

복종하지 않으면 운용하기가 어렵다.

병졸이 이미 친숙해졌는데 벌을 엄하게 행하지 않으면

병사들을 부릴 수 없다.

그러므로 명령은 부드러운 말로 하고

통제는 강력하게 하였을 때

반드시 승리하는 군대가 된다.

처음 장군이 되어 군영에 나아가 병사들을 만났을 때 병사들을 지휘하고 통제하는 것은 중요한 리더십 중 하나입니다. 부대원에 대한 장악력은 향후 전쟁의 승패를 가르는 중요한 열쇠가 됩니다. 장군의 꿈과 부대원의 꿈이 서로 다르고 통제와 지휘가 이루어지지 않는다면, 아무리 무기와 병력의 숫자가 많아도 승리를 얻기란 쉽지 않을 것입니다. 그래서 리더인 장군은 병사들을 장악하기 위하여 적절한 방법들을 사용하여야 합니다. 특히 당근과 채찍, 부드러움과 위엄이 동시에 잘 발휘되어야 합니다. 그래서 상벌을 적절히 사용하는 것이 조직을 장악하기 위한 방법 중 하나입니다. 처음 장군으로 임명되면 아무래도 병사들의 신뢰가 크지 못합니다. 이런 상황에서 무조건 강력한 채찍을 통해 조직을 장악하려고 하면 무리가 뒤따르게 됩니다. 처음 부임한 직장 상사가 아직 직원들과 친숙해지지도 않았는데 직위를 내세워 강력하게 통제하려고 하면 직원들의 신뢰를 얻을 수 없습니다. 이런 경우는 유화적으로 병사들을 대하고 인간적인 접근을 시도하라고 합니다. 그리고 어느 정도 친숙함이 이루어졌을 때 강한 벌과 통제를 통해 조직원의 마음을 잡아야 조직이 장군을 중심으로 뭉치는 힘을 발휘하게 된다는 것입니다. 결국 조직을 이끌고 나가는 방법은 지시나 명령은 부드럽게 하지만 통제는 엄하게 하여야 한다고 손자는 강조하고 있습니다. 자식을 키울 때도 말은 부드럽게 하고, 잘못은 확실히 꾸짖는 것이 중요하다고 합니다. 통제는 강력한 제재만 가지고는 안 되며, 따뜻한 배려가 우선되어야 합니다. 리더의 목표는 성과의 달성이지만 그 성과의 달성을 위해서는 조직원들의 신뢰가 우선입니다. 신뢰를 얻은 리더는 그가 어떤 명령을 내리든 조직원들이 믿고 그 명령을 수행합니다. 그런데 신뢰는 무조건 잘 대해줘서만 되는 것도 아니고, 강력한 처벌만으로 해결되는 것도 아닙니다. 문무와 상벌이 잘 조화되어 시행될 때 조직원의 신뢰가 극대화될 수 있는 것입니다. 리더는 평소에 병사들에게 신뢰를 얻어야 결정적인 전쟁터에서 병사들의 충성을 이끌어 낼 수 있습니다. 평소에 잘 돌아가지 않던 조직이 전쟁터에서 하루아침에 바뀔 수는 없는 것입니다. 그래서 한 번의 전쟁을 위하여 평소에 부대 관리와 병사들의 신뢰가 지속되어야 합니다.

令素行以敎其民 영소행이교기민
則民服 즉민복
令不素行以敎其民 영불소행이교기민
則民不服 즉민불복
令素行者 영소행자
與衆相得也 여중상득야

장군의 명령이 평상시 잘 지켜져 병사들을 가르치면
병사들이 복종할 것이다.
장군의 명령이 평상시 잘 안 지켜져 병사들을 가르치면
병사들이 복종하지 않을 것이다.
장군의 명령이 평상시 잘 시행되면
장군과 병사들이 서로 함께하여 목표를 달성할 것이다.

평소에 리더가 조직을 지휘하면서 식언과 허언을 일삼고 신중하지 않으면 조직원들의 신뢰를 얻을 수 없습니다. 평상시에 리더의 한 마디 한 마디가 제대로 시행되고 약속이 실현되면 그 조직의 파워는 높아질 수밖에 없습니다. 조직을 장악하기 위한 요소 중에 가장 중요한 것이 신뢰입니다. 진秦나라를 법치국가로 만들기 위하여 10년간 고생했던 상앙商鞅이란 정치 개혁가의 신뢰 만들기는 우리에게 시사해주는 바가 큽니다.

상앙은 진나라 효공孝公 때의 정치 개혁가입니다. 그는 위衛나라의 귀족 출신으로 법률에 밝았는데 특히 법치주의를 바탕으로 한 부국강병책을 시행하여 진나라 천하 통일의 기틀을 마련한 정치가로 유명했습니다. 상앙이 재상이 되어 법가 정치를 펴려고 할 때 백성들이 법에 대해서 믿어줄지 그것이 의문이었습니다. 그래서 상앙은 한 가지 계책을 내어 남문에 나무를 하나 세워놓고는 이렇게 써 붙였습니다.

"이 나무를 북문으로 옮겨놓는 사람에게는 십금十金을 주리라."

사실 나무 하나 옮긴다고 그 돈을 줄 것이라고 믿는 사람은 아무도 없었습니다. 당연히 아무도 옮기려 하지 않았지요. 그 말만 믿고 옮겼다간 여러 사람들의 웃음거리가 될 것이 뻔하다는 생각 때문이었습니다. 그러자 상앙은 오십금五十金을 주겠다고 써 붙였습니다. 이번에는 반신반의하며 옮기는 사람이 하나 있었습니다. 상앙은 즉시 약속대로 여러 사람들이 보는 앞에서 오십금을 그에게 주었습니다. 그리고 법령을 공포하자 백성들이 국가에서 하는 일이라면 무조건 믿고 잘 지켰다고 합니다.

신뢰는 리더십의 원천입니다. 따뜻함과 엄격함이 잘 어우러진 리더의 모습 속에서 조직원의 신뢰가 시작되는 것은 너무나 당연한 일 같습니다.

칭찬을 얻고자 공격을 명하지 않는다, 진불구명進不求名

《손자병법》 10편 〈지형地形〉에서 제가 가장 좋아하는 구절은 진격과 후퇴에 대한 장군의 판단 기준에 관한 내용입니다. 공격과 후퇴의 명령 기준은 무엇인가? 개인의 영욕인가? 아니면 소명 의식인가? 장군은 전쟁을 책임진 임명된 전문 경영인입니다. 장군을 임명한 사람은 오너인 군주입니다. 그래서 장군은 늘 인사권자인 군주의 눈치를 안 볼 수 없습니다. 인사권자의 눈에 거스르면 장군직에서 해임되거나 다른 전쟁에 장군으로 나갈 수 없기에 늘 인사권자의 말에 귀를 기울여야 합니다. 이러다 보면 아무래도 현장 상황을 고려하지 않고 인사권자의 명령에 복종하게 됩니다. 현대 사회에서 기업의 임원이나 전문 경영인 역시 오너의 눈치를 보는 것은 마찬가지입니다. 그래서 오너의 입김이 작용하여 들어가서 안 되는 곳에 무리하게 들어가 기업에 큰 피해를 입히기도 하고, 빠져나와야 할 곳에서 우물거리다가 더 큰 피해를 입기도 합니다. 인사권자의 눈치를 보고 마음에 들려고 무리하게 일을 벌이고 주춤거리다가 얼마나 많은 조직들이 피해를 입었는지는 다 헤아리기도 어렵습니다. 그래서 장군은 철저하게 현장의 상황을 기반으로, 국가와 백성의 안위를 기준으로 공격과 후퇴 명령을 내려야 한다고 말하고 있습니다. 원문을 읽어보겠습니다.

戰道必勝 전도필승
主曰無戰 주왈무전

必戰可也 필전가야

戰道不勝 전도불승

主曰必戰 주왈필전

無戰可也 무전가야

進不求名 진불구명

退不避罪 퇴불피죄

惟民是保 유민시보

利合於主 이합어주

國之寶也 국지보야

전쟁터의 상황을 따져보아

장군이 이길 수 있다는 판단이 서면

군주가 싸우지 말라고 명령해도

반드시 싸우는 것이 옳다.

전쟁터의 상황을 따져보아

장군이 이기지 못한다는 판단이 서면

군주가 싸우라고 명령해도

싸우지 않는 것이 옳다.

장군은 공격함에 명예를 구하지 말고

후퇴함에 죄를 회피하지 않으며

오직 병사들을 보호하는 것을 목표로 삼고

군주의 이익이 부합되어야 한다.

이래야 비로소 나라의 보배가 되는 것이다.

참 말은 쉽지만 어려운 일입니다. 자신의 임면권을 가지고 있는 사람의 말을 듣지 않고 오로지 조직의 생존을 위해 고민하기는 쉽지 않기 때문입니다. 그러나 그런 소신 있는 리더가 결국 자신을 임명한 군주에게 도움이 되는 것입니다. 장군은 일단 군주에게 병권을 인수받으면 소신을 가지고 결정하고 행동하여야 합니다. 특히 현장 상황에 대하여 누구보다도 잘 알고 있는 장군은 아무리 군주의 명령이라도 흔들리면 안 됩니다. 손자는 오나라 왕 합려에 의해 초빙된 전문 경영인이었습니다. 이런 의미에서 볼 때 오늘날의 전문 경영인도 오너의 마음에 들기 위하여 자신의 소신을 꺾는 행동을 해서는 안 됩니다.

장군은 조직 구성원 모두의 생사를 책임지고 국가의 존망을 결정하는 사람입니다. 일순간 자신의 안위와 명예를 위하여 잘못된 판단을 내린다면 그 후유증은 걷잡을 수 없이 커질 것입니다. 군주도 현장 상황에 대한 정확한 이해 없이 함부로 군대의 진퇴를 명령해서는 안 되며, 야전에 있는 군대의 작전과 행정에 간섭해서는 안 됩니다. 일단 맡겼으면 믿는 여유와 소신이 필요합니다. 군주의 주변에는 늘 탁상에서 군사軍事를 논하는 사람들이 있기 마련입니다. 그들이 현장에 간섭하기 시작하면 그 군대는 고삐에 매달린 군대가 되고 맙니다. 전장에서는 끊임없이 유기적인 행동들이 이어집니다. 나의 행동에 따라 적의 행동이 달라지고, 적의 행동에 따라 나의 행동도 수정하여 반응해야 합니다. 이렇게 현장성이 강조되는 군대의 일은 현장 책임자인 장군이 가장 잘 알고 있습니다. 의심이 나면 애초부터 등용하지 말고 등용하였으면 의심하지 말라는 말이 있는 것처럼, 현장 책임자에 대한 오너의 믿음은 조직의 파워에 큰 영향을 미칩니다.

《손자병법》 10편 〈지형地形〉의 마지막은 '지피지기知彼知己'의 구절로 끝이 납니다.

> 知己知彼 지기지피
> 勝乃不殆 승내불태
> 知地知天 지지지천
> 勝乃可全 승내가전
>
> 나의 상황과 적의 상황을 정확히 알면
> 그 승리는 위태롭지 않을 것이다.
> 거기에 기상 조건과 지형 조건까지 정확히 알면
> 그 승리는 완전할 것이다.

지피지기知彼知己란 말은 3편 〈모공謀攻〉에도 나옵니다. 상대방과 나에 대한 정확하고 객관적인 분석은 전쟁에서 승리에 중요한 요소입니다. 손자의 목표는 백승百勝이 아니라 불태不殆였습니다. 조직이 백 번 승리하는 것보다 모두가 안전하게 생존하는 것이 더욱 중요하다고 여기서도 강조하고 있습니다. 지피지기知彼知己와 더불어 외부적 상황인 기상 조건(天)과 지형 조건(地)도 강조하고 있는데, 조직이 처한 외부적인 상황이 유리한지 불리한지, 강점은 무엇이고 약점은 무엇인지 정확히 알아야 완전한 승리를 할 수 있다고 합니다. 전승全勝이란 KO승입니다. 더 이상 상처 내지 않고 깨끗하게 승부를 결정하는 것입니다. 손자의 앎(知)은 분석과 계산입니다. 나(己)에 대한 앎은 1차적 인식이며 상대방[彼]에 대한 앎은 2차적 인식입니다. 여기에 제3의 상황인 기상 조건[天]과 지형 조건[地]까지 앎의 형태를 높여나간다면 정말 최상의 승리를 거둘 수 있다는 것입니다. 손자의 앎의 항목은 강약强弱, 이해 利害, 우세優勢, 장단長短 등 상대적인 전력 비교입니다. 두목杜牧 같은 주석가는 군주의 리더십[政], 장군의 능력[將], 병사들의 능력[衆], 식량 [食], 지형적 우위[地] 등으로 보았습니다. 지피知彼는 공격을 위한 기초 인식이고 지기知己는 수비를 위한 기초 인식입니다. 이제《손자병법》의 마지막 후반부로 들어가보겠습니다.

상산의 솔연처럼

적과 마주하여 싸우는 결전의 날, 이제 누가 이길 것인가가 오늘 결정이 난다면 어떤 조직이 승리를 얻을 수 있을까요? 물론 무기와 병력의 숫자가 많은 조직이 이길 확률이 높겠지요. 그러나《손자병법》에서는 다른 답을 내놓습니다. 승리에 대한 목표가 확실하고, 조직의 모든 구성원이 똘똘 뭉쳐 서로를 지켜주는 조직이 이긴다는 것입니다. 그런 단합된 힘은 생존에 대한 운명 공동체 정신과 죽기를 각오하고 싸우는 절박감에서 나온다고 말합니다.《손자병법》11편〈구지九地〉편에서 가장 유명한 '상산常山의 솔연率然'이란 구절이 나오는 문장을 읽어보도록 하겠습니다.

善用兵者 선용병자

譬如率然 비여솔연

率然者 솔연자

常山之蛇也 상산지사야

擊其首則尾至 격기수즉미지

擊其尾則首至 격기미즉수지

擊其中則首尾俱至 격기중즉수미구지

敢問 감문

兵可使如率然乎 병가사여솔연호

曰可 왈가

夫吳人與越人相惡也 부오인여월인상오야

當其同舟而濟遇風 당기동주이제우풍

其相救也 기상구야

如左右手 여좌우수

그러므로 군대를 잘 운용하는 장군은

부대를 마치 솔연처럼 만든다.

솔연은 상산에 사는 뱀의 이름이다.

그 머리를 때리면 꼬리가 달려들고

그 꼬리를 때리면 머리가 달려들며

그 몸통을 때리면 머리와 꼬리가 함께 달려든다.

묻겠는데, 군대를 솔연처럼 만들 수 있겠는가?

대답하기를, 가능하다.

> 오나라 사람과 월나라 사람은 서로 원수다.
> 그런데 한 배를 타고 강을 건너다 풍랑을 만나면
> 그들이 서로 구해주는 것이
> 마치 왼손과 오른손처럼 잘 맞는다.

　상산의 솔연, 오월동주吳越同舟의 고사가 나오는 대목입니다. 조직 구성원이 평소에 서로 원수지간이라도 공동의 운명 앞에 내던져지면 어쩔 수 없이 서로 화합하고 도와줄 수밖에 없다는 것입니다. 미국의 경영학자이자 GWP 이론의 선구자인 로버트 레버링Robert Levering 박사의 상호 간의 신뢰trust 이론이 생각나는 구절입니다. 조직의 경쟁력은 조직 구성원의 신뢰와 그 신뢰를 바탕으로 한 단결력, 나아가 운명 공동체 의식에서 나온다는 것입니다. 미국 해병대에는 부상당한 전우를 남겨놓고 후퇴하지 않는 전통이 있다고 합니다. 끝까지 죽어도 같이 죽고 살아도 같이 산다는 운명 공동체 의식이 미국 해병대 경쟁력의 기반이라는 것입니다. 손자는 이것을 솔연이란 상산에 사는 뱀을 통해서 설명합니다. 상산은 실재 지명으로《삼국지》에 나오는 조자룡趙子龍의 고향이기도 합니다. 누군가 머리를 때리면 꼬리가 달려들고, 꼬리를 때리면 머리가 달려드는 솔연이란 뱀은 언제나 서로 목숨을 걸고 도와주기에 죽지 않는 불사의 뱀이 될 수 있다는 것입니다. 결전의 날에 앞서서 정신교육을 하고 수레바퀴를 묻어 결전을 각오한다고 해도 목숨을 걸고 싸우는 동기를 만들기에는 부족합니다. 저 상산에 사는 솔연처럼, 한 배를 타고 바다를 건너는 사람처럼 절체절명의 위기 상황에 조직을 몰아넣는 것이 승리하는 방법입니다. 미국 GE의 경영자였던 잭 웰치Jack Welch는 "경영의 80퍼센트 이상은 조직원의 꿈과 비전이 하나로 뭉쳐지게 하는 것"이라고 말했습니다. 역대로 승리한 조직의 가장 큰 경쟁력은 서로가 서로를 위해 끝까지 지켜주는 운명 공동체 정신이라고 할 수 있습니다. 가정이 똘똘 뭉치면 그 집안의 일은 저절로 잘 풀린다는 가화만사성家和萬事成이라는 단어도 결국 집안의 경쟁력이 가족 구성원의 화목과 화합에서 나온다는 뜻입니다. 영화〈300〉을 보면 구성원들의 단합된 힘을 잘 볼 수 있습니다. 스파르타의 병사들은 비록 300명뿐이었지만 페르시아 대군에 맞서 그들의 단합된 힘을 유감없이 보여주었습니다. 이런 단결력과 불굴의 투지는 어디서 나오는 것일까요? 어떻게 조직의 모든 구성원들을 운명 공동체로 만들어 죽음을 두려워하지 않고 싸우게 할 수 있을까요?《손자병법》에서는 그것을 절박감이라고 말합니다. 원문을 읽어보시죠.

帥與之期 수여지기
如登高而去其梯 여등고이거기제
帥與之深入諸侯之地 수여지심입제후지지
而發其機 이발기기
焚舟破釜 분주파부
若驅群羊而往驅而來 약구군양이왕구이래
莫知所之 막지소지
聚三軍之衆投之於險 취삼군지중투지어험

此謂將軍之事也 차위장군지사야

장수는 한번 전투 날짜가 결정되면
마치 높은 곳에 올려놓고 사다리를 치우는 것같이 해야 한다.
장수는 병사들이 한번 적진에 깊이 들어갈 때는
활을 떠난 화살처럼 만들어야 한다.
타고 온 배를 불태우고 밥해 먹을 솥을 깨트려
마치 목동이 양 떼를 이리저리 몰아도
양들이 어디로 가는지 알지 못하게 하듯이 해야 한다.
대규모 군대를 막다른 위험에 빠트려 결사의 의지를 불태우게 한다.
이것이 유능한 장군이 해야 할 일이다.

초나라 항우는 전쟁을 할 때 밥해 먹을 솥을 일부러 깨트리고 타고 온 배를 침몰시켰다고 합니다. 결국 이번 전쟁에서 지면 더 이상 타고 돌아갈 배도 없고 밥해 먹을 솥도 없다는 것을 보여주어 병사들에게 전의를 불태우게 하는 것입니다. '높은 곳에 올려놓고 사다리를 치우라'는 전술은 36계에서 28계 상옥추제上屋抽梯라는 전술로 표현되고 있습니다. 상대방을 옥상에 올려놓고 그 밑의 사다리를 치워 담판을 지으라는 이야기입니다. 모두 막다른 길에 몰아넣어 위기감을 조성하라는 것입니다. 2008년 월드컵 때 허정무 감독이 축구 국가 대표 팀을 이끌고 나가면서 기자들에게 '파부침주破釜沈舟'라는 표현을 써서 유명해지기도 하였습니다. 유능한 지도자는 때로는 조직을 위기로 몰아넣을 필요도 있습니다. 특히 모든 것이 너무나 잘되고 안정될 때 위기를 강조하여 조직원들로 하여금 긴장감이 들게 해야 합니다. '지금 잘되니까 별일 없겠지'라고 생각하면 아무리 강한 조직도 생존 경쟁력이 떨어집니다. 세상에 어떤 일도 쉬운 일은 없습니다. 매사에 최선을 다해서 혼신의 힘을 기울였을 때 비로소 성과를 얻을 수 있는 것입니다. 밀림의 왕 사자도 먹이를 사냥할 때는 최선을 다합니다. 아무리 작고 하찮은 사냥감이라도 최선을 다하지 않으면 사냥에 성공할 수 없다는 것을 잘 알고 있기 때문입니다.

위기가 아니면 싸우지 마라! 비위부전非危不戰

《손자병법》12편은 〈화공火攻〉입니다. 화공火攻은 불로 공격하는 것입니다. 불로 공격하는 것은 최후의 수단에 해당합니다. 불은 상대방을 태워 없애기도 하지만 오히려 아군에게 피해를 끼칠 수도 있습니다. 적벽대전에서 제갈공명이 화공계를 써서 조조의 군대를 격파하였지만 바람이 부는 방향에 따라 그 공격은 오히려 제갈공명에게 피해를 줄 수도 있었습니다. 그래서 화공은 함부로 사용해서는 안 되는 것입니다. 화공은 시간과 날짜, 조건과 수단을 잘 고려해서 시행하라고 당부하고 있습니다. 특히 〈화공火攻〉편에서 손자는 전쟁은 감정이나 분노에 의해 결정되어서는 안 된다고 강조합니다. 《손자병법》에서 유명한 말, 지피지기知彼知己의 분석은 이길 수 있는 상대인지 이길 수 없는 상대인지를 알기 위한 중요한 분석입니다. 여기서 중요한 것이 싸움에서 감정적 대응이나 판단은 금물이라는 것입니다. 자신의 분노와 주관적 판단, 이길 수 있다는 막연한 신념 등으로 질 싸움에 들어가는 순간 결국 패배할 수밖에 없다는 것입니다. 남들이 볼 때는 겁쟁이로 보여도 싸움은 이기는 것이 중요하지 남들에게 용감하다는 이야기를 듣는 것이 중요하지는 않다는 것입니다. 싸움은 이성적이어야 하며 정말 위급한 상황이 아니면 싸우지 말아야 한다고 강조합니다. 분노에 의한 싸움은 하수들의 전투 양식입니다. 감정적 대응에 의한 싸움은 결국 조직을 위기로 몰고 병사들의 목숨을 잃게 만듭니다. 사업이나 투자도 마찬가지입니다. 투자자들의 자금과 지원을 얻어 사업을 하는 사람이 감정과 비이성적 판단에 의하여 사업을 한다면 그 결과는 좋지 못할 것입니다. 물론 내 목숨이 경각에 달려 있고 내 생존이 걸려 있는 일이라면 당연히 칼을 들어야 합니다. 그것도 상대방과 나의 전력에 대한 신중하고 정확하며 객관적인 비교 분석을 통하여 적절한 전략과 전술을 가지고 싸워야 합니다. 싸움의 승패가 나의 생존을 좌우할 수 있기 때문입니다. 군주가 노여움 때문에 군사를 일으켜서는 안 되고 장수는 분하다고 싸움을 벌여서는 안 된다고 합니다. 전쟁은 신중하게 결정하라는 신전愼戰 사상이 《손자병법》의 핵심 철학입니다. 그러나 도저히 갈등이 해결이 안 될 때는 할 수 없이 싸울 수밖에 없습니다. 이럴 때 과연 전쟁을 해서 무엇을 얻을 수 있을 것인가를 면밀히 따져봐야 합니다. '얻을 게 없으면 함부로 움직이지 마라〔非得不用!〕' '이익이 없으면 움직이지 마라〔非利不動〕!' 이 단순한 명제는 과연 무엇을 위해 싸워야 하는가를 잘 보여주는 구절입니다. 아무런 이익과 명분이 없는데 무리하게 움직이고 경솔히 몸을 가누면 생존에 절대적인 해악을 끼칠 것입니다. 단순히 경쟁자와의 자존심 대결 때문에 무리한 결정을 하는 것을 경계해야 합니다. 전혀 성과가 기대되지 않는 곳에 무리한 투자를 하고 힘을 낭비하여 생존을 위협하는 경우를 가끔 봅니다. 고수는 자주 싸우지 않습니다. 다만 한번 싸우면 반드시 이깁니다. 원문을 읽어보겠습니다.

非利不動 비리부동
非得不用 비득불용
非危不戰 비위부전
主不可以怒而興師 주불가이노이흥사
將不可以慍而致戰 장불가이온이치전
合於利而動 합어리이동
不合於利而止 불합어리이지
怒可以復喜 노가이부희
慍可以復悅 온가이부열
亡國不可以復存 망국불가이부존
死者不可以復生 사자불가이부생
明君慎之 명군신지
良將警之 양장경지
此安國全軍之道也 차안국전군지도야

이익이 안 되면 군대를 움직이지 말고
얻을 게 없으면 군대를 일으키지 말고
위기가 아니면 싸우지 마라.

군주는 자신의 분노 때문에 군대를 일으켜서는 안 되고
장군은 화가 나서 전투를 하면 안 된다.
이익이 될 때만 군대를 움직이고
이익에 부합되지 않으면 중지해야 한다.
노여움은 다시 기쁨으로 바뀔 수 있고
성남은 다시 즐거움으로 바뀔 수 있다.
그러나 나라가 망하면 다시 일으킬 수 없고
사람이 죽으면 다시 살릴 수 없다.
그러므로 훌륭한 군주는 전쟁을 삼갈 줄 알아야 하고
훌륭한 장군은 전쟁을 경계해야 한다.
이것이 바로 나라를 안정시키고 군대를 보존하는 길이다.

  조직의 목표는 생존입니다. 생존의 의미는 이익입니다. 모든 조직의
행동은 결국 조직에 몸담고 있는 구성원의 이익이라는 우선 과제를 충
족시켜야 합니다. 지도자의 분노나 감정으로 준비도 없고 이익도 없는
전쟁을 하면 안 됩니다. 위기가 아니면 군대를 움직이지 마라! 얻을
것이 없다면 전쟁을 하지 마라! 손자의 이 말은 명분과 감정에 사로잡
혀 조직을 망치는 리더들이 귀담아들어야 할 이야기인 것 같습니다.
기업주의 개인적인 호감이나 정서 때문에 생소한 분야에 투자하여 실
패를 하는 일을 자주 봅니다. 장군이나 사장이나 조직의 생존을 책임
진 사람들은 철저하게 이성적으로 행동하여야 합니다. 개인의 감정이
나 분노는 얼마든지 제어할 수 있는 능력이 있어야 합니다. 그런 리더

가 이끄는 조직은 결코 망하지 않기 때문입니다. 조직은 한번 망하면 재기하기 어렵습니다. 사람의 생명은 한번 잃으면 다시 살리는 것이 불가능합니다. 나라의 존망과 국민의 생사를 맡고 있는 군주와 장군은 이 사실을 잊어서는 안 됩니다. 한때의 분노는 시간이 지나면 사라지기 마련입니다. 기분이 아무리 나빠도 언젠가 기분이 좋을 때도 있습니다. 개인의 감정은 상황에 따라 얼마든지 바뀔 수 있는 것입니다. 개인의 감정을 잘못 발산하여 조직의 생존을 위태롭게 하는 일, 여전히 요즘 시대에도 흔히 일어나는 일입니다.

정보가 경쟁력이다!

《손자병법》 마지막 13편은 〈용간用間〉입니다. 용간은 간첩[間]을 운용한다[用]는 뜻입니다. 간첩을 부드럽게 표현하면 인적 정보human intelligence입니다. 상대방을 아는 방법 중에 사람을 통해서 정보를 획득하는 것만큼 더 정확한 것은 없습니다. 정보는 현대전에서도 중요한 요소입니다. 공중 조기 경보기, 레이더, 인공위성 등은 모두 상대방의 정보를 얻기 위해서 사용되는 고가의 장비들입니다. 결국 정보를 얻기 위해서는 돈을 아끼지 말라는 손자의 말을 오늘날 사람들이 실천하고 있는 것입니다.

손자는 전쟁에서 정보의 중요성에 대해 언급하면서 정보를 획득하는 간첩의 활용에 돈을 아끼지 말라고 강조합니다. 특히 전쟁에 앞서 적의 실정을 아는 것은 귀신에게 물어볼 일이 아니며, 일의 표면에 나타나는 현상만 가지고 판단해서도 안 되고, 지나간 경험에 의지해서도 안 된다고 합니다. 반드시 사람을 통해서 적의 정보를 얻어야 정확한 정보라는 것입니다. 그러면서 정보를 얻기 위한 간첩의 종류를 다섯 가지로 나누고 자세하게 그 특성과 운용 방법에 대해서 설명하고 있습니다. 그 지역 사람들을 이용하는 향간鄕間, 적의 핵심 관직에 있는 사람을 이용하는 내간內間, 적의 간첩을 역이용하는 반간反間, 거짓 정보를 만들고 우리 간첩이 그것을 숙지하여 죽음을 각오하고 적에게 전하는 사간死間, 살아 돌아와서 보고하는 생간生間이 그것입니다. 이런 세밀한 분류는 현대 정보 전쟁에서도 이용할 수 있는 개념입니다. 손자는 인적 정보의 활용이 조직의 성패를 크게 좌우할 수 있다고 하면서 전쟁 전체에 걸쳐 정보전을 펼쳐야 된다고 역설합니다. 적의 성을 공격하거나 적의 요인을 암살할 때, 적의 부대와 전투를 벌일 때 상대방에 대한 정보를 가지고 싸우면 승리할 수 있다는 것입니다. 일단 싸우고 난 뒤에 분석하면 이미 때는 늦습니다. 싸우기 전에 미리 알아야 대안을 가지고 적과 싸울 수 있는 것입니다. 손자는 간첩을 활용하는 군주의 요건을 말하면서 위대한 지혜가 없는 군주라면 간첩을 운용할 수 없고, 사랑과 의리가 없는 군주는 간첩을 부릴 수 없으며, 미묘한 분석 능력이 없으면 간첩의 정보를 얻을 수 없다고 말합니다. 결국 간첩의 활용은 고도의 이성과 능력을 가진 사람만이 펼칠 수 있는 전술이라는 것입니다. 오늘날에도 정보를 제대로 활용하고 처리할 수 있는 사람은 그렇지 못한 사람과 현격한 차이가 납니다.

손자는 말합니다.

"무릇 10만의 군대를 일으켜 천 리 먼 곳으로 출병하면 귀족들의 전쟁 비용과 왕실의 재정 조달이 날마다 천금의 비용이 소요되며, 조정의 안과 밖이 소란스러워지고, 도로는 군수물자 수송으로 복잡해지며, 생업을 하지 못하는 자가 70만 가정에 이르게 된다. 전쟁은 서로 수년간 대치 상태에 있다가 하루아침의 승부로 결정 나는데, 승패에 결정적인 정보를 얻는 일에 벼슬과 상금으로 주는 100금이 아까워 적의 정보를 제대로 알지 못하는 장군이라면 한심함의 극치이다."

전쟁은 막대한 재정이 소요되는 일입니다. 전쟁이 일단 발발하면 귀족들과 군주는 모든 전쟁 비용을 갹출해야 하며, 서민들은 전쟁에 곧바로 징집되어 동원됩니다. 남아 있는 서민들은 군대로 징집된 가족을 돌봐야 할 의무가 있습니다. 도로는 군수품의 수송에 부산해지고 세상은 어수선해집니다. 이런 상황이 몇 년간 계속되다가 결국 하루의 전투로 모든 상황이 끝날 수 있습니다. 이때 만약 패배하면 지금까지 들어간 모든 비용과 노력은 물거품이 되고 맙니다. 따라서 상대방의 정확한 실정을 파악하여 승리를 획득하는 데 돈과 작위를 아끼지 말라는 것입니다. 손자가 말하는 인적 정보의 실체인 간첩의 다섯 가지 종류를 원문으로 읽어보겠습니다.

用間有五 용간유오
有鄕間 유향간
有內間 유내간
有反間 유반간
有死間 유사간

有生間 유생간

五間俱起 오간구기

莫知其道 막지기도

是謂神紀 시위신기

人君之寶也 인군지보야

鄕間者因其鄕人而用之 향간자인기향인이용지

內間者因其官人而用之 내간자인기관인이용지

反間者因其敵間而用之 반간자인기적간이용지

死間者爲誑事於外令吾間知之而傳於敵 사간자위광사어외령오간지지
이전어적

生間者反報也 생간자반보야

그러므로 간첩을 운용하는 데는 다섯 가지 종류가 있다.

향간鄕間, 내간內間, 반간反間, 사간死間, 생간生間이 그것이다.

다섯 가지 간첩의 운용을 함께 사용하면

어느 누구도 그 흔적을 모른다.

이것을 신묘한 실마리니

군주의 보물이다.

향간鄕間은 그 지역 사람들을 이용하는 것이다.

내간內間은 적의 핵심 관직에 있는 사람을 이용하는 것이다.

반간反間은 적의 간첩을 역이용하는 것이다.

사간死間은 밖에서 거짓 정보를 만들고 우리 간첩이 그것을 숙지하
여 죽음을 각오하고 적에게 전하는 것이다.

생간生間은 살아 돌아와서 보고하는 간첩이다.

  손자는 인적 정보의 종류를 다섯 가지로 분류하고 있습니다.

  첫 번째, 상대방 지역에 있는 사람을 이용하는 향간鄕間입니다. 그 지역 사람들을 통해 대체적인 분위기를 파악하는 것입니다. 높은 품질의 정보를 얻을 수는 없습니다. 그러나 적어도 상대방의 분위기를 파악함으로써 다른 정보를 분석하는 데 도움을 줍니다. 상대방 조직의 민심을 알아볼 수 있는 장점이 있습니다. 동향, 동창, 동료, 친척 등을 이용합니다.

  두 번째, 적의 측근 관리를 이용하는 내간內間입니다. 적의 지도자급 인사이기 때문에 높은 품질의 정보를 얻을 수 있습니다. 물론 내간을 포섭하는 비용도 비쌉니다. 조조는 내간으로 적당한 자로 재능 있는 실직자, 벌을 받은 사람, 총애를 받으며 재물에 욕심이 많은 사람, 굴욕을 참으며 낮은 자리에 있는 자, 능력에 맞는 자리를 못 얻은 자, 재기를 노리고 있는 자, 언제든지 마음을 바꿀 수 있는 이중인격자 등을 꼽고 있습니다.

  세 번째, 적의 간첩을 반대로 이용하는 반간反間입니다. 이 경우 두 가지가 있습니다. 적의 간첩인 줄 알면서도 모른 척하고 거짓 정보를 흘려 적에게 혼선을 일으키는 방법과, 간첩임을 실토하게 만들고 다시 이쪽에서 포섭하여 이중간첩을 만드는 것입니다. 후자의 경우는 상당히 큰 효과를 기대할 수 있습니다.

  네 번째, 죽기를 각오하고 아군을 위하여 간첩이 되는 사간死間입니다. 사간은 적에게 원수가 있어 상대방이 안되기만을 바라는 사람이나 충성심이 확실하여 목숨을 바칠 수 있는 사람이 적당합니다.

다섯째, 수시로 살아 돌아와 적의 실정을 보고하는 생간生間입니다. 이런 생간은 국경을 넘나들며 상대방의 동태를 보고하는 자입니다. 이런 간첩으로는 속으로 영리하고 겉으로는 멍청해 보이는 자, 날래고 용감한 자, 배고픔과 추위와 수치와 더러움을 견딜 수 있는 자를 꼽습니다. 지금까지 열거한 간첩의 다섯 종류는 현대 기업에서 응용해도 전혀 손색이 없습니다. 생존을 위해서는 간첩을 사용해서라도 적의 실정을 정확히 아는 것이 필요하다는 논리입니다. 생존하지 못하면 어떤 것도 의미가 없기 때문입니다.

《손자병법》 1편 〈시계始計〉가 싸우기 전에 미리 계산하라는 주제였다면 마지막 13편 〈용간用間〉에서는 지피지기知彼知己를 위한 인적 정보의 중요성에 대하여 강조하였습니다. 1편과 13편이 수미首尾를 이룬다고 할 수 있습니다. 결국 지피지기知彼知己도 정보의 다른 표현입니다. 정보에 대한 주도권을 가진 자가 승리할 것이라는 손자의 메시지는 정보사회를 살아가는 우리에게 전혀 낯설지 않은 것 같습니다.